红烛于漪

董少校　著

上海交通大学出版社
SHANGHAI JIAO TONG UNIVERSITY PRESS

内容提要

　　《红烛于漪》是一部聚焦"人民教育家"于漪的人物传记和纪实文学。本书记述于漪成长奋斗历程,围绕教文育人、关爱学生、撰文著书、管理学校、社会服务等方面,展现于漪"一辈子做教师,一辈子学做教师"的光辉形象,颂扬她卓越的教育成就和贡献,提炼出"忠诚、坚毅、仁爱、担当"的红烛精神。《红烛于漪》是一部为中国教师画像的文学佳作,是一本学习于漪教育思想和事迹精神的生动教材,也是一次讲好中国故事、讴歌新时代英模人物的可贵尝试。

图书在版编目(CIP)数据

红烛于漪 / 董少校著. —上海:上海交通大学出
版社,2020
ISBN 978-7-313-23704-0

Ⅰ.①红…　Ⅱ.①董…　Ⅲ.①于漪-生平事迹　Ⅳ.
①K825.46

中国版本图书馆CIP数据核字(2020)第162977号

红烛于漪
HONG ZHU YU YI

著　　者:董少校
出版发行:上海交通大学出版社　　　　　　　地　　址:上海市番禺路951号
邮政编码:200030　　　　　　　　　　　　电　　话:021-64071208
印　　制:上海万卷印刷股份有限公司　　　　经　　销:全国新华书店
开　　本:787mm×1092mm　1/16　　　　印　　张:15
字　　数:225千字
版　　次:2020年9月第1版　　　　　　　　印　　次:2020年9月第1次印刷
书　　号:ISBN 978-7-313-23704-0
定　　价:68.00元

2019年，中华人民共和国成立70周年，于漪老师被授予"人民教育家"国家荣誉称号，全国的教师们受到极大鼓舞，中国也有教育家了。这是于漪老师的荣誉，也是所有教育工作者的荣誉，我们大家都分享了她的荣誉。

2010年8月，《中国教师报》有记者问我："教育家的定义或者标准是什么？你觉得什么样的人能够被称为教育家？"我的回答是："一名教育工作者，无论是小学、幼儿园教师，还是大学教师，当然也包括校长，如果热爱教育事业，懂得教育规律和人才成长规律，长期从事教育工作，做出了优异的成绩，并且对教育有研究，有自己的教育思想和先进理念，形成了自己的教育风格，在教育界有一定影响，就可以称为教育家。"于漪老师就是这样的教育家。

于漪老师的事迹我早有所闻，我读过多篇她在《人民教育》《中国教育报》上发表的文章，还读过许多关于她的报道。2010年第26个教师节前夕，于漪老师被评为首届"全国教书育人楷模"，当时我是评委之一。后来我在上海教育出版社见过她的《于漪全集》，有8卷21册之多，感到她真了不起。一名中学教师，工作那么繁忙，还能从事教学研究，有这么丰硕的研究成果，真不愧是中国的人民教育家。但是，她在上海，我在北京，过去接触较少，所以对她还缺乏全面深刻的了解。感谢董少校先生撰写的人物传记《红烛于漪》，把一个鲜活的教育家的光辉形象呈现在我们面前，使我们对于漪老师有了深刻的了解。

那么，我们向于漪老师学习些什么呢？

我觉得，首先要学习她热爱教育事业，奉献祖国的精神。她说："一辈子做教师，一辈子学做教师"。她真是做到了这一点，70年不离讲台，为的是培养祖国的未来。她说："教师一个肩膀挑着学生的现在，一个肩膀挑着国家的未来。"她把爱洒给所有的学生，对他们爱严相济。她认为老师的爱不同于父母之爱，老师的爱，是为了祖国的未来，是无私的爱，不求回报的爱。她总是严格要求学生，使他们将来成为祖国的栋梁。

其次是学习她始终把育人放在第一位的思想。于漪老师认为，教育，不仅仅是把知识教给学生，更重要的是培养人。她在《文汇报》上发表文章，题目就是"心中有书，目中有人"。她说"既教文，又教人"，目的是"培养有中国心的现代文明人"。她认为教书是为了育人，要把育人深入到日常的教学工作中。她提出语文学科要"德智融合"，充分挖掘学科内在的育人价值，真正将立德树人落实到学科主渠道、课堂主阵地。

第三是学习她深入钻研、改革创新的精神。于漪一开始教历史，后来又转教语文，这是一个很大的转向，尤其是语文教学历来争论很多。她孜孜不倦地学习，就像她说的"学做教师"，潜心学习，深入钻研，改革创新。于漪老师在20世纪60年代初就进行教育改革。她说，从教学实践中，深刻体会到教师不能代替学生学习，学生要做学习的主人，教育质量方能真正提高。于是她就尝试教育改革，着力调动学生学习的积极性和主动性，逐渐形成了自己的教育风格。于漪老师是语文教育改革的推动者。她关于语文学科"工具性与人文性统一"的理念，对语文教育的改革和发展产生了重要的影响。

第四是学习她严谨治学、专心教学的专业精神。70年来她心无旁骛，专心于教育教学工作。她坚持党的教育方针，坚持素质教育，用全面发展的理念教书育人。她认真钻研教材，不断改进教学方法，坚持上好每一节课，教好每一个学生。她说，她的课几乎堂堂都是公开课，有教研员来听课，有其他学校的老师来听课。70年来，她创造了一个又一个奇迹，作为班主任，她将极差、极乱的班级带成了先进集体；作为校长，她让名不见经传的学校成为数一数二的全国先进学校。

第五是学习她不忘初心、培养青年的无私精神。于漪老师是我国最早的语文特级教师，是语文教学界的权威，但她从不以权威自居，时时不忘培养扶持青年教师，想方设法为青年教师搭建平台。作为"导师"，她用最博大的爱和最朴实的教诲，言传身教，培养了三代特级教师，带出了一批全国知名的教学能手、德育名师。于漪老师不愧"育人是一代师表，教改是一面旗帜"。

可以向于漪老师学习的东西还有很多很多，在短短的篇幅中，言不尽意。还是让大家来读读《红烛于漪》吧，我想读者会有更多自己的体会。

作者董少校先生曾担任《中国教育报》记者，在上海跟踪、采访于漪老师十多年，梳理了于漪从出生到退休之后的成长奋斗过程，聚焦她的成就与贡献，特别对她如何形成"教文育人"思想，如何学做教师、关爱学生、撰文著书，怎样管理学校、参与社会服务等方面着重展开,脉络清晰,要言不烦。作者的写作既带着丰富的感情,又严谨客观地描述了于漪老师的辉煌人生,揭示出于漪教育思想的形成发展过程和逻辑脉络,使我们对于漪老师有一个全面了解。作者邀我作序,我觉得为人民教育家于漪的传记作序非常光荣,也是我向于老师学习的一个好机会。

是为序。

(顾明远,中国教育学会名誉会长,北京师范大学资深教授)

2020年7月7日

目录

红烛图，陆曙光绘

引　言

红烛呀！

流罢！你怎能不流呢？

请将你的脂膏，

不息地流向人间，

培出慰藉底花儿，

结成快乐底果子！

——闻一多《红烛·序诗》

伟大的时代呼唤伟大的教育，伟大的教育实践孕育伟大的教育家。

中国历来有重视教育、尊崇教师的优良传统，这片古老而富饶的土地孕育了灿烂的文明，涌现出孔子、朱熹、蔡元培、陶行知、叶圣陶等一位位教育巨匠。他们以卓越的理念教书育人，撒播希望的种子，启迪智慧，润泽后世。

一辈子做教师，一辈子学做教师。上海市杨浦高级中学名誉校长于漪，正是璀璨的教育星空中绽放夺目光亮的一颗。

中华人民共和国成立时，于漪正在复旦大学读大三。她从积贫积弱的旧社会一路走来，走过苦难和曲折，见证并融入新中国教育波澜壮阔的发展历程，书写着一首雄伟瑰丽的精神史诗。

红烛于漪

她倡导并践行教文育人，付出超越亲子之爱的师爱，引领学生立民族精神之根，树爱国主义之魂。她是在共和国的土地上生长出来的教育家，以数十年坚持不懈的求索，坚定文化自信，构建着基础教育理论的中国学派。

时代的聚光灯，一次次投向这位自称"草根教师"的人——

在第26个教师节到来之际，首届全国教书育人楷模10人名单揭晓，于漪光荣入选，成为我国1600多万教育工作者的杰出代表。2010年9月9日，于漪受到时任中共中央总书记、国家主席、中央军委主席胡锦涛亲切接见。

2018年12月18日，庆祝改革开放40周年大会在北京举行，党中央、国务院决定，授予100名同志"改革先锋"称号，颁授"改革先锋"奖章，中共中央总书记、国家主席、中央军委主席习近平等为他们颁奖。于漪作为来自基础教育领域的唯一代表，受到表彰。

2019年9月29日，中华人民共和国国家勋章和国家荣誉称号颁授仪式在北京人民大会堂隆重举行，习近平向国家勋章和国家荣誉称号获得者颁授勋章奖章。90岁的于漪荣获"人民教育家"国家荣誉称号。

掌声响起的时刻，她接受着人们的致敬和祝贺。

她是时代的女儿。时代成就了她，她扮靓了时代！

于漪喜欢诗人闻一多笔下的红烛，尤其敬仰这位民主战士的厚实学问和高洁品格。"红烛啊！'莫问收获，但问耕耘。'"她就是那一支红烛，怀着使命燃烧，用生命去歌唱，点亮学子理想之光，温暖心灵，照亮未来。

她孜孜求索，甘为人梯，把一生奉献给与国家前途和民族命运紧密相连的教育事业，铸就了忠诚、坚毅、仁爱、担当的红烛精神，也就是于漪的精神。

世界潮流，浩浩荡荡。有理由相信，时代终将记住那些为之奋斗和奉献的人。

第一章
心底埋下"一切为民族"的种子

为什么我的眼里常含泪水?

因为我对这土地爱得深沉……

——艾青《我爱这土地》

历史名城镇江古称京口、润州,位于长江和京杭大运河交汇处,金山、焦山、北固山三山夹江相峙,风景秀丽。"春风又绿江南岸"和"满眼风光北固楼"等脍炙人口的诗句,说的就是这里。

1929年2月7日,于漪出生了,在镇江的怀抱里成长。家里有五个孩子,于漪是长女,下面有大弟于渤、二弟于洸、三弟于渌和小妹于涟。

童年,金色的童年,总是那样的令人依恋和难忘。在长江之滨、北固山下,伴随着由读书而生发的趣乐,于漪度过了一段明澈而无忧无虑的日子。

于漪住的小屋子里挂着一幅山水画,她从早看到晚,百看不厌。凝视久了,仿佛她进入画中,放飞神思,在山水之间畅游。

耸峙大江边的金山,远望似白银盘里一青螺的焦山,极目北望北固山上的北固楼……家乡的山川风物激荡着这小小少年的心灵。

这些优美的景致萦绕在于漪心怀,引起她对家乡的热爱与眷恋。若干年后,她作诗寄托那份深沉的情思:"故国山河梦里回,临风北固古楼台。望中滚

红烛于漪

滚长江水,襟带金焦左右来。"

阅读,为于漪打开另一片广阔的世界。

于漪家里有一部线装书《评注图像水浒传》,两函十二册,一幅幅黑白线条插图有些简陋,却吸引着她浓厚的探究兴趣。她常和爷爷一起阅读、谈论,从中步入历史,辨别丑恶,了解社会。

梁山雄伟险峻,水泊烟波浩渺,水面有无边无际的芦苇,山上有一排排大房子,这些在于漪头脑里生动地浮现。她不知不觉把焦山一带的风景当作了梁山泊,似乎目睹何涛、黄安率领的官军在芦苇荡中走投无路的场景,读得津津有味。

一个个英雄豪杰,尽管相貌不同、性格各异,但都是疾恶如仇、武艺高强。于漪最佩服武松,读到景阳冈打虎、醉打蒋门神的精彩场景,不禁大呼"痛快,痛快",拍手跳跃;她最可怜林冲,怨他不抗争,受高俅陷害,被陆虞候算计,早就应该拿出八十万禁军教头的威风,杀他个片甲不留,窝窝囊囊干什么……

这套《评注图像水浒传》是于漪的启蒙读物,一直珍藏在她的记忆深处。她懂得了该爱什么、恨什么,跟着书里的人高兴、流泪,为他们的命运担忧,叹惜水浒英雄们的坎坷人生,体验到沉浸在一本书里的陶然忘我。

薄薄一册有光纸石印本《千家诗》是于漪的好伙伴。长辈信口悠悠地背唱,她也跟着背了不少篇目,有的甚至在几十年后都能脱口而出。

书里的大自然活泼极了,天上飞的,地上跑的,田里长的,树枝上挂的,千姿百态,色彩斑斓,美不胜收。一首首诗就是一幅幅画,一个个典故从纸面站起来,向她述说。诗句的韵味和意境延伸到生活中,带来别样的感悟。

《千家诗》按春夏秋冬时序编排,四季风光鲜活地在眼前呈现。一句"万紫千红总是春",写出春光烂漫的景象;从"五月榴花照眼明"到"梅雪争春未肯降",春花秋月,夏云冬雪,美不胜收。

春夏之交,菜花盛开,于漪和同学在田埂上奔跑、嬉戏,笑声荡漾,感受杨万里"儿童急走追黄蝶,飞入菜花无处寻"的情趣。

读到韩愈"百般红紫斗芳菲",她问爷爷:"红和紫怎么'斗'啊?"

苏轼《冬景》里的"一年好景君须记,最是橙黄橘绿时",她纳闷地和爷爷说,"橘子也是'黄'的,怎么是'绿'啊?"爷爷笑着说:"傻姑娘,不用脑子。"

接连不断的问题带来很多领悟。对一个家贫而又爱美的小姑娘来说，买件花布褂子是梦想，不容易办到，但在诗句里可以寻觅各种色彩。杜甫的"红入桃花嫩，青归柳叶新"，还有"青惜峰峦过，黄知橘柚来"，让于漪品咂再三，自我陶醉。

孩子喜欢过节，《千家诗》对春节、清明、七夕、中秋、冬至等重要节日都有所反映。时光流转，春暖花开时想起杜牧的"清明时节雨纷纷"，中秋之际吟诵苏轼"此生此夜不长好，明月明年何处看"，新年里咀嚼王安石的"爆竹声中一岁除，春风送暖入屠苏"，一首首风俗诗把生活编织成美丽的花环。

书陪伴了少年于漪的生活，满足着她求知的欲望。

于漪就读于薛家巷小学。值得庆幸的是，她成长道路上遇到很多优秀老师，得到雨露的滋润。老师们的学识智慧潜移默化地影响着她，鞭策着她积极进取，奋发向前。

国文老师教导同学们，读书要入神，这样就会乐在其中，很快提高理解和运用语言文字的能力。为了训练读书入神，于漪按老师要求去做，课内认真读，努力做到聚精会神，课外也有意识地锻炼眼睛、锻炼脑子。

第一次拿到描红本时，于漪觉得兴奋又好奇，端详着，端详着，一个个字好像是一幅幅小画，长的、方的、瘦的、胖的，有翅膀会飞的，有两只脚会站的，有四只脚会走的，姿态多样，妙趣横生。

磨好墨之后，有同学拿起笔就要写，老师笑着制止了。她一遍又一遍地教，磨墨要轻轻的，不要把墨溅到桌子和衣服上，并且说，手上沾了墨，要洗干净以后才可以写。老师的指点让于漪懂得了写字要遵守规矩，循序渐进才会有收获。

于漪用空心的长方形铜镇纸压住纸，然后拿起毛笔，一笔一笔地描汉字，不知不觉养成了写字的好习惯。描好以后对着阳光一照，黑字里透出丝丝红色，有的字还镶上了细细的红边，更美了。

在一次语文课上，一向温和的老师发火了，把一本涂得像大花脸似的、皱皱的描红本给大家看，还用戒尺打了本子主人的两个手心。小男孩咬着嘴唇，没有哭，同学们也都吓得不敢吭声。

这一课让于漪领会到，怎样是正确的学习态度，从此也更加敬畏文字。

紅燭于漪

进入小学后不久，于漪看到高年级学生手里拿着小字典，翻来翻去，非常羡慕。在她的心目中，一本小字典就是"汪洋大海"，奥妙无穷，热望自己有朝一日也拥有一册。可是在旧社会，那是件多么奢侈的事。直到于漪读五年级，父亲才给她买了一本学生字典，成为她学习中须臾不可离的好伙伴。

于漪小时候写作文追求字句华丽，她把字典从头翻到尾，寻找合适的形容词。她去找美丽、欢乐一类的词，结果发现悲哀、愁苦这类表达反而更多。

古人和同学名字中有一些不认识的字，比如"骞""燮""蕭"等，她去字典查了，发现都是吉庆的字。街上招牌中的"亨""豫"等字，也都是"好"字眼。于漪就悟出一个道理，人名、招牌都反映了人们良好的愿望。

*　　*　　*　　*　　*　　*

于漪从小就受到音乐的熏染。在她六七岁的时候，一位年轻男老师教音乐，借助一台旧风琴，教唱爱国歌曲。电影《风云儿女》上映不久，他教大家唱《义勇军进行曲》，非常激动："起来，起来……"调动起孩子们高亢的情绪。他还教唱《大路歌》《卖报歌》《渔光曲》，给这些幼小的心灵播下爱国的种子。

1937年7月7日，日本帝国主义悍然发动"卢沟桥事变"。侵略者的铁蹄长驱直入，践踏我大好河山，中华民族开始了全面抗战。上海被占领后，日寇沿长江而上，略地攻城，于漪的家乡镇江也失守了。

一天下午，音乐老师上最后一堂课《苏武牧羊》。班里没了往日的雀跃与欢乐，笼罩着一片悲凉的气氛。"苏武留胡节不辱，雪地又冰天，苦忍十九年……"尽管曲调温柔敦厚，节拍缓慢，但他盯着同学们，教得那么投入，一会儿打着节拍唱，一会儿逐句解释，眼中含着泪水，给同学们深深的触动。

老师悲伤地说，学校要关门了，要牢记一定不能做亡国奴。学生屏息静听，心弦在跃动。课上又唱起了"起来，不愿做奴隶的人们"。于漪的心中第一次闯进"祖国""气节""反抗"这些大字眼，似乎一下子长大了许多。

她就像都德《最后一课》中的小弗朗士，记住了国家危难之际，音乐老师含泪教唱的形象。那颗赤诚的心，那首乐曲的旋律，伴着苏武矢志不渝的民族气节和傲骨，深深地印入她的脑海，内心悄然觉醒，一辈子也不能忘怀。

童年本来是欢乐的。于漪和小伙伴们踢毽子、跳绳、砌房子、捉迷藏,玩得汗水打湿了头发,也不觉得累。大人也觉得放心,任凭孩子们怎么玩都行。

然而,残酷的战争打破了生活的安宁。日本侵略者的飞机在头顶盘旋,大人板着脸,愁云密布,看到孩子玩耍就心烦,让他们走开,不要闹。

1939年底的一天,敌机又来了,防空警报拉得震天响,于漪和弟弟们吓得躲到桌子底下。"轰隆,轰隆——"炸弹落下来,在距离于漪家不到50米的地方炸开,地动山摇,火光冲天。夏姓人家的房子被炸得坍塌,人也不幸遇难。于漪父亲看到飞机俯冲丢炸弹的情景,吓得说不出话来。

小学被迫停办,于漪只读到二三年级。

逃难迫在眉睫。

于漪父亲带着一家老小,到江中的新洲去避难。渡船很小,逃难的人挤得乱成一团,哭闹声不绝于耳。于漪抱着母亲的腿,不敢出声。下船后,要走很多路,还被催促着走快些。大人有的背弟弟,有的扛铺盖,有的提包袱,累得气喘吁吁。

天黑漆漆的,过了很久,终于到了住宿的农舍。一位老太太拿着油灯迎了出来。于漪兴奋得向门里奔,一不小心,"啪哒"一下,摔了个大跟头,下巴磕在砖头上,鲜血直流。她疼得哭了起来。父亲赶忙跑来把她拉起,到灶膛里抓了一把草灰,紧紧地压到伤口上,用来止血。于漪感到阵阵剧痛,却不能哭,否则血就止不住。

"这是苦难的血,屈辱的血!"于漪愤愤地想,"这是万恶的日本鬼子带来的灾难。"后来,她下巴上留下了疤痕。

祸不单行。不久,于漪母亲染上伤寒。因为乡下缺医少药,没办法救治,她卧病在床,只能喝点清水米汤。四个孩子几乎没人管,八岁的于漪就担负起照看小弟的责任。别的孩子在打谷场奔跑打闹的时候,于漪带小弟坐在小板凳上,看他们玩。

但她也是个孩子,总归爱玩。有一次,她也跑去玩,却把弟弟丢在一边。哇!弟弟摔在地上大哭。父亲听到哭声,赶来把于漪狠打一顿。她虽然对不能去玩感到不服气,不过还是认了,毕竟不能摔着弟弟。

母亲病重,连说话都困难,还是叮嘱于漪:"你是姐姐,要懂事,要听话,帮父亲干活。"后来,母亲病情渐渐有了转机,高烧退了,也能下地走动了。

一天,于漪和几个小孩在打谷场玩,看到来了一二十个陌生人,穿着扎脚裤,腰间扎着带子,手里端着明晃晃的刺枪。他们都吓坏了,赶紧往家跑。随后听到外面人声嘈杂,乱成一团。一个大户人家的孙子被蒙上眼睛绑架走了。

看来乡下也不是安全的地方,于漪父亲听说日本鬼子要扫荡农村,决定另谋生路,又带着一家老小返回镇江。家里的很多物品都没有了,只剩下桌子凳子,照明电线被破坏,墙壁也被劈得乱七八糟。

兵荒马乱中,有两年时间,于漪和大弟处于无学可上的状态。

后来,于漪父亲想方设法联系到上海的亲戚,一家人过去,租借一间石库门房子居住。于漪进入上海崇实小学插班就读,终于得以继续求学之路。

因缘际会,于漪来到上海这座长江入海口的大城市。她没有想到,未来会在这里读大学、工作,施展育人报国的才华,建立一生的教育功业。

* * * * * *

于漪自认为是不太用功的学生,好在当时似乎升学比较容易。读完小学后,于漪考入民立女中,在那里不仅受到文学作品的熏陶,而且对教师这个职业有了更清晰、更切实的认识。

在初中,于漪还没有认识到学习的重要性,有点调皮。她上课常备两本书,上边是教科书,下面则压着一本小说。老师教得好,她就认真听;如果没吸引力,就偷偷地看小说。

初中二年级教国文的是黄老师,刚刚大学毕业不久,衣着时髦,风度翩翩。他戴着一副金丝边眼镜,身穿一件飘逸的长衫,脚蹬皮鞋,西装裤脚管露在长衫外面。于漪后来回想起来,他就像《早春二月》里的萧涧秋。

黄老师上课绘声绘色,感情投入。讲到鲁迅的《故乡》,他生动地描述月下瓜田里少年闰土持钢叉刺猹的场景,让同学们听得入了迷。"在月光的照耀下,钢叉闪闪发光,与少年英雄脖子上的银项圈的光,交相辉映。"听黄老师说到"交相辉映",于漪感到眼前一亮,仿佛自己也融入夏夜的美景。

当说到中年闰土如泥塑木雕一般、手上的裂口在向外渗血,黄老师语调变得低沉,乃至哽咽起来。于漪甚至不敢抬头,害怕看到老师流眼泪。

那哪里是教课! 黄老师走进教材,身临其境,向同学们放射文字波、情感波。于漪就自觉地收起了小说,凝神听课。

正是在黄老师的课堂上,于漪对教师油然而生一种崇敬的感情。教师多么了不起呀,能够使学生从无知到有知,从知之较少到知之较多。新学期教材发下来,也会去翻看里面的小说,自己体会不到多少奥妙,老师却能够把它讲得妙趣横生。

从这时候开始,于漪心里萌生了一个愿望,就是长大以后要当教师,做一名合格的中学教师,献身教育。

下课后,黄老师并不急着离开教室,而是留下来再聊会儿天,如果语文在下午最后一堂课,就聊得更多。他常说到课外的阅读,带同学们感受斑斓的世界、迷人的风景。

"……他怕见月儿眨眼,海儿掀浪,引他看水天接处的故乡。但他却想到了石榴花开得鲜明的井旁,那人儿正架竹子,晒她的青布衣裳。"黄老师给几个学生朗诵刘延陵的新诗《水手》,体会诗句中水手对故乡和心上人的怀念,诗句像一幅动人的画,意境朴素清新。

兴到浓处,又会朗诵起田汉的《南归》:"模糊的村庄迎在面前/礼拜堂的塔尖高耸昂然/依稀还辨得出五年前的园柳/屋顶上寂寞地飘着炊烟"。黄老师进入角色,深深感动的神情凝注在眼睛里,放着异彩。

优秀的文学作品会有打动人的力量,哪怕是一首短短的诗,也会拨人心弦,激发起向上向善的力量。于漪感受着这些,让心灵变得更加丰富,那些诗句也留在了记忆深处,成为一生珍藏的美好印记。

1944年,于漪初中毕业了。

这年夏天,她的父亲患了肺结核。病情越来越重,父亲只得带领一家人回镇江老家。临终他把孩子们叫到床边,吃力地说:"学点本领,做个好人,孝顺妈妈。"说完挥手让他们走开,担心孩子们被他传染上肺病。不久他就辞世了。那时小妹还不到一岁。白发人送黑发人,祖父茫然又呆滞。母亲哭得泪人儿一般,姐弟几个也跟着哭。

紅燭于漪

在逃难的日子里，于漪父亲间或做点小生意，收入微薄，家境惨淡。如今他撒手离去，丢下孤儿寡母六口人，这个家失去了顶梁柱，真是前途渺茫。

于漪再次陷入失学的境地。祖父对母亲说："女孩子根本就不要读书，家里那么困难，还读什么书，有点文化就可以了，反正将来都是人家的人。"

虽然于漪的母亲是半文盲，内心却非常通透，她知道，如果于漪不读书，将来很难生活，她才15岁，没办法找活干，又没有伯伯、叔叔、大姨、小姨可以依靠，舅舅也已患肺病离世。出去读书，可以在经济上自力更生，并帮助带领弟弟妹妹。于漪也哭着说想读书，去学点谋生的本领。

祖父于是说："不要钱的话，你就考出去读书吧。"

* * * * * *

江苏省立教育学院附属师范学校到镇江招生，于漪去考，虽然招收人数很少，她还是幸运地考取了。这里不收学费，而且提供生活费。困顿的局面终于出现了转机。

于漪兴高采烈，母亲却还是忧心忡忡。一个女孩只身到苏州去求学，举目无亲，怎能叫人放心。她反复叮嘱于漪：要靠自己努力，自己吃苦；凡事都要动脑子思考，要自己管住自己，不能心血来潮；要尊敬老师，友爱同学，做人要有德行，宁可自己受苦，也不能亏待他人……

一句句叮咛，反反复复地说，镌刻在于漪心里。

在师范学校读书持续了一年。当时苏州被日本侵略者统治，教育条件没什么保障。吃的是霉米，菜主要是咸菜，桶里的水加点酱油，就算是汤了，上面一点油花也没有。虽然供应热水，但也不多，得赶早去打，晚了就没有了。

饭堂里有一张方桌，没有凳子，大家都站着吃。进饭堂第一件事是盛粥盛饭，有时供应不足，学生就拿筷子敲碗、敲桌子，表达不满。

于漪与戴绍英、缪林被分在一间宿舍，三个女生朝夕相处，同进同出，情同姐妹。于漪那时有点拖拉，爱睡懒觉，起床后梳洗，再到饭堂，花的时间比较多。戴绍英总是催促她，有时帮她盛好粥饭，还"责备"几句。由于戴绍英的多次提醒，于漪渐渐改掉了睡懒觉和拖拉的习惯。

这所学校后来成为苏州市第三中学。

抗日战争胜利后,师范学校要调整。于漪又回到了家乡。

＊　＊　＊　＊　＊　＊

于漪希望继续读书,但家境那么困难,私立学校当然不能进。恰好刚异地复校的江苏省立淮安中学在镇江招生,她和大弟一起去考,都被录取了。

全校只有几个班级,没有食堂,课桌椅也七高八低。于漪用饭缸子带上中饭,到学校老虎灶花一分钱泡点开水,就着咸菜或萝卜干吃。包着几本书和本子的一块方布就是她的书包。

学校在东门坡,于漪家住西门外,她每天上学要走十几里路,天不亮就出门,穿越整个镇江市。雨雪天里,身上沾了水和泥,刮大风时,每迈一步都相当花力气。尽管这样,于漪和大弟也不缺一堂课,为的是珍惜来之不易的学习机会,好好学点本领。

每天起早贪黑上学,疲累是难免的,可晚上还是要在油灯下做功课。有时眼睛睁不开,于漪就想,要是用一根小棒撑住眼皮就好了。困顿难耐时,就洗个冷水脸,清醒一下。

母亲默默支持着孩子们的学业,每天很早烧火煮早饭。寒冬腊月,虽然屋檐上挂着尺长的冰凌,但两个孩子一起床,就能吃到热气腾腾的泡饭。

刚读了半年,淮安中学要迁回淮安去,于漪求学之路再次中断。

＊　＊　＊　＊　＊　＊

1946年2月,江苏省立镇江中学复校,于漪再次报考。录取的名单贴在学校门口,按成绩高低排列,于漪又被录取了。

于漪在镇江中学读的是高二下学期和高三。第一任校长叫任二北,是一位词学家。班主任叫花翰香。

原先的学校被炸掉了,新校舍在七里甸,曾是日军的养马场,经过一个多月清理修缮,才有了校园的样子。学习和生活条件都十分艰苦,只好因陋

红烛于漪

就简。

这里周围环境荒凉,学生都住读。10人住一个小房间,睡在木板搭的榻榻米上,女同学靠墙分成两排睡觉,每人放一张席子就是各自的铺位。夜里翻身必须很小心,否则很容易就会"侵占"别人的铺位。晚上用煤油灯,偶尔点一次蜡烛,就算很奢侈的了。

榻榻米上常有蚂蚁,偶尔还有蟑螂。一天晚自习后,于漪脱了鞋上榻榻米时,一脚踩在蜈蚣上,冷不防被咬了一口,疼痛难忍。同学马上去找宿管老师,可是老师也没有药。这可咋办呢?

突然有人想到,鸡和蜈蚣是对头,把鸡嘴里的涎滴在伤口上,就能消肿止疼。又有人说,伙房里有个伙夫养了一只鸡,于是大家手忙脚乱半拖半抬着于漪,到伙夫家敲门,把鸡从鸡窝里抓出来。伙夫把鸡的嘴硬掰开,用手指挖出涎液,涂在于漪被咬的地方。校园里黑灯瞎火,人喊鸡叫,折腾了半夜。过了两天才消肿。

饭堂里没有凳子,吃饭一律站着。荤菜难得,一周能有一次青菜炒肉片或咸菜炒肉丝,就算美味佳肴了。四周是农田,也没什么小店可以头食品。同学们大都身无分文,有几个零花钱的就算"富翁"。

这样,饭和粥就成了大家争抢的目标,男生把碗里的米饭堆得高高的,女生有时来不及添饭,饭桶就已经底朝天了。有经验的男同学总结说:"第一碗少盛,两三口吃完,准能盛到第二碗,这时可以多盛。"

因为清贫,同学之间和睦相处,互帮互助,不为生活上的事计较。天寒地冻,汲水不易。清晨,井边放着一排漱口杯、脸盆,总有人自告奋勇去为大家提井水。这时正是男同学大显身手的机会,欢声笑语驱赶了凛冽的寒气。

学校里学习风气很浓,同学们都学得非常刻苦。日军被赶走了,山河重见光明,大家都希望掌握更多的知识,将来为国家强盛服务。

镇江中学校训是"一切为民族",激励同学们再苦再累也要学好本事,不能受人欺负。目睹了日寇投弹轰炸、亲历了辗转逃难,对于"一切为民族"这五个字,于漪体会何其深刻。战争期间民不聊生,早上去读书的时候,曾见到路边有冻死饿死的人,还亲眼看到日本人无缘无故殴打中国人。那真是刻骨铭心的惨痛记忆!

"一切为民族",五个字掷地有声,深深埋在于漪的心底,渗入她的血液。

当时学校实行晚自修制度。夜幕降临,教室里每个桌上燃着一盏煤油灯,两个同学合用。尽管油灯高高低低,但排列整齐,远远望去有"夜深千帐灯"的意味。学生伏案苦读的背影和老师走动指导的身影交织在一起,成为"一切为民族"的生命交响曲,生机蓬勃,充满希望。

学生时代的于漪喜欢读小说,每借来一本,总会爱不释手,甚至通宵达旦地读,她读过许多中外名著。第一次看到巴金写的《家》,急不可耐地读了一夜,为小说中的各色人物时而忧、时而愤、时而喜、时而悲。

她也喜欢闻一多的诗文。且不说《死水》《红烛》等诗集,单是《红烛·序诗》,短短几句就让她感动不已:"红烛呀! /流罢! 你怎能不流呢? /请将你的脂膏,/不息地流向人间,/培出慰藉底花儿,/结成快乐底果子!"在于漪看来,诗句中涌动着生命的力量,哪里是语言,分明是心里喷射出来的岩浆!

如果把煤油灯换成白蜡烛,那一定是有比较大的事了。期末大考最紧张的时候,教室里烛火摇曳。于漪毕业考时,平时只要求背诵部分篇目的英文书,忽然要求整本书都需背诵,大家拼命开夜车。那时年轻,强记能力强,她居

1982年,于漪回母校镇江中学探望班主任花翰香

然也背下来了。

于漪曾借助《英文背诵选》，背诵美国总统林肯的《葛底斯堡演讲词》。那是一篇情意真挚、文采斐然的佳作，于漪认为是言、文结合的典范，其中"使我们民有、民治、民享的政府与世永存"的名句，她一直记在心里。这种背诵对于英文乃至中文的写作，也是很有帮助的训练。

大考结束后是最快乐的时候，每根神经都放松了。各班都忙着排练节目，说的、唱的、吹的、拉的、表演的，各得其乐。学年结束时学校组织文艺晚会，从编导、演出到搬桌子搭台，全部由学生担当。

宁静的夏夜，月朦胧，星闪烁，一场节目正在上演。舞台四角吊着的马灯就是照明设备了，远远向台上望去，影影绰绰，虽不能看清表演者的模样，然而却不影响大家观看的兴致，洞箫幽咽，锯琴孤清，是那样的动人心魂。

* * * * * *

镇江中学的师资水平很高，有的师出名门。于漪在他们的引领下，打牢知识的底子，收获精神成长。

数学老师叫毛振璈，用英文讲课。高二时学范氏大代数，用的是英文原版教材。他一步一步地推导，对学生进行逻辑思维的训练。每堂课教一两个定理，精选两三个例子演示。他的推理那么严谨，环环相扣，没有多余的字词，解题的逻辑顺序犹如春夏秋冬季节的转换，纹丝不乱，令人叹服。

一句"is equal to zero"（即"等于零"）是毛老师的口头禅，也成了他的代号。他的脸上不大有笑容，只有当大家心领神会他的讲解，或者考试成绩相当好时，嘴边才露出笑意。

期中考数学，坐在前边的女生提早跟于漪打招呼，希望于漪帮帮她，免得不及格。于漪想，同学之间要讲点义气，考试时就把一道题的解法写在纸条上。正要把纸条递过去，被毛老师发现，一把抓走了。考卷发下来，于漪看到右上角有一个鲜红的"0"，那女生也是零分。

事情到这里还没结束。毛老师把于漪叫到办公室，批评了一顿："你这是帮助同学吗？歪门邪道。她有困难，不懂，你可以跟她一起学，讲给她听，还可来问我。用这种投机取巧不诚实的方法，不是帮她，是害她。你好好想想。"

于漪离开办公室时，毛老师又加了一句："学习和做人一样，老老实实，懂吗？"于漪回去后大哭一场，却也从此记住了，做任何事情都要想一想，是否"老老实实"，是否想"投机取巧"，不要让纤毫灰尘污染了自己和同学的心灵，见微知著，千万不可再犯！

解析几何也是毛老师教，他不用直尺，把坐标画得笔直，画几何图形时，也不用圆规或三角尺。这身过硬的本领就把学生给镇住了。

1949年后，毛老师转往大学去教书。

教中外地理的是严老师，被学生称为"活地图"，专业知识储备非常丰富。他拿起粉笔在黑板上轻松勾画，地界、山脉、河流、城市、交通线……无不形象生动，再配以文字和数据，说服力强，令人经久难忘。

于漪格外佩服语文老师赵继武。他是国学大师黄侃的弟子，年过半百，身材瘦削，一肚子学问。上课就拿两支粉笔，讲义都已了然于胸。教古文的时候，他逐字逐句讲解，如数家珍，带给学生行云流水般的畅快享受。

讲到李密《陈情表》中的"茕茕孑立"，赵老师说，"茕"字怎么写呢？下部是鲁迅的"迅"去掉走之底，便写在黑板上。他右手食指摇晃着说，这个字读"穷"，下面是一竖，不是一撇，再穷，脊梁骨也要硬，说着还做了一个笔直的姿势。

赵老师读读讲讲，委婉恳切，把祖孙相依为命的亲情表达得淋漓尽致。那不是一般的知识传授，更是心灵的哺育。

赵老师教诗词尤为一绝，不同风格的诗词大声诵出，带着浓重的乡音，别具神采。他把岳飞《满江红》读得出神入化，教完时，学生都能流畅地背诵了。

教南唐后主《浪淘沙令》，"帘外雨潺潺，春意阑珊。罗衾不耐五更寒。梦里不知身是客，一晌贪欢……"婉转凄凉，声音里包含着绵绵不断的思念，学生分不清眼前讲课的人是赵老师，还是亡国之君李煜。

朗诵辛弃疾的《南乡子·登京口北固亭有怀》，"何处望神州？满眼风光北固楼。千古兴亡多少事？悠悠。不尽长江滚滚流……"赵老师耸动着双肩，头颈有节奏地摇晃，慷慨悲壮，激发出一种忧国忧民的情怀。

从这里，于漪开始喜欢上辛弃疾的词，那里包含着当时的时代强音，为国

红烛于漪

土沦丧而悲愤,表达抗金救国的抱负。每逢假日,三五同学好友登上北固楼,面对奔流不息的长江,往往感慨万千,仿佛都有了经天纬地的雄才大略,心中涌起"当如孙仲谋"的宏愿。

赵老师说话和颜悦色,从不训斥学生,也不把自己的想法强加于人。于漪曾被同学搞恶作剧,怒气冲冲,赵老师用文字巧妙地化解了。

那是一次作文课,班上调皮的男生趁于漪不注意,把她的凳子搬走了,她只好站着写。她就地取材,把这件事写进了作文,对同学的捣蛋行为大加讨伐,下笔千言,写成一篇类似"檄文"的东西。

赵老师风趣地批阅道:"……于生失座,成此佳作,遂使孟嘉落帽韵事不专于前矣!"借用历史典故,把于漪比作才思敏捷、潇洒儒雅的孟嘉。于漪大感意外,老师不仅没批评她,还大加赞赏,那颗年轻气盛的心得到了慰藉。师生关系的融洽,赵老师教导学生的智慧,由此可见一斑。

于漪对赵老师的循循善诱铭记在心,希望像他那样做一名深受学生尊敬和欢迎的好老师。时隔35年,与同班同学忆及此事,于漪还欣然写诗回顾:"草'檄'何曾两腿麻,灌夫骂座笔生花。鸡虫得失浑闲事,赢取先生说孟嘉。"

师恩难忘,难忘师恩!中学老师们教给于漪知识的核,而且让她充满正气。他们撒播下的爱祖国的种子,成为于漪一生受用的精神财富。

"一切为民族",镇江中学这五字校训沿用至今。在于漪心目中,母校的校训是精神的坐标、人生的基点,也是铸造师魂的基因。在未来的日子里,"一切为民族"成了她的思想脊梁,支撑起几十年教育生涯中的风雨兼程。

那是一种刻骨铭心的记忆,历久弥新,一生都难以忘怀。2012年8月,作为毕业55年的一名校友,于漪欣然为镇江中学120周年校庆题词:"母校'一切为民族'校训,融入莘莘学子血液,成为立身处世之本。"

* * * * * *

时代动荡,个人的命运也随之起伏。三年高中,于漪读了三所学校。

1947年,18岁的于漪毕业了。带着对教师职业的憧憬,她填报了复旦大学教育系。复旦大学很受学生青睐,那年夏天,有12 000多名学生报考该校。

国文考卷上没几个字,包含两部分内容。第一部分考文学常识,要求考生以"一、两、三、四、五、六、七、八、九、十"为字头,写出10个中国名文或名著的篇名书名。第二部分是一篇作文。

于漪在登辉堂(今相辉堂)考,她答题写到了《三都赋》、四书、《五蠹》、六艺、七发、九歌等,四书就写明《大学》《中庸》《论语》《孟子》,孔子六艺就写明《易》《诗》《书》《礼》《乐》《春秋》,也有的写不出来。

于漪顺利考入复旦大学,成为500名幸运儿之一。新的生活在向她招手。

求学复旦,于漪跨越了时代的门槛。她的大一和大二处于民国时期,大三和大四则沐浴着新中国的阳光。

于漪如饥似渴地学习,在这里感受到周予同、曹孚等教授严谨治学的品格和精神。她从老师们的教导中,滋养了学识,开阔了眼界。

大一的国文老师方令孺教授是作家,专攻新文学。这位老太太头上盘着个辫子,说话慢条斯理,温文尔雅。她的课旁征博引,趣味盎然,给学生启发。方教授引导学生阅读具体的文章,认识世事,感受文学的魅力。

她有时与章靳以教授一同上课,对谈写作散文的技巧,幽默有趣。后排坐着的同学不由得站起来,身体往前倾,沉浸在两位教授的精彩授课中。

有一次,方令孺在课堂上讲起于漪的作文《老妪李氏》。当初她写得颇费一番心思,描绘了一位虽然没文化,却善良、宽厚、勤劳、朴实、遇事不惊的老妪。方教授以此为例,阐述文学创作的要义,包括如何构思情节、描述人物、塑造性格、组织语言等,最后聚焦到一个字:真。

这让于漪感到受宠若惊,特别是记住了方教授说的,写作要求真,做人与写作相通,真心实意至为重要。这学期于漪的国文课得了80分,引来同学们羡慕的眼光。因为,老师打分非常严格,很少有人能得到"8"字头的分数。

周予同教授讲中国通史,是一百多人的大课,在子彬院楼下的大教室里上。他的课很受欢迎,每次上课前同学们都到前排去抢座位。

大学时代的于漪(复旦大学档案馆供图)

红烛于漪

他边讲边写，从远古到春秋战国的历史从心底流出来，十分娴熟。一节课上完，黑板上写满了字，角角落落也不留一点空隙。如果坐在教室后排，就看不清板书了。

这门课上起来不是各朝代平均用力，而是着重讲先秦历史。两千多年前的历史，周教授脑子里就像有资料库，一一拣出来，拗口的人名、地名也如数家珍。一个学年下来，每堂课都内容丰满。秦汉之后的章节，就靠学生自学了。

讲世界教育史的是曹孚教授。这是选修课，上的人不多，就在小教室上。曹教授为人和善，课前课后和学生平等交流。他家距离学生宿舍不远，常见他提着篮子买菜或提着瓶子买酱油买酒。

每逢下雨，曹教授就戴一顶铜盆帽，穿着米色的雨衣，到教室上课。他左手叉腰，像茶壶把，右手伸直如同茶壶嘴，而帽子就是茶壶盖了，加上"曹孚"与"茶壶"谐音，所以他被同学们私下里称为"茶壶老师"。

曹教授上课时不带教材教案，口若悬河，各国教育的历史、特点、利弊，都讲得具体生动，有理有据，似乎他在那些国家从事过教育工作一般。学生没有教科书，全靠记笔记，这样上课时就必须全神贯注，快速把所讲的内容记录下来。两节课上完，手上的肌肉几乎紧张到抽筋，臂膀也酸得够呛。

学期结束时，于漪积累了两本厚厚的笔记。曹教授把她记的笔记索去，以之为蓝本，出版了一本《世界教育简史》。学生的笔记可以拿去出书，简直是课堂教学的奇迹。曹孚授课的深邃、有条理，于漪记录的认真、翔实，也可想而知了。事后曹教授赠送一册给于漪留念，扉页写着："于漪女棣指正。曹孚。"

学习之外，于漪也参加一些课外活动。她喜欢京剧，担任复旦大学学生国剧社的社长，曾登台演唱《女起解》《鸿鸾禧》等经典剧目。

就读复旦大学期间，于漪还曾参加心理学方面的实习。

大学生活之于这个风华正茂的青年，就像冯至的诗所说的那样，丰富的知识"给我狭窄的心，一个大的宇宙"。于漪感受着老师们的博学多识，一点点成长起来，心胸日益宽广，充满了"愿乘长风破万里浪"的豪情。

跨过新中国之门，于漪来到一个全新的世界。对她来说，复旦大学是一个难忘的地方，"博学而笃志，切问而近思"的复旦精神绘就了她生命的底色。

得益于一批优秀教师的教导，她立志从事教育事业，做一名合格的人师。

2011年9月15日,于漪获第八届复旦大学校长奖,杨玉良校长、朱之文书记为她颁奖

　　她认为,这个"格"不是打分,不是量化,而是国家的期望,人民的嘱托,要做到智慧如泉水一样喷涌,德才兼备,让党和国家放心,让千家万户老百姓放心。

　　于漪没辜负母校的教诲,复旦也为培养出这样优秀的毕业生感到骄傲。2011年,于漪毕业60年之际,荣获第八届复旦大学校长奖之"杰出校友奖"。

第二章

语文教学"门"在哪里

千金之珠，必在九重之渊而骊龙颌下。

——《庄子·列御寇》

1951年夏天，于漪结束四年的本科学习，从复旦大学教育系毕业。这批毕业生赶上了新中国成立后首次实行的全国统一分配。

上海的毕业生集中到交通大学去学习，食宿都在学校，为期一个月。女生住在图书馆二楼，每人带一张席子，铺地为床。学习的内容包括形势与任务、百年来中国的丧权辱国史、创建新中国的艰苦卓绝历程、大学生建设新中国的责任与担当等。一场场报告具体而深刻，在年轻人心里掀起思想风暴。

这些毕业生联系各自的经历，展开讨论，书写感想，接受精神的洗礼。所有的活动聚焦到六个字上："服从统一分配。"

对于家境好、一直在上海生活的毕业生来说，要服从分配离开上海，是很困难的。但于漪不觉得有什么困难，她想，能读完大学已属极其不易，好儿女志在四方，有工作就满意，不管去哪里。

22岁的于漪突然感到自己真的长大了，对国家和社会有用了，更加坚定信念，要把个人前途命运与祖国的需要联系在一起，接受祖国的召唤。

一批批名单公布出来,于漪怎么也没想到,自己竟然被分配在上海,更没想到的是,她要去华东人民革命大学附设工农速成中学,当一名教师。

新中国成立之初,教育向工农敞开大门,各地兴建一批工农速成中学,上海也开办了9所。这类学校教学方式为"速成",将普通中学六年的课程压缩到三年,实现将毕业生送入高校深造的目标,至1958年基本退出历史舞台。

华东人民革命大学附设工农速成中学创立于1950年,系上海首所工农速成中学,曾更名为复旦大学附设工农速成中学,后转为复旦大学工农预科、复旦大学预科,是如今复旦大学附属中学的前身。

步入社会,踏上教师工作岗位,空气是那样清新,阳光是如此明媚!新的生活画卷缓缓打开,学生时代的理想,正在变成眼前的现实。

于漪面对的学员不是通常见到的中学生,而是干部、战士、劳动能手等。原本并非中文、数学等专业毕业,而是学教育的,于漪觉得有些为难。

其实,文化班是平行班中文化程度最低的,主要是教识字。有的学员曾经参过军或当过干部,懂得尊师重教的道理。课堂上回答问题,站起来先立正、敬礼,然后再说自己的看法,这让于漪很受教育。

正当于漪摩拳擦掌准备在教育领域大干一场时,病魔却向她袭来,给她一个下马威。

她患上了严重的胃溃疡,吐血、便血,无法正常工作。那时,医院对这种疾病认识不清,治疗也缺乏针对性。由于失血过多,就给她输血。于漪舌头麻、发高烧,说胡话。医生说必须用饮食疗法才能修复溃疡,于是她吃了四个月流质,喝菜汤、米汤,人消瘦下去,没有一点力气。

又不知从哪来了一种说法,认为溃疡与脑神经有关,关系到什么"应激状态",于是采用封闭疗法。很长很粗的针从背下部扎进去,把胃封闭起来,隔断胃与脑神经的连接通道。且不说疾病本身,治疗时就异常痛苦。

封闭疗法不见效,又采用当时流行的"组织疗法",把什么壁虎组织液、鸡血组织液往身上注射,试图引入外界力量的帮助,有什么效果则不得而知。

于漪充分体会到病痛给人的折磨,日日夜夜不停息,甚至已感受不到胃不痛是怎样的感觉,她最大的期盼就是病痛早日离去。

后来知道,消化道溃疡由幽门螺杆菌引起,是可治之症,为此做出贡献的

红烛于漪

巴里·马歇尔和罗宾·沃伦还获得了2005年诺贝尔生理学或医学奖。

胃溃疡还没治愈,肝炎又染上身,觉得恶心、难受。医生以为是胃病,于漪年三十晚上进医院,立即被隔离起来。除了医生检查、护士打针,她就被关在一间小病房里,什么人都见不着。身体很虚弱,平躺着都气喘,黄疸扩散。

一天,病房里进来6位医生,把于漪吓坏了。领头的是主任,说要把肝勾出来一部分,用于化验。于漪是重症病人,根本没发言权,只好听从安排。

医生先在于漪胸部消毒,然后用一把锃亮的钻子在两根肋骨之间钻洞。她必须按要求屏住气,不能呼吸。肝被勾出的刹那间,于漪感到似乎心肺都被扯出来了,是一种无法形容的疼痛。事先医生再三叮嘱,不能喊叫,不能动,否则容易引起大出血。于漪只好强忍着,头上冒出了冷汗。

随后,她肝区部分被压上沙袋,身体下边垫一块棋盘似的硬板,24小时一动也不能动。这样,肝穿刺以一种撕心裂肺的感觉进入了于漪的记忆。不久,情况渐渐好转,她从隔离的小病房搬到了三人的大病房。

经受疾病的磨炼成了于漪教育生涯的第一课。她在抗争中锻炼了意志,学会在极端困难中也保持坦然。生死就那么回事,无论遇到什么挫折,都不能张皇失措,更不能精神崩溃,而要保持希望,一步一步努力往前走。

由于身体原因,于漪没办法继续教课,很长时间里只能工作半天。她转到学校图书馆,去管理图书,进行登记、分类、编目、出借、整理等,起初觉得生疏,但慢慢熟悉起来。可以与书为伴,广泛阅读,也算因祸得福。

住院期间,于漪有大把的时间读书。列夫·托尔斯泰的《安娜·卡列尼娜》《战争与和平》《复活》,细读慢想,走近一个个鲜活的人物。但凡抗日战争、反对德国法西斯的苏联卫国战争题材小说,出一本她就读一本,感动于主人公对祖国的忠诚、对革命事业的执着和把个人生死置之度外的大无畏精神。

有一段时间,她集中读剧本,纸上看戏,郭沫若的历史剧甚至一天读一本。精彩片段朗诵几句,俨然剧中人。读曹禺的剧作时她也纳闷,为什么《日出》《雷雨》宣传很多,而《原野》却不太被提起呢?

于漪还广泛阅读法国、美国、德国的小说,在文字间感受域外生活。

一个偶然的机会,江苏人民出版社的一位编辑找到于漪,委托她为少年

《春秋战国的故事》书影

儿童写点历史小故事,她就查阅资料,写成了两本通俗读物。

1957年2月,于漪编著的《春秋战国的故事》正式出版。书中包含晋楚争霸、卧薪尝胆、商鞅变法、荆轲刺秦王等10个小故事,书末附这一历史时期的大事年表。出版社邀请著名画家董天野绘制了10幅插图。

一本薄薄的小册子散发着淡淡的书香。当时出书是一件稀罕事,于漪才28岁,就已拥有了人生第一部著作,实属难能可贵。而且首印即达51 000册,在今天看来也是一个非常可观的数字。

紧接着,于漪编著的《明清的故事》在1958年8月出版,体例和装帧与《春秋战国的故事》类似,包含红巾军大起义、三保太监下西洋、戚家军平倭等10个故事,施琦平配插图。

1953年,于漪结婚了。丈夫黄世晔是江苏溧阳上黄镇桥西村人,1919年生,1943年西南联大经济系毕业,离休前担任复旦大学历史系副系主任、教授,长于中国古代史及拉丁美洲史,参编《中国历史文选》,著有《墨西哥简史》等。

1955年,他们的儿子黄肃出生。

于漪所在学校一度更名为复旦大学附设工农速成中学,面临向普通中学转轨,1957年暑假停止招生。这几年她从事的是成人教育,由于大学里读的

紅燭于漪

是教育系,她内心更盼望到师范学校承担教学工作。

* * * * * *

1958年2月,于漪被调入上海市第二师范学校。

她一生共在两家单位工作过,加盟第二师范注定是全新的开始。尽管学校后来屡次更名调整,尽管她在教学中经历了这样那样的波折,却再也没有离开,立足学校,施展教育抱负,散发光芒。

上海市第二师范学校是上海市人民政府兴办的第一所中等师范学校,占地近140亩,拥有教学大楼、荷花池和400米跑道操场,红瓦绿树,环境优美。

副校长告诉于漪,学校缺老师,但教育学、心理学、教材教法等专业课不缺,只是历史老师不足,课安排好了,就等老师来上课。

好在于漪对历史感兴趣,还出过书,既来之则安之。她努力去背诵中国古代重要历史年代、熟悉历史事件,梳理把握历史发展脉络。

这样,于漪成了历史课教师。她要带师范二年级6个班级的中国古代史,每班3节课,每周18节课。那时普遍用"满堂灌"教学模式,老师讲,学生边听边记笔记,一讲到底。3节连上,每节课50分钟,强度还是很大的。

"大跃进"来了,社会上吹起浮夸风,学校也不能幸免。上面要求,教育革命要"革"到学科,必须大胆"解放思想",像粮食"亩产万斤"那样"放卫星"。每名老师都要参与,用彩色海报画出来,表达"革命的想法"。

中国古代史教材原本是以朝代更迭为线索编写的,怎么"破"这个框呢?老师们结合当时的文章,把教科书上的一次次农民起义串起来教,将帝王将相的历史翻个底朝天。用这样的方式表明,哪里有压迫,哪里就有反抗,农民起义是社会发展的动力,而经济、文化等内容都不作展开。

在中国古代史和农民起义史之间画上等号,有位年长的历史老师对此不发表看法。他总说:"我不懂,你们试吧。"别的老师大胆删减教学内容,没什么佐证的材料,只是想推倒旧教材,让教学"放卫星"。

老师们组织学生编写农民起义的材料,把陈胜吴广起义、赤眉绿林起义、黄巾起义等串联起来,还花大量功夫制作幻灯片。课堂上满是冲冲、打打、杀杀,学生听起来觉得新鲜,却难免不尊重科学,热热闹闹犯错误。

"大跃进"提出钢产量要"超英赶美",于是学校也大炼钢铁,师生全部停课。于漪被分派的任务是跟着学生拆墙、捡砖,运到学校砌炉子。不仅拆校内的建筑,还到外面去找残垣断壁,用小板车拉回学校。有时与墙的主人产生争吵,重任在肩,也顾不上那么多,干得热火朝天。

但凡校园里可以炼钢的东西,如教室、宿舍楼、厕所里所有的铜把手、铁把手、门轴等,统统被拆下来,投入炼钢炉。学校里炉火熊熊,各建筑却留下一个个门窗的洞,没有一扇门能关严实。白天炼,晚上炼,多少也炼出一团团黑黝黝的东西,辨不清是铁、是钢还是渣。这"成果"被送到外面去展览,有没有用就不得而知了。

荒唐的事一件接着一件。要把校园开垦出来,铲掉草坪,地要深耕,用来种红薯。肥料来自沟里的泥。先用脸盆把小沟里的水舀到校外小河,学生排成一行传递装了水的盆,十分壮观。沟见底了,就把泥挖出来,投到新开垦的土地上。草坪不见了,加上建起形态各异的小火炉,学校变得面目全非。

接下来,各班学生在老师带领下到郊区农村去"战三秋",抢收抢种。人民公社兴起,村里办一个大食堂,村民吃饭不要钱,可以敞开肚子来吃。学生不禁纳闷,有的问:"这钱是谁付呀?"没有人回答。当然师生是要付伙食费的。劳动锻炼了半个月,拉练步行回学校,还要写总结报告。

小火炉没炼出像样的钢,新垦的耕地也没种出像样的庄稼。校园里产的红薯只有胡萝卜那么大,费了很多力气,收成却不过如此。

面对这些不甚合理的现象,于漪每次都是从绝对相信开始,慢慢产生困惑,觉得可疑。至于解答的办法,则几乎千篇一律:自己水平低,慢慢就会懂了,眼前只管做就可以。那种盲从,或许是特定年代里普遍存在的心理现象。

* * * * * *

于漪教了一段时间历史,因为工作需要,又改行教语文。这种转变看似偶然,却让语文教学研究成为她一生建筑的教育思想大厦的根基与主体。

支部书记找于漪谈话,要她去教语文。

红烛于漪

当初教历史已属勉为其难,缺少专业学养,改教语文岂不是要重起炉灶?她连汉语拼音b、p、m、f都不认识,语法没学过,起码的基本功也不具备。

她回答:"我不是学中文的,教起来有困难。"

"你不大学毕业了吗?"

"隔行如隔山。"

"战争中学习战争,哪有先学打仗再去打仗的? 这是'最高指示'。"书记说。

于漪又央求:"让我参加进修好不好?"

书记回答:"工作这么忙,自己抓时间自修。"

于漪没再开口说困难。她的志愿是"干一行,爱一行;干一行,专一行",不能辜负组织的信任。只用两分钟,就解决了改教学科的大问题。

这样,于漪进了语文教研组,教高中二年级两个班。这个教研组总共有18人,17位男老师,只有于漪是女性。后来,她还当了班主任和教研组副组长。

那时上课没有教学参考书,怎么教,全凭教师的个人理解,自己去钻研摸索。自由度很大,但教得对不对、质量如何,于漪心里很没底。

有的老师手握两支粉笔,拎本语文书,就去上课,非常轻松。于漪十分羡慕。

大家都说老教研组长徐老师教得好,而且他琴棋书画样样在行,文化积淀深厚,字也写得漂亮,棱是棱,角是角,很有骨力。于漪就向他请求,去听一节他的课。当然,未征得当事老师同意,是不能贸然去听课的。

说了有十次之多,徐老师始终没吭声,不答应。

古话说,"有事弟子服其劳。"于漪早上六点就到学校,把容纳十几位教师的办公室清洁卫生工作包下来,扫地、擦地板、抹桌子、泡开水、倒痰盂,不辞辛劳,希望用诚意"感动上帝",然而仍不奏效,一直没得到听课的机会。

有一天,徐老师突然来听于漪的课。推开门,踱着方步进入教室,坐在最后一排的椅子上,一脸严肃的神情。

由于毫无思想准备,于漪不禁两腿发抖。俗话说,外行看热闹,内行看门道。作为还没掌握语文门道的新手,她特别怕别人听课。

正在教的内容是王愿坚的小说《普通劳动者》,对作品中的林将军和士兵小李进行人物分析。于漪定了定神,一上课,就在黑板上写下三条:

一、林将军对社会主义祖国有着无限深厚的感情,在参加社会主义建设中充分表现了自觉的共产主义劳动精神;

二、林将军密切联系群众,处处和群众打成一片;

三、林将军具有艰苦朴素的思想作风。

然后,于漪采用对号入座的办法,让学生到课文中寻找有关情节、语言、段落。看起来学生认真阅读、听讲,她自认为讲得还算有条有理,过得去。

下课后,徐老师找于漪谈话。他先是轻描淡写地肯定了板书、条理、语言等,又郑重其事地说:"语文教学的大门在哪儿,你还不知道。人物形象分析是这样贴标签的吗?什么热爱劳动,平易近人!"

"轰——"于漪如遭五雷轰顶,脑袋就像要炸开。

一声声反问来得那么重,她简直难以承受。

于漪连连请教该怎么教,可徐老师一脸严肃,金口紧闭,又不吭声了。而且,从此再也不提该怎么上课的事。

可能老教研组长性格就是这样,沉默寡言,少说多做,在办公室里,一天也难得说几句话,大家都有点怕他。偶尔说话,不是桀骜不驯,就是略带鄙夷的口吻。于漪不敢再问了,向他直接学习怎么教的愿望当然没能实现。

语文教学"门"在哪里?于漪整天脑子里在翻腾这句话。

换了学科,困难重重,于漪一肚子委屈。可委屈有什么用?路还得往前走。主观不努力、客观找理由,永远不可能成为合格的教师。

在困难的日子里,学校领导给于漪带来关心。校长老蔡常到于漪班上听课,帮她分析,指出优缺点,还指导她修改教案。而且老蔡还常抽阅学生的作文本,当面和于漪交换意见。这让于漪有了信心,在备课笔记的扉页写下一句话:"教然后知困,知困然后能自强也。"

徐老师的"金石之言"成了于漪教学生涯中久不消散的鞭策。她常常反躬自省:"你入门了没有?'堂'在哪里?'室'在何处?你清楚了没有?一名对学科教学不入门、不辨堂室的教师怎能称职,怎能对得起学生?"

* * * * * *

红烛于漪

马克思曾说，在科学上没有平坦的大道，只有不畏劳苦沿着陡峭山路攀登的人，才有希望达到光辉的顶点。教学作为一门学问，同样如此。

外在的压力化作于漪的内在驱动力，她想，不仅要找到门，还要登堂入室，深味其中的奥秘。从此，她夙兴夜寐，寻寻觅觅。

于漪制订学习计划，从语音、语言、语法、修辞、逻辑到中外文学史，补足语文基础。例如在汉语学习方面，她购买吕叔湘和朱德熙的《语法修辞讲话》、张志公编写的《汉语》、陈望道的《修辞学发凡》等，如饥似渴地读。

同时，广泛涉猎古典和近现代文学作品，《诗经》《楚辞》、汉魏乐府，以及陶渊明、李白、杜甫、韩愈、柳宗元、苏轼、陆游、辛弃疾、鲁迅等历代名家的诗文，提升个人语文素养，力争赢得语文教学的发言权。

除非每周两三个晚上政治学习，迟些回家，于漪基本晚上九点之前备课、改作文，九点以后自修，直至十二点，乃至凌晨一点。每学期学生写8篇作文，两个班合起来，是巨大的数量，她一篇篇批改。然后再挤时间阅读。

闻一多《红烛·剑匣》中说："夜晚人们都睡去，我还作着工——/烛光抹在我的直陡的额上/好像紫铜色的晚霞/映在精赤的悬崖上一样"。这可不就是于漪深夜苦学的写照！两三年之内，她自学大学中文系专业课程，由此初步掌握了语文教学涉及的基本知识与能力。

另一方面，从不同途径借鉴教学方法。回想当初中学的语文课上，老师是怎么教的，把记忆中的课堂精彩片段打捞出来，琢磨怎样引领学生在优美典雅的语言文字、精辟深邃的思想文化中遨游，怎样让学生享受语文，经久难忘。

中学老师声情并茂的朗诵、讲解，旁征博引的议论、评析，乃至于他们的眼神、手势和学生神往的表情，一幕幕在她头脑中浮现。她相信，那就是语文！

同时，于漪从外部寻找科学有效的教学方法，如传统教法是什么，流行教法怎样，国外怎么教母语，比较利弊得失，形成自己对语文教学的新认识。

前辈教育家留下的教学论述是学习的好教材。例如张志公的《传统语文教育初探》，朱自清、叶圣陶、吕叔湘关于语文教育的观点，从识字教学到工具书的使用，从阅读教学到作文训练，于漪认真阅读，逐一推敲，为我所用。

吕型伟对语文教学提出了字、词、句、篇、语、修、逻、文"八字宪法"，于漪仔细领会，认识到语文是一门综合性很强的学科，须有整体意识，同时字、词、句是语文教学的原点,以此为突破口,就能深入底里,纵横驰骋。对于正处在教学困惑中的于漪来说,"八字宪法"如同一盏教学的指路明灯。

为了找到那扇"门",于漪学得如饥似渴,不断锤炼提升自己。

她潜心研究教材,查验资料,从语言文字到思想内容,反复推敲三四个来回,把文章的脉络、篇章的构成、语言的运用、作者的意图等,弄得一清二楚,力求使教材如出自己之口,如出自己之心。

于漪深知,如果教师对教材若明若暗,一问三不知,别说有损教师形象,扪心自问也对不住良心。钻研一篇课文,她不惜投入10小时、20小时甚至更多,比如《论"费厄泼赖"应该缓行》的备课就花了她30多小时。

别人分析教材的资料是别人的思考,和自己总归隔了一层,于是她一篇一篇地过,上百篇课文全部独立钻研,慢慢尝到庖丁解牛的滋味。比如贾谊的《过秦论》是政论散文的名篇,提出秦朝败亡的原因是"仁义不施,而攻守之势异也"。教材中收入的是上篇,于漪把中篇、下篇也找来研读,领会作者的恢宏气度和良苦用心。

不知名的小花,虽不名贵,但是植根于土壤,有旺盛的生命力。有了自己的真切体会,上课就不会沉迷于空洞的概念或大话、套话,学生就能真正受益。

简洁明白的教学语言在于漪看来是达成良好教学效果的重要因素。如果含含糊糊,闪烁其词,杂乱无章,学生就会如堕五里雾中,应当力求优美生动,不枯燥干瘪。"出口成章、下笔成文"成了于漪追求的目标。

要改造自己的语言,清除其中的杂质,于漪一方面有意识地训练思维,锻炼"心明",促进"言明",并勤奋阅读,增加词汇量;另一方面"以死求活",每次讲课前充分准备,花大力气锤炼语言。

她抱定"语不惊人死不休"的决心,坚持写详案,把课堂要讲的每句话都写下来,接着修改,用比较规范的书面语言改造不规范的口头语言,去除不必要的字、词、句,把不合逻辑的地方一一删改,然后背下来,进而口语化。

背下来!

简简单单三个字,无疑需要付出大量的时间和精力。于漪做到了。

在家洗衣服、拣菜,她脑子里反复琢磨该怎么上课,就像着了魔。

从家到学校,除了乘坐公交车,还要走一段路,花费15到20分钟。每天去

红烛于漪

上班,她用这段时间,把背好的教案在头脑中放一遍"电影":怎么开头,怎么展开,怎么发展,怎么掀起高潮,怎么结尾;一个问题下去,学生怎么回答,答不出该怎么引导,怎么铺垫……乘上车继续想,由于太投入,有时甚至坐过站。

那是一种激情燃烧的感觉,为了课堂和学生,她要调动起浑身的能量!

于漪在教课上投入心思,切实提高了口头语言的质量,而且每次上课的时候,胸有成竹,心都很踏实。

后来,于漪努力做到讲话、交流乃至作报告,都只打腹稿,不写文字稿,成为习惯。在各种于漪作品集中,有一些是演讲实录、报告会发言稿整理,略加润色就成为像样的文章,这正是得益于她长期的训练和坚持。

每次上完课后,于漪认真反思,写教后记,查找教课中的差错、缺点,琢磨课堂上的即兴发挥有什么不足,教案中有哪些语言需要改进,从而梳理思想,提升认识。没有人要求她,但她就是这么做了,一步一个脚印,走得踏踏实实。

如此坚持两年,"口语关"基本过了,口头表达能力明显提高。经过锤炼的活泼的口语,增加了文化含量,彰显出文化气质,让听者受到熏陶。学生既学规范的书面语言,又学教师生动的、流畅的语言,课堂教学效率得以提升。

于漪很喜欢《庄子》中的一句话:"千金之珠,必在九重之渊而骊龙额下。"世界上哪有什么轻轻松松的事,要在教学上取得成就,非下一番苦功夫不可。

语文教学的门外汉是怎样成长为名师的? 答案就在孜孜不倦的求索中。

* * * * * *

上海市第二师范学校于1960年6月转制更名为上海工农师范大学,1962年6月撤销,成立上海市杨浦中学。

教了三四年,于漪渐渐摸索出一套行之有效的教法,讲课变得比较从容,不再像刚上讲台时那样如临深渊、如履薄冰。

教育家顾泠沅这样总结于漪的教学探索:第一年撇开所有教参逐字逐句写教案,第二年搜索所有教参改教案,第三年整合新的体验重写教案,改行三年成为语文骨干教师。他还从中导出"实践+反思=成功"的教师发展路径。

于漪的教学水平在提高,同时她又对现状感到很不安,因为部分同学进步不明显,自责说自己基础差。

第一次教《离骚》(节选)的时候,于漪花了大量时间查找资料,钻研时代背景、作者生平,包括屈原的籍贯、生卒年月、为官情况、在文学史上的地位、政治主张,以及《离骚》的表现手法、后人的评论等,然后搬到课堂上。她力求讲得完整、系统,一竿子到底,所以上课上得筋疲力尽。

在学生座谈会上,于漪请他们发表意见,帮助老师改进教学。学生你一句,他一句,说个没完——

"你讲的课,我们课上清楚,课下糊涂。"

"老师聪明,有学问;我们笨,不行。"

有个上课从不发言的男生笑嘻嘻地说:"老师,我喜欢上语文课,你讲得很好听,可惜我不会!"说着还害羞地低下头,表露出歉意。

淡然一语重千钧。于漪自认为已尽了很大的努力,学生怎么学不会呢?

1964年2月13日,全国教育工作座谈会在人民大会堂召开,毛泽东讲话指出:"学生要有娱乐、游泳、打球、课外自由阅读的时间。"随后,各地总结推广一些中小学校减负的教学经验,上海市育才中学即为其中之一。

这年4月2日,《文汇报》在头版整版刊登《育才中学改进教学方法减轻学生负担》,随后推出一系列讨论和跟踪报道,弘扬其边讲边练、新旧联系、因材施教、减轻负担的做法与经验。

《人民日报》专门刊发社论《培养生动活泼的主动的学习空气》。于漪拿到转载了这篇社论的《上海教育》第4期,反复研读,在上面加圈、画线,一遍遍咀嚼,领会里面讲到的教育方针、培养目标和教学方法。

"搞好教学,光有教师的主动性是不够的,还必须有学生的主动性,要把这两种主动性结合起来,才能形成生动活泼的学习空气,收到好的效果。"在这句话下,于漪加了波浪线,从中领悟到教学和育人的真谛。

她关注着外部动态,探求改进教学之道。

学生的"可惜我不会"让于漪反思,以往的教学中着力于"胸中有书",却忽略了"目中有人"。原先误以为只要讲清楚,学生就会懂,实际是越俎代庖。

研究学生,发挥学生积极性,改变教师满堂灌的弊病,成为教改跨出的第一步。于漪认识到,"有的放矢"中"的"就是学生,老师若明若暗、闭着眼睛

紅燭于漪

捉麻雀,必然是将"矢"乱放一通。语文教学必须改变"目中无人"的状况。

翻阅那一段时期的报纸可以感受到,关于育才中学教学改革的讨论轰轰烈烈。于漪不仅是见证者,也是亲历者。

她走进育才中学听课,感受他们上的课好在哪里。她发现,老师们目中有学生,积极引导学生阅读教材。通过认真讲书、认真思考教科书中的问题,指导学生认真看书,正确理解和运用教科书所规定的知识。

结合听课和媒体报道,于漪感到,有所侧重运用教材、边讲边练的结果是,提高了学生的阅读和理解课文的能力,大大节省了讲课时间,有可能做到在课内完成作业。这些发现与她的教学实践如同齿轮一样,紧紧啮合在一起。

1964年4月16日,《文汇报》推出"教得活泼,学得主动"专题。应报社约请,于漪撰写并发表了《胸中有书,目中有人》一文。其中说道,"教师要见书又见人,而且要把人的因素放在第一位,充分发挥人的作用。"

1964年4月16日《文汇报》

这是迄今所见于漪最早在社会媒体发表的署名文章,如同一篇宣言书,高高扬起了"目中有人"的大旗,成为于漪教育思想大厦的第一块重要基石。

尽管于漪谦虚地说,"对教学中的高低深浅并不洞悉,无非就是胆子大,没有顾虑",然而这篇文章依然表明,经过五年的艰苦求索,于漪初步掌握了一套语文教学方法,建立起自己的思考,可以从容地撰写文章,与同行交流。

"目中有人",就是要从学生出发,研究学生,对学生满腔热情满腔爱。"教过"不等于"教会",一两个班级,教会一二十个学生不难,要大面积提高,教会每一个,必须投入心血。学生的基础不一样,智力、性格、思想、兴趣爱好各不相同,要先做朋友,再做老师,亦师亦友,教学才有针对性,才会提高实效。

几乎是在同一时间,于漪又在《上海教育》1964年第5期发表了《把语文课上得实惠一些,朴素一些》。当时,这本杂志推出"学习育才中学的经验,改进教学方法,减轻学生负担"专题讨论,于漪积极参与其中。

于漪提出,为了减轻学生负担、提高教学质量,教师要读懂教材,了解学生,有的放矢,不能凭主观设想进行教学。上课需做到心中有数,这个"数"就是教材实际和学生实际,应克服平均用力的毛病,摒除烦琐的讲解。此外,要注意启发引导,放手让学生实践,不能迷信自己的讲解,独占课堂时间。

实惠一些、朴素一些,就是要去掉华而不实的花架子,传递真知识,感染学生。这既是一种教学追求的目标,又是为人立世该有的模样。

为了达到这样的目的,于漪结合个人探索,提出了三条可操作路径:一是让学生打有准备的仗,二是给学生充分练习的机会,三是老师对学生的练习给予具体的指导。可以说,这些正是"胸中有书,目中有人"观点的展开与延伸。

于漪后来说,她用了好多年才接触到教育的本质,才懂得教育教学的出发点和归宿点是学生,才懂得知之准、识之深才能教到点子上。离开了对学生的深入了解,那是在教教材,是表演给学生看,教学内容会随着教师声波的消失而销声匿迹。必须教到学生心里,成为他们能力和素质的一部分。

1964年是于漪崭露头角的一年,也是初有收获的一年。35岁的她不仅开始在主流媒体发表文章,还被评为上海市"三八"红旗手。

* * * * * *

红烛于漪

因为偶然的机会，于漪的教学引起了外界的注意。

1963年秋天的一个下午，杨浦区红专学院召开中学语文教研组长座谈会。老组长徐老师年龄大，身体不太好，没能参加，于漪作为副组长去顶替。

与会人员围绕如何提高语文教学质量的问题展开热烈讨论，于漪以往很少走出学校参加会议，基本不认识发言的老师，只是坐在一边旁听。出于主持者的邀请，她结合个人教学实践中的经验教训谈了两个看法。

一是满堂灌的教法显示了教师对教材的理解，而学生是听众，主动性、积极性并未发挥出来，学习质量受到影响。二是教学中有不少形式主义的做法，例如在黑板上抄词语解释，不过是字典搬家，有些作文题目过于随意，缺少目的性、计划性，结果形式重于内涵，好看而不实用。

会议结束，于漪站起来准备离开，一位女同志走过来。她个子不高，微胖，短发，眼睛大大的，约摸40岁。她操着四川口音的普通话说："于漪同志，以后我来听你的课。事先我不通知你，你无须准备，就像平时上课一样。"事后知道，这是上海市的语文教研员杨质彬，大学毕业，曾为中共地下党员。

她，可谓发现于漪这匹千里马的伯乐。

过了段时间，杨质彬果真去听课了。于漪开始有点紧张，毕竟来的人是内行；但很快就定了神，正常上课。教研员能来随堂听课，给予指导，那是求之不得的事。不过，这次听完课杨质彬什么也没说，就走了。

杨质彬每周到教室两三次，听完课又去校长室，跟校长谈，还把于漪教的两个班100多本作文簿拿去，一篇一篇地翻阅，看于漪是怎么评改作文的。

一个多月过去，杨质彬在一次听完课后，终于找于漪谈话了。她肯定于漪工作态度认真，备课充分，作文不仅批改，而且与学生书面交流，谈心很深入。那种谈话没有居高临下的气势，而是和颜悦色，用一种商量的口吻。

她还问了一些问题，让于漪思考：你为什么这么设计？如果换个方式可以吗？你看哪个方式更好？《包身工》是不是每个部分都要详细分析？《我们的文艺是为什么人的》能不能举点学生熟悉的例子？于漪感到，杨老师在启发她思考问题，引导她走一条改革语文教学、提高语文教学质量的路。

后来，杨质彬又请市教育局办公室主任来听课，前前后后，区里、市里各层面人员前来听课达半年之久。于漪的才能被慧眼发现，教学潜力进一步发掘出来,终于被推上了开公开课的行列。

难怪于漪说,"我是被教研员听课听出来的",对教研员有着特殊的感情。

政论文是高中语文教学的一大难点。教的过程中容易走偏,脱离了语言文字的咀嚼、推敲,凭空讲思想、讲观点,语文课上成政治课;或者支离破碎,抓住了某个句子的语法、某个段落的结构,却把握不住文章的全貌。如何把观点与材料统一起来,上成语文课,而不是政治课,是众多老师困惑的问题。

在这种情况下,杨质彬请于漪就毛泽东的《民族的科学的大众的文化》上公开课。于漪仔细琢磨备课。一方面,要以辩证唯物主义观点拎起全文,引导学生理解经济基础与上层建筑之间的辩证关系,把握一些关键词句,体会遣词造句的准确、深刻;另一方面,要放手让学生讨论,领悟文章要义。

1965年5月5日,于漪主讲《民族的科学的大众的文化》公开课。在现场听课的章如描述,"在教学方法上,教师既发挥了主导性,又非常重视学生的主动性,注意启发学生积极思考,热情鼓励学生提问、发表意见,课堂气氛活跃,真是教得活泼,学得生动",并称赞这是"富有思想性、战斗性的语文课"。

于漪这堂课引来多批次的观摩,不仅在高三年级两个班上,在学校安排下,还借了高二年级的班去上,参加听课的老师加起来超过一千人。她上得足够有吸引力,成了标志性的一课。

她就像一台轰轰作响的发动机,为中学语文教学改革注入强劲的动力。

教育生涯的第一次公开课,引发了于漪关于如何提高教学质量的深层思考。她认识到,要立足课堂阵地,宣传伟大的毛泽东思想;授课过程中,要抓主要观点统帅教材,突出重点;注重调查研究,从学生实际出发进行教学;在课堂上和课外要加强练习,在使用中学习,讲求实效。

于漪的教学札记《我对改进语文教学的几点认识——教〈民族的科学的大众的文化〉的体会》,连同章如的听课记,被刊登在《上海教育》第5期。

可以说,她刚开始上公开课,就走在专业领域的前沿,引起同行的极大关注,成为中学语文教育界引人瞩目的人物。

很多人从此知道,杨浦中学有个叫于漪的老师很有本领,把高中语文最难啃的"硬骨头"议论文教得深入浅出。

红烛于漪

66届（1）班学生看望于漪时拍的全家福

　　这一年，于漪加入了中国共产党。她从此成为中国人民和中华民族先锋队的一员，在教师的岗位上，散发共产党人的光和热。

　　于漪教得精彩的课，何止一篇《民族的科学的大众的文化》。每篇课文她都精钻深研，结合学生的知识水平和接受特点，上出特色，让听者久久难忘。

　　20世纪70年代末，二三十名高中毕业生去看望于漪，说起十几年前她教的语文课，一片欢声笑语。他们把当初讲授郭沫若的《长江大桥》时的板书背出来，回顾文言文《文天祥》课堂上的场景，情难自已。

　　"老师边讲解边激动地说：这位头名状元做宰相的抗元英雄用他以身许国的大仁大义告诉我们，读书为了什么？为了明做人之理，明报效国家之理。爱国主义是我们中华民族赖以生存发展的精神支柱，民族气节是我们的民族魂……"

　　一声声，一句句，印在学生脑子里，成为一辈子受益的精神财富。他们回忆说，"当时我真激动，血直往脸上涌。""这些话都记住了，忘不了。""文天祥身上的正气好像一直在我脑子里萦绕。"

　　这样的课促进了学生心灵的成长，提升了他们生命的质量。

红烛啊

流罢 你怎能不流呢

请将你的脂膏

不息地流向人间

培出慰藉底花儿

结成快乐底果子

闻一多诗句 陆康书

《红烛·序诗》选段，陆康书

第三章

走过阴霾的日子

乌云遮不住太阳，——是的，遮不住的！

——［苏联］高尔基《海燕》

转行教语文后的七年间，于漪主要教高二、高三。她埋头苦钻，补足个人知识短板，寻觅语文教学之"门"，探求登堂入室的路径。

她紧追时代教育思想前沿，投入中学语文教学改革，渐渐摸索出一套行之有效的教学方法。在报刊发表署名文章，公开课广受赞誉，被评为市"三八红旗手"，还成为杨浦中学的副校长培养对象，这些无不显示出她的教学实力与发展潜力。

在教育的园地里，于漪有着使不完的劲，希望大干一场，为国育才。然而，让她和很多人没想到的是，乌云正悄然袭来。

1966年，"文化大革命"爆发了，中国陷入长达十年的浩劫。

于漪正教高三，是从高一带上来的班，领着学生兴冲冲地开展总复习，迎接高等学校招生考试。突然上面下来一纸命令：停止高考。

师生都感到茫然无奈，可是面对苦涩的现实，只能被迫接受。

混乱、动荡持续发生，教育几乎遭到灭顶之灾。邪恶占据上风，正直善良的人被欺侮打压。在动乱的年代里，于漪也在劫难逃，受到冲击和批斗。

那是阴霾密布的日子,那是黑白颠倒的日子。

在时代风浪的剧烈颠簸中,于漪将何以自处?

——她堂堂正正地站着,站成一个挺直了脊梁骨的人。

* * * * * *

学校正常的教学秩序被破坏了,课已没法上。一批造反组织、战斗小组纷纷成立,接着打、砸、抢,学校教室、办公室的门窗被砸出一个个窟窿,地板被烧得千疮百孔,原本绿树成荫的环境变得面目全非。

"文革"开始不久,于漪被打入"劳改队",和校长、副校长等十多人一起被游街。她被冠以"修正主义教育路线吹鼓手"的称呼,拿着扫帚敲畚箕。她觉得自己犯了错误,可是脑子里对什么路线并不清楚,又感到很困惑。

家里也不得安宁。今天来一批学生和闲杂人员抄家,明天又换一批。于漪的家本来就不大,除了换洗的衣服、几本书、备课笔记,空空如也。不要说金银财宝,连像样的"四旧"物品也没有。

在这样的嘈乱中,于漪早些年的教案被抄走、烧掉,令她无比惋惜。那是她开展语文教学的依托,是无数日夜心血智慧的结晶,却遭到毁灭。

起初"劳改队"处于散放状态,每天要打扫校园,劳动结束后可以回家。然而情况还在变坏,有一天,于漪被关起来了。学生宿舍楼辟出一间,窗玻璃全部用黑纸蒙上,黑咕隆咚,几个女教师被关在里面。

劳动,审讯,揭发,交代,批斗。乌云蔽日,于漪过着昏天暗地的日子。

学生经常看到一个瘦弱的身影戴着一顶绒线织的帽子在打扫厕所。轻轻问候一声:"于老师,您好。"得到一句淡淡的回答:"好。"

校长是地下党员,曾经被捕过,成了挨整的重点。于漪在学校里表现好,他们说她是校长眼前的红人,要求她揭发校长反党反社会主义的"罪行"。

在于漪眼里,校长起早摸黑地工作,对青年教师严格要求,引导老师们热爱学生、把课上好,并没有让人做过坏事。

于漪相信,做教师、做人要靠本事吃饭,靠觉悟工作,诬陷别人是一桩丑恶的行为。她不知道校长有什么"罪行",当然也就没什么好揭发的。这样她就难以过关,被认为是立场反动、态度顽固,遭到毒打。

个人交代是又一道难关。他们要求于漪交代,是怎样充当"修正主义教育路线吹鼓手"的,是怎样以知识毒害学生的,是怎样腐蚀学生、让他们对她有好感的。以前做过多少坏事,必须一一从实招来。

于漪辩解说,教师的职责是教科学文化,关心学生、帮助学生是她作为教师分内的事。然而,容不得她的解释,随之而来的是打断、斥责、咒骂、咆哮。一次次的提审,得不到什么结果,都不了了之。

她心中的困惑,在潜滋暗长。天天无偿补课,把原本只能写二三百字短文、还有很多错别字的学生,教成能流畅地写两三千字,这何罪之有? 把有限的收入省出来给学生买药、配眼镜,帮他们解决生活的困难,这算"腐蚀学生"吗?

正当于漪被关押的时候,王厥轩等学生看不过去,连夜赶写1.5万字的文章,抄成40多张大字报,在校园张贴出来,历数于漪培养学生的事实和功绩。学生还把三年的作文本加以汇总,展示于漪的作文评语。

当然,这些大字报很快就被人撕了。

本意是澄清事实、帮于漪一把,实际上不仅没用,却让她更加遭殃。于漪的脖子上挂着黑板,用铅丝吊着,上面写着"反动学术权威"。她被罚跪,跪得倒下去。还被罚跑步,跑得脚都肿起来,像萝卜一样。

于漪曾在1965年腹部开过刀,肠粘连厉害,经常腹痛。她本来就身体虚弱,再加上这么折腾,更加痛苦难熬。

那是一场身体和精神的折磨,于漪遭受着非人待遇,就像跌入冰窖,苦苦挣扎。她被称为"反动学术权威""杨西光的黑爪牙""黑旗手",被剪阴阳头,甚至被威逼从楼上跳下去。她咬紧牙关顶住,没有跳楼,保住了性命。

在打、砸、抢横行之际,世界并没有被黑暗完全占据。勇敢善良的人们小心地守护着做人的准则,不时发出温暖的亮光。

于漪在校园扫地时,语文组的一位老师偷偷对她说:"于漪啊,你还年轻,你一定要顶住,一定要想得开。自重,自重,是非自有公论。"声音很轻的几句话,给处在煎熬中的于漪以前行的力量。

清扫教学大楼时,学生把她叫到教室,名义上是"某某战斗组"找她训话,实际是掩人耳目让她休息,安慰她。

特别是受过于漪多年教育的学生，在她受批斗的时候，送来同情、鼓励的目光，过后暗暗给她倒一杯水，写一张纸条，表示安慰。

有人整夜做一名学生的工作，动员他写于漪的大字报，列举她的"罪状"。学生回答："我不知道，就算你们说的是真的，我感情上也扭不过来，她毕竟是我的老师啊。"学生守住了做人的底线，让于漪十分感动。

在"劳改队"屡遭折磨，本来就身体虚弱的于漪又发病了，高烧至39.6度。造反派放她临时回家。

妹妹于涟刚大学毕业，工作还没着落，到上海来，看到姐姐被折磨成一副半人半鬼的样子，悲从中来，抱着她痛哭流涕。

面对姐姐如此悲惨的处境，于涟又说："不管怎么样，姐姐，你的孩子我一定尽力带好。"谁也不知道接下来黑暗的日子还要持续多久、形势将会向什么方向走，妹妹这么一说，于漪竟有了"托孤"的感觉，心中苦涩又悲凉。

高烧退后，于漪又回到了"劳改队"，劳动、审讯、批斗，一轮接着一轮。

折腾了两三个月，她总算被放回家住，但每天要去学校报到，参加劳动。

家里的境况别有艰难。丈夫黄世晔因莫须有的罪名，被学习班关了起来，于是再次遭遇抄家。来的人一本一本地翻书，寻找"罪证"。儿子黄肃挨揍了，比他大几岁的人威胁说，如果不把什么集邮本子交出来，就怎样怎样。

于漪又遭到传讯。灯下，一男一女把脚蹬在凳子上，斥责于漪，要她交代黄先生和什么人来往。于漪毕竟有过应付批斗的经历，横着心说："他是个正人君子，不说一句谎，连家里小事都如此。如果他有问题，我跟他一起坐牢。"

造反派看于漪如此"顽固"，实在"榨"不出什么东西，也就不再找她了。

屋漏偏遭连夜雨。一天晚上于漪回家，由于房顶漏雨，天花板坍塌下来。儿子吓得躲在墙角哭，看到妈妈回来，宛如见到救星，更是放声嚎啕。于漪安慰他："别哭，别怕，哪怕是爸爸坐牢，我也要把你养大。"

那时，黄肃被称为"黑崽子"，怕受别人欺负，所住的大学宿舍连大门都不敢走，从矮围墙上爬进爬出。于漪感到心酸，生怕他从墙上摔下来，多次要他走大门，可是似乎没什么用。儿子受到惊吓，心理上一时难以扭转过来。

停课终归不是长久之计，"复课闹革命"，学校终于恢复上课。于漪带一个比较乱的班，做班主任。

红烛于漪

在混乱的局面中,于漪被剥夺了党籍。要恢复党籍,却一波三折。

她去找工宣队里的党组织诉说,大哭一场。然而没有用。

灾难也意味着锤炼。一次次淬火让于漪百炼成钢。尽管肉体和精神遭受着双重折磨,再斗、再打、再委屈,她都咬紧牙关,挺住了。

"文革"期间,自始至终,于漪没有揭发过任何人。

选择做教师,就是选择了高尚!

在一次次的关押、审讯、批斗中,在遭遇被抄家、被罚劳动的日子里,于漪不断"照镜子",洗涤自己的灵魂。她想,人,总要有人的样子,在任何情况下,都要有颗善良的心,决不能为自己、为私利而加害他人。

当于漪身体被限制了行动的自由,精神却在苦苦寻求突围。

她不断拷问自己:教育是什么? 教师是什么? 语文教师是什么? 我在做什么? 目标在哪里? 如何跋涉? 一连串的问题,常让她夜不能寐。

那是一名教师的时代之问,灵魂之问。

她坦然,乐观。她相信,乌云毕竟遮不住太阳。

带着这样一种朴素而坚定的信念,她走过了阴霾密布的最艰难的岁月。

* * * * * *

"劳改队"终于解散了,于漪恢复了教师工作。她没有气馁,对语文教学痴心不改,仍然积极投入,不舍昼夜,勤奋地工作。

据不完全统计,"文革"期间及前后,于漪在杨浦中学曾带过65届、66届、69届、70届、74届、75届、77届等多届学生。

那时,初中、高中取消了学段区分,统称为中学。物理、化学、生物等学科被取消,改为工业基础知识和农业基础课。语文课与政治课一度合并为政文课,或者与音乐课合并为革命文艺课。

以往于漪教的是比较好的班级,不存在纪律问题。然而"十年动乱"中,她被打入"另册",就成了带乱班的"专业户"。

留级制度废除了,学生从小学到高中,不管够不够毕业水平,一律开绿灯升上去。这就难免给学生一种负面暗示,学与不学一个样,学好学坏一个样。

学生文化程度参差不齐,学习风气每况愈下。一些学生受到"读书无用论"影响,心变散了,不愿来学校上课。

她挨家挨户访问,甚至三次五次、八次十次地去,跟家长做朋友,与学生换位思考,将心比心,慢慢赢得学生信任,所带班级和年级也走上正轨。

有好心的老师劝于漪:"你还没被斗够啊?还那么卖力?还这么拼命抓学习,别忘了'知识越多越反动'的帽子。"

她斩钉截铁地回答:"挨斗?我也不怕。不干,对社会主义半点感情都没有;不干,怎么能对得起人民教师这个光荣称号;不干,怎么能培养又红又专的革命事业的接班人?"她感谢那位老师的好意,一如既往地投身教学。

带69届(4)班的时候,于漪是第九任班主任,前面的八个都已被气跑。

面对一个散乱的班级,于漪一边做家长的工作,一边做学生的工作,总算把学生们请回教室。她泡在学生中间,谈心、家访、补课,参加他们的游戏,感知他们的心事,寻找他们身上的闪光点,扶植先进,帮助后进。

精诚所至,金石为开。经过三个多月的努力,调皮、爱打架的学生被感化了,教学秩序变得正常起来,师生相处融洽,"乱班"的帽子终于摘掉了。

当初的学生后来走上工作岗位,成为对社会有用的人才,有的还被评为先进工作者。学生回学校看望老师,怀着内疚的心情说:"于老师,我们过去是太幼稚了,要不是您及时教育引导,我们真不知要变成什么样的人了。"

在动荡的年代里,于漪个人在经历着难以预料的波折,不变的是那颗心,对学生负责,对教育负责,穿越茫茫岁月。

1969年秋冬之际,上面下了"一号号令",于漪所在年级10个班的学生全部下乡"备战"。她带的班到南汇新场镇龙桥大队的几个生产队,分为6个住宿点,分别烧火做饭。那里大河小河错综成网,学生安全是大问题。

于漪每天到各个住宿地巡查。学生年龄小,生活自理能力弱,面对陌生的农村生活环境,需要一样一样指点。

一天清晨,地上下了霜,于漪和体育老师范老师在河边走。哪里知道,河边的土是冻酥的,她一不小心,滑到河里。河水立刻没到胸口,寒冷彻骨。

幸好范老师及时救助,于漪得以脱险。平时她都是一个人巡查,好在那天有人同行,否则后果不堪设想。在艰苦的环境中,于漪又一次死里

紅燭于漪

逃生。

危难之际见英雄。正是在这次下乡期间，于漪接受了一次严峻的考验。

大概是1970年初的某天夜里，在龙桥生产队一个学农点，女生小蔡突然发高烧到40度，难受得不得了。学校带的药箱里只有酒精棉、红药水、几块纱布，其他没什么可用的药，农村医疗条件差，只能到镇上卫生院去就医。

这个学农点都是女生，男生都在另外几个学农点。要到镇上，连一辆自行车都借不到，只能步行。条件困难，还是要去。于漪和个头较大的小尹同学轮流背小蔡，沿着河要走十多里路。寒风凛冽，她们披星戴月，走走停停，歇一会然后接着背。

于漪腹部动过手术，刀疤的疼痛使得她棉毛衫都被汗打湿了，两眼直冒金星。爱与责任支撑她把学生背到镇上，创造了奇迹。

小蔡得到及时的诊治，于漪悬着的心终于放下来。

她越发相信，人有很大的忍受力，也有很大的潜力，只要把学生放在心上，就会有毅力，就会超越自我。

几十年后，小尹和另外一名同学看望于漪，回忆起当初下乡时背小蔡的往事，小尹说，当时只觉得老师力气又大又足，她只是帮老师一把，全然不知道于漪动过手术、咬牙坚持才走到镇上的事。

69届（2）班女生小吴，也在危险时刻得到过于漪的帮助。

当时在上海第一钢铁厂学工，半夜时分，小吴腹痛如绞，脸上直冒汗，嘴唇发紫。厂医嘱咐立即送到市里医院去治疗。医生诊断为急性阑尾炎穿孔，须立即动手术。

于漪兼教这个班级，跟着到工厂，照顾女学生。虽然和她们都不太熟，但事情来得突然，交通不便，根本来不及通知家长，于漪就临时充当监护人。

医生提出，给病人通大便，料理好之后才能送进手术室。

于漪从小有洁癖，看到脏东西就胃液翻腾，直想呕吐。多年来带班教学生，改掉了不少，但残留的习惯还是有的。

面对医院的要求，她立即动手给学生通大便，什么肮脏、恶心，都抛到九霄云外去了，就是想着赶紧救学生。

由于抢救及时，穿孔没有造成更大伤害。

天亮了,安顿好小吴之后,于漪才去通知家长。

过了若干年,儿子黄肃跟于漪说起,有个同事讲,他姐姐的命是你救的。于漪有点摸不着头脑,多次询问,才回忆起来。小吴后来成为高校老师,时隔40多年,头发斑白了,去看望于漪,说起往事,依然满是感激。

师生之情超越了功利,那么浓郁,那么绵长,不仅帮学生度过一时的难关,而且成为他们记忆中的珍宝,久久难以忘怀。

* * * * * *

面对工作中的困难,于漪不是退缩逃避,而是主动出击,去改善困境,感化年轻人。那份沉甸甸的责任感和真诚的付出,往往可以创造奇迹。

在于漪带的75届(1)班,学生整体身体素质很差。早上出操训练,不一会儿,就有学生晕倒;全班外出扫墓,也有人走着走着坐在地上走不动了。

于是,于漪就带着学生一起锻炼。早上六点钟不到,就来到学校,陪学生一起跑步。实在跑不动,就跑跑走走。一年半的时间里,学生体质普遍提高,班里练出一支长跑队伍,原先晕倒的那个学生,还在学校和区里的长跑竞赛中名列前茅。

班上有11个独养儿子。受到几千年封建社会男尊女卑思想的影响,这样的学生往往受到家庭宠爱,格外难教。班里经常发生学生争吵打架之事,男孩子打,女孩子也打,乃至男女"混合双打",纪律观念差,影响教学秩序。

一天,于漪上完语文课刚离开教室,数学老师去上课,又有人打了起来,学生赶紧把于漪喊回去。一看,桌子椅子都推倒了,灰尘弥漫,扫帚飞舞。她和数学老师赶紧去拉架,平息学生的争斗。

只有尽快摸清学生基本情况,才能有的放矢做好工作。一个学期里,于漪几乎每天晚上九十点钟才回家。去学生家里家访,了解学生在家情况,做家长的工作,过了一个学期,才逐渐好起来。

有个女生小许,个性强烈,几乎每周都会闹出点事情。她对语文很重视,可是不能表扬,一表扬,她就得意忘形,闯出祸来。要批评她,她两个星期不理睬你,斜着眼睛,用鄙视的眼光看人。

红烛于漪

去她的家里访问,她父亲说:"我没有办法,这个孩子像马蜂一样,你不捅,她还要来蜇你呢。"

"老师,你看着办吧。不行的话,你就送她去劳动教养。"

家长已无计可施,准备破罐子破摔了。

于漪到居委会了解情况,得知这家人在里弄很有名。她妈妈不太讲道理,去居委会联系事情,得不到满意回复,马上会破口骂人。

小许的姐姐同样泼辣,姐妹两个同一张床睡觉,吵着吵着就打起来,从床上打到床下。家教如此糟糕,可想而知,教育的难度很大。

开学时让学生缴6元学费,小许写信给《文汇报》告状,说老师让学生缴费,是继续执行修正主义教育路线,没资格当老师。于漪一筹莫展。

有一次做操,大部分同学站得很好,她却陀螺般转来转去,这里打一拳,那里踢一脚,让周围的同学都不得安宁。于漪提醒她五六次,她也不当回事。

"你又不是十三点。"于漪很恼火地说。

上海话的"十三点"是骂人的话,有傻乎乎、不明事理的意思。平时,同学也管小许叫"十三点",于漪还提醒过,不能那么骂,可是那天没控制住,就脱口而出了。讲完后她就有点后悔,老师怎么能骂学生呢?

这一骂很有效,小许不乱动了。没想到后面会出现更大的波澜。

日常班级活动中,于漪主张教学民主,学生每周要写周记,可以谈个人进步,也可以给老师提意见。女生小曾患有小儿麻痹症,用歪歪斜斜的笔迹,写了五六行:"我们班只有阶级姐妹,没有'十三点',你骂学生为'十三点',你的阶级感情到哪去了?你自己想想看,你还像个老师吗?"

于漪感到羞愧难当,无地自容,如坐针毡。

周记里写得确实有道理。学生是有尊严的,怎能冷嘲热讽!对待学生,感情来不得任何掺假,老师的一言一行,学生都看在眼里。"文革"中她受到乱七八糟的批斗,都不太在乎,但是小曾周记里的话刺到她的心里去。

于漪在班会上郑重地念了小曾的周记,向全班同学作检讨,也向小许道歉:"我为什么会脱口而出骂她呢?脱口而出往往是自己的心里话,言为心声嘛,因为我觉得她尽惹事,有厌恶情绪。我虽一再要求大家对缺点多的学生不要歧视,不应该骂人,可是我这个老师,上梁不正,没有做好,你们要吸取教训。"

为了帮小许走上正路,于漪费尽了心思:她胆子大,声音响亮,就请她朗诵、领读;她肯动脑筋,喜欢提问题,就及时表扬鼓励;她喉咙痛,就给她送药;她生病在家,就上门探望……持续不断的付出,让顽石点头,铁树开花。

小许参加工作后,多次去看望于漪。她问:"于老师你讨厌我吗?"于漪回答,"我怎么会讨厌你?"小许说,"我当时真不懂事,胡闹,现在懂事了。"

这件责骂学生为"十三点"的事成了于漪的终身遗憾,她多次谈及,时常反省,从中吸取教训。

*　*　*　*　*　*

教育需要爱,需要耐心,也离不开恰当的方法。于漪心怀育人的使命感,去纠正学生成长中的不良习惯,引导他们成为正直的人。

于漪接手75届的时候,有个男生本来被分在(6)班,但班主任发现,小学老师的评语说他一贯骄傲,觉得应付不了,就把他调到于漪带的(1)班。

那时是春季入学,于漪去家访,对他说:"你被分配在我们学校,在我们班里。你在小学里学了好几年了,你那个小学怎么样?"

学生用上海话说:"阿拉小学老师没水平啦。"

于漪一听,哈哈大笑起来,觉得他天真幼稚,就说:"你刚刚离开小学就说小学老师没水平,你以后一离开中学,一定讲我们中学老师是没有水平的。"

"不是,不是,中学老师是有水平的。"他发现说漏嘴了,赶紧补救道。

于漪发现,学生确实有骄傲的毛病。他成绩比较好,但于漪特意较少表扬他,每次发成绩单,都找他谈话,抓住每一个时机做工作。

那天教师开会的时候,于漪组织小干部给后进的学生补课。班长是数学课代表,由他来讲数学例题。总共七道题,前六道都讲得很顺利,到第七题卡壳了,班长站在讲台上,讲不下去了,局面有点尴尬。

那名同学站起来说:"不懂嘛就不要讲,装什么懂呀!"课堂一下子乱了起来,同学们不欢而散。

于漪知道了这件事,想晚上去家访,又觉得操之过急。她写了一张纸条,

红烛于漪

托学生带给那男生,上面写着——

请你明天早上七点以前来办公室回答三个问题:一是解释"骄傲使人落后,虚心使人进步"是什么意思?二是什么叫与人为善,今天你是不是采取了与人为善的态度?三是今天数学的补课拖延下来,这个损失怎么补偿?

第二天一早,不到七点钟,于漪正在办公室拖地,那名同学来了,在门口喊一声"报告老师",然后进来,知道已闯祸,就向于漪解释情况。

"你不要跟我兜圈子,我只要你讲一条,你当时这样讲是怎么想的?怎样想就怎样讲。"

"我跟他是小学同学,我是干部,他还不过是个小组长,现在他倒是班长了。本来他语文也不好,现在好了,你当老师的表扬他,我就不服气,他怎么可以超过我呀?"

于漪分析道:"哟,他怎么可以超过你!你这个小骄傲,我们要大家都好,人家有优点,你要学习呀,你怎么能够看到人家的优点就不服气呢?这么骄傲,这么看不起人,是不行的。"

那同学若有所思。于漪接着说:"从大的方面说,我们党在历史上吃骄傲的亏太多了,一骄傲就脱离实际,使党的事业受到极大损失。从个人来说,你脑子里的这条虫不捉掉,怎么能真正进步呢?"

一张小纸条,起到"预警"和"缓冲"的作用,加上当面谈话,学生的认识有了提高。他写了一篇很好的周记,剖析自己的思想轨迹。

于漪告诉他,"现在你能认识很好,不要跟我作检讨,我这个老师是不要学生作检讨的。你在哪儿闯的祸,你就到哪儿去讲,到了班上不要兜圈子,老老实实给同学讲。"

这名同学就在班上讲了自己的想法,要大家不要学他的坏样子。接着又说:"因为我捣乱,骄傲的毛病发作,使同学们第七道数学题没有做好,我现在给大家补课。"

如此有始有终,把握好做学生思想工作的节奏,使用巧妙的方法,一场风波就巧妙化解了,不仅当事人有转变,班里同学也跟着受教育。

这名同学后来一直很感激她的教导,跟学校其他老师说:"于老师对我很严格,我很感谢她,是她真正培养了我。"

*　*　*　*　*　*

1976年10月,"四人帮"被粉碎,延续十年的"文化大革命"结束了。不过,教育的拨乱反正滞后了一段时间。

不论是面临顺境还是逆境,于漪始终不渝地坚守着当一名合格教师的初心,教学生知识文化,滋养他们的精神成长。

于漪带的77届学生有500多人。(3)班学生小边有个习惯,写作文通篇不用标点。他贪图省事,开始不加标点,想全部写完后再加,可有时忘记加标点,就把作文交了上去。

真是让人好气又好笑,小学里就该掌握的标点符号,到了中学却仍不会用。于漪跟同事开玩笑说,有个学生写的作文像古文,因为没有标点。

她在班上提醒,要重视标点符号的运用,课后又把小边叫到办公室辅导,讲述逗号、句号、顿号、分号等具体用法。

小边听得似乎很认真,问他:"懂了吗?"他没有回答,于漪以为他懂了。

过后小边把作文交上来,仍然不加标点。

于漪有点纳闷,再次把他请到办公室,问他:"你怎么还不用标点符号呢?"

这次他没有笑,而是认真地说:"你讲了一大堆,我怎么记得?"

于漪就着重给他讲逗号和句号的用法,让他作业中只要用这两种就行。可是,小边作文里的标点符号依然错误很多,有时全篇只用逗号,一"逗"到底。

一天,于漪捧着一篇作文,在班上一口气匀速读了几百字,脸都涨红了。

同学们实在憋不住,笑着说:"老师,你停一停啊,换口气。这样上气不接下气,累死了。"

于漪故意摇摇头说:"我不能停,要忠于作者原意啊。文中没有标点符号,我不能停啊!"

全班同学哈哈大笑,小边也跟着大笑。他们在欢乐中领悟到,标点符号同样表情达意,写作文句读分明,才不会胡子眉毛分不清。想在小小标点上偷懒,竟带来那样的不便。

红烛于漪

于漪趁热打铁,分析正确运用标点符号在说话写作中的必要性。她要求同学们,无论是抄词、造句,还是背诵、作文,都不能有半点含糊,一定要在"苦"字上下功夫,尤其不能不懂装懂、在学习上搞"障碍跳"。

接下来,小边写的作文有标点了,可是通篇都用逗号,甚至文章最后一个字后面也是逗号。于漪找他,他面露难色地说:"老师,马虎一点吧。"

小边还说出了内心的想法:"会不会用标点符号又不代表水平,看报看小说,人家是看内容好不好,句子美不美,谁去看标点符号?你总是说重要重要,举了好些例子教我,我也觉得用和不用是不一样的。做作业时我想用,但总是别扭,手发抖,不知用哪个好,索性不用。"

于漪说:"今天学习求马虎、图舒服,明天就不能很好地参加社会文化建设。党教给学生的任务是什么?应该怎样去完成?这些,你想过了没有?"

听了这些中肯的批评,小边连连点头。于漪在批改作文中,不厌其烦帮他把错误的地方订正过来,渐渐地,终于使他掌握了正确使用标点符号的方法。

一次次在办公室单独辅导,在课堂上渲染学习马虎造成的不良后果,晓之以学本领建设国家的道理,加上细致入微地批改作业……多管齐下,既解决习惯问题,也解决思想认识问题,终于达成良好的教育效果。

感化一个学生需要付出极大心力,这,就是于漪教学的日常。

* * * * * *

1977年9月,邓小平发表《教育战线的拨乱反正问题》讲话,肯定新中国成立后17年教育工作的成就,推翻了套在教师头上的"两个估计"枷锁。

这年深秋,上海在文化广场召开了教育界的千人大会,于漪和另外三名教师发言,批判"两个估计"的错误,吐露长期压抑在胸中的真言。

于漪真切地感受到,教学生命的第二个春天到来了。

那是在1973年,于漪带了全校最乱的年级,也就是后来的77届。学生的文化底子非常差,差到什么程度呢?有个学生毕业之际真心诚意地问:"于老师,司马迁与司马光是不是弟兄啊?"

而且学生的习惯与品行也不容乐观。整个年级组三十几位老师,女老师除了于漪之外,全部被气哭过。尽管头上顶着"修正主义教育路线吹鼓手"的罪名,但是于漪始终没有忘记初心,没有放弃过作为教师的责任。

于漪担任年级组长,天天早上六点多钟到校,晚九点多钟离开,有一段时间上着三个班的语文课。她找到一个改善学习风气的办法,就是抓学生干部。

她顶住"知识越多越反动"的压力,把各班的小干部集中起来,每周培养两次。一个下午专门学习理论,把学生的思想理论底子打好。把《共产党宣言》拿来当教材,一句一句地讲,学理论的同时学文化。这样坚持了五年。还有一个半天,发挥学生特长,组建课外小组,开展各类课外活动。

1977年恢复高考的消息传来,点燃了莘莘学子苦读攻关的无限热情,人们欢呼雀跃。

77届年级组的老师们开了三天会,研究如何抓住这个重大的机遇,最大程度提升学生的知识基础,为落实恢复高考这一重大举措做出贡献。

大家达成两点共识:一是放下不敢抓知识、不敢抓科学文化学习的思想包袱,立即开设必考的科目,如果在政治方向上出问题,就让于漪这个年级组长担当;二是把77届11个班级打乱,重新编为快、中、慢班,使不同学业层次

1978年7月,杨浦中学77届全体教师合影

的学生都有所提高。

老师们齐心协力的培养换来骄人的成绩,两个快班学生100%考取了高等学校,进入复旦大学的就有9人,其中进复旦数学系的有2人,一人以数学满分被录取。

当年的考生包括从66届到77届的毕业生,年龄相差10多岁,上海共有14万考生,录取1万人。风气初开的年代,大部分学生基础薄弱,于漪带的年级却一枝独秀。她教在今天,想到明天,不舍弃,不放弃,终于让学生拥有了光明的未来。

正是因为在高考中如此耀眼的表现,杨浦中学77届年级组被评为上海市先进集体。其中自然包含着于漪这位年级组长的巨大功劳。

* * * * * *

走过严冬,风,渐渐暖起来了。经历"十年动乱"的教育绽放新的生机。

一个从天而降的机会来得让于漪颇感意外。

上海电视台赵姓导演找到于漪,邀请她直播讲授电视公开课。他说明演播时间,并提出这天中央电视台也首次直播上课,不能更改。赵导看起来是个很平实的人,话不多,有一句说一句。

于漪带着几分忐忑说:"能不能录下来再播,以免当堂出差错。"

"那怎么成?我们没有摄像头,一个摄像头就要几万元!"

见赵导斩钉截铁的态度,于漪不再坚持录播。她转而问:"用什么教材?"

赵导回答:"你爱用什么教材就用什么教材,喜欢教什么就教什么,随你的便!"

于漪如释重负。这样宽松的自由度给了她充分展示教学水平的机会。

新的问题是,教什么呢?夜里,于漪辗转反侧,难以入眠。"文革"期间被批斗、被质疑的一幕幕场景,在眼前浮现。环境那么恶劣,都挺了过来。她深信,教学生文化没有错,要像海燕一样搏击暴风雨,乌云遮不住太阳,遮不住的。

——有了,教高尔基的散文诗《海燕》。

第二天,于漪到学校图书馆里去找教材。所谓封、资、修的作品都被捆绑起来,不得外借,高尔基的作品也不例外。图书馆老师带于漪到堆书的地方——教学大楼二楼尾部一间不用的小厕所,翻找一捆捆布满灰尘的、来不及开禁的书,终于找到了。于是赶紧刻版,印出来发给学生。

备课的时间只有一周。面对《海燕》,于漪心潮澎湃,不仅是以往读名著那样,叹服于艺术技巧的高超,而且对文中蕴含的思想深有共鸣。

刻画海燕的一个个词语、一个个句子,似乎都活起来,跳动起来。海燕就是应该这样叫喊,应该这样飞翔,应该这样欢舞。

而狂风、乌云、雷声、巨浪在大海里肆虐,愈演愈烈,似乎与人间骤然刮起暴风雨的情景类似,在于漪的头脑中交织起来,难分难解。

学生那边,于漪也做了充分工作。一是要求他们胆子大一些,消除紧张,该读就读,该讲就讲,努力做到"旁若无人";二是认真预习,多读几遍,有什么问题就标个记号,在上课的时候充分提出来。

1977年10月19日,一大早,于漪和学生一起吃了早饭,乘公共汽车赶赴南京路上海医药商店7楼的上海电视台教育演播室。

这是一间简陋的演播室,被布置成教室的样子。布景是纸板制的墙壁,上面开了一扇窗,窗框上挂着五六条纸做的嫩绿色柳丝,透出几分春天的生机。十几张课桌和三十多把椅子也很破旧。

学生端坐在教室里,于漪拿着备课夹,在外边等候。尽管她经历过给几百人上公开课的大场面,但面对镜头在电视台为成千上万观众直播,还是破天荒第一次,禁不住有点紧张。

灯陡然亮了,满屋通明。导演一声令下:"开始!"于漪的心紧缩了一下,又立刻镇定下来,从容地走进教室。

朗读,剖析,讨论,辅之以简明扼要的板书。学生十分投入,于漪也得心应手,引导学生缘文释道,体会诗的语言、形象、意境的美,渐渐进入忘我的境地。

"一会儿翅膀碰着波浪,一会儿箭一般地直冲向乌云……"

"看吧,它飞舞着,像个精灵,——高傲的、黑色的暴风雨的精灵,——它在大笑,它又在号叫……它笑那些乌云,它因为欢乐而号叫!"

一股勃发的力量在教室里涌荡,通过电波,传向千家万户。

学生们一起朗读:"这个敏感的精灵,它从雷声的震怒里,早就听出了困乏,

红烛于漪

它深信,乌云遮不住太阳,是的,遮不住的!"群情振奋,语调高昂,自信、豪迈、欢乐、洋溢其间,这不仅是高尔基笔下的文句,更是师生们发自肺腑的心声。

整堂课在朗读全文中收煞,学生风趣地说:"我们刚从海边归来。"导演竖起大拇指称赞:"太好了!"

当时,电视节目很少,足球比赛已属最好的观赏节目。那天早上,家里有条件的几乎都守在电视机前,在"文革"后第一次看到直播的语文课,感受到于漪在课堂上光芒四射的魅力。

走出演播室,于漪仿佛刚刚冲出了暴风雨,一种精神上获得解放的喜悦渗透到每个细胞。她想把这种感受分享给周围的每一个人。

她兴冲冲地返回家,门是丈夫黄先生开的。在于漪眼里,他是个古板的读书人,对她的公开教学、忙这忙那不以为然,总是泼冷水,这次却一反常态——

"我从未看你上过课,怕你上砸了。孩子不懂事,出去看戏了。我还有点紧张呢,看你进教室笑眯眯,镇定自若,我也心定了。九英寸黑白电视机虽小,但还看得清楚。你哪里是上课? 你是用生命在歌唱。"

一夜之间,于漪变得家喻户晓。公交车上的乘客在谈论《海燕》,雪化般的信件,从上海、江苏、浙江向她飘飞而去。写信人素昧平生,却都表露了共同的心声:冲出暴风雨,课堂里春风拂面,教育的第二个春天来到了!

* * * * * *

春潮涌动,万物复苏。关于教育的好消息,一个接着一个。

1978年4月22日,邓小平同志在全国教育工作会议上指出:"要采取适当措施,鼓励人们终身从事教育事业。特别优秀的教师,可以定为特级教师。"

为此,教育部、国家计划委员会制定颁发了《关于评选特级教师的暂行规定》。接着,北京评出3名小学特级教师的喜讯传遍大江南北。

于漪很受鼓舞,从事基础教育工作的老师摘掉"臭老九"帽子,可以扬眉吐气了! 她也觉得神圣,毕竟人数很少,似乎很难和自己发生什么关联。

一天,于漪突然接到区里通知,说杨浦区委高书记要到学校,接她去市府大礼堂开会。原来,她被评上特级教师了,要举行仪式,颁发证书。

事先,她对此一无所知,没有经过个人申报之类的程序。她的身份并不显赫,只是一名中学语文教师。巨大的荣誉从天而降,于漪又惊又喜,兴奋不已。

当年秋天,上海评出了首批17名特级教师,那是一串闪亮的名字——

臧慧芬、钱杭宝、吴惠娟、徐佩玖、杨德昌、卓仁爱、林有禹、柯元炘、赵赫、沈蘅仲、于漪、刘永贞、周朋寿、周继光、袁定一、张冠涛、陈美兰。

他们以卓越的成绩、优秀的师德风范,得新风气之先,载入上海教育史册。

中学特级教师各学科共8名,7名出自市级重点中学,唯独于漪所在的杨浦中学只不过是区级重点中学,和中心城区相比,属于落后的“第三世界”。

对于这种“反差”,于漪分析被评上特级教师的原因:一方面,“文革”之前她上过公开课;另一方面,她所带的77届恰逢恢复高考,取得优异成绩,她带领的年级组被评为市级先进集体;此外直播《海燕》产生了广泛的社会反响。

不过她觉得,这些都不算什么,都是一名教师应尽的责任。

机遇总是垂青有准备的头脑。正是因为于漪对教育事业的深沉热爱与持续投入,特别是“文革”受冲击时依然保持坚定的责任感,顶住压力给学生教文化,终于在社会风气转变时爆发出巨大能量。荣誉的到来,看似偶然,实为水到渠成。

在语言学家罗竹风看来,于漪从教历史改行教语文,必定付出更多精力,“她努力拼搏,终于成为语文教师中的佼佼者,而且获得特级教师的光荣称号。其中甘苦,只有当事人和过来人,才能真正体会。”

于漪等被评为特级教师的消息在报纸发表后,她的学生们,曾经得到她心血浇灌的年轻一代,给心爱的老师发来一封封热情洋溢的信——

“几年来,我们真实地看到您是怎样忘我地工作的。每天,您总是早上班,晚下班,整天都在紧张而精力充沛地工作。谁能想到您是一个身患多种疾病的人呢? 正是您的言传身教,使我们树立了远大的理想,向着党和人民所要求的方向一步一步地前进。”

“在中学里,您给我的一切,它的意义不是四年,而是十几年,几十年。您对教学精益求精,既教书又育人,时时给以鼓励,处处催人进步。我离开学校已经三年多了,但您那严格要求、严谨治学的精神,却深深地铭刻在我的脑海里。我衷心地感谢您,为了我们成材,您把全部精力都用上了。”

紅燭于漪

"记得刚进中学,有一次我送客人,从火车站赶回学校上课,没吃饭,这都没有逃过您的眼睛,您从食堂买来馒头,非要我吃了不可。事情虽过去五六年了,但我总觉得还一直在品味着别有香味的馒头,总觉得您就在我的身边,一直在关心着一个普通的学生,一直在注视着我的一言一语,一举一动。"

荣誉也意味着压力。周围人对于漪的要求更高了,一切教育行为、语言、思想都在众目睽睽之下,似乎什么都应该懂,什么都应做得十全十美。

面对光彩夺目的荣誉,于漪心里非常清醒:既然好运降临到我头上,我就不能让荣誉蒙上灰尘,一定要让偶然性为必然性开辟道路,加倍努力,真正发挥特级教师应有的作用。特级教师在德、才、识、能诸方面有很高的要求,要成为"师德表率、育人模范、教学专家"。

唯有化压力为动力,坚强地挺立,别无其他选择。她暗下决心,一切从零开始,边学边干、边干边学、追求卓越,努力缩短"实"与"名"的距离,向名副其实的目标奋然前行,不辜负组织的培养,不辜负学生、家长、社会的期望。

这一年,于漪49岁。

这个"从天而降"的荣誉固然是对她早年教学经验与成就的高度肯定,然而那绝非终点,倒更像是一个起点,于漪从此继续深化个人语文教育观,担任校长,培养青年教师,迈上一个又一个新台阶,推动教育事业滚滚向前。

*   *   *   *   *   *

粉碎"四人帮"后,于漪教了一届高中。被评为特级教师,给生活带来很多改变,她的工作更忙了。除了上课,还要参加很多社会活动,每天有教师、领导来听课,需要说课,还要备课、批改作业、写文章,时间不够用,靠晚上补。

学校领导看她一直处于抢时间的状态,担心她身体被搞垮,曾建议她不要再上课,集中精力抓好教研组工作。然而,于漪婉谢了领导的好意。

在于漪眼里,上课大如天,她告诉领导,她是一名教师,不能脱离自己的岗位。教师一旦离开了教学岗位,离开了实践,教育生命也就停止了。

于漪觉得,虽然她对某些极微小的部分有所触及,但在语文教学规律面前还是门外汉,对整个语文教学还是若明若暗。"因此,我仍要竭尽毕生的精力从事实践,勇于探索。不管前面峰回路转,还是悬崖峭壁,我哪怕穿破了铁鞋,也要像登山勇士那样,不畏艰险,上下求索。"于漪坚定地说。

出于培养青年语文骨干教师的需要,杨浦区教育局沈局长要求于漪转教初中,从初一教起,并带教区里的青年教师。

她每周上一个班的语文课和六节早自修。有时外出开会,或者讲学,她就千方百计地调课,或者回来补上,从来没给学生落下一节课。

几乎每堂于漪的课都有同行来听,少则二三十人,多则上百人。特别是她带教的青年教师,连早读课都听。一切教学活动都在同行的监督下,她全身心投入备课,面对一篇篇新课文,精心钻研,在深度和广度上下功夫。每次上课都是日常课,事先不经过试教。

外地学校有时请于漪去上示范课,她都婉言谢绝。她吸取了"文革"中的一个教训,就是不再借班上课。

当年的批斗会上,于漪受到百般刁难,大多是无中生有,但一位老师对她借其他班级上公开课的做法提出批评,神情激愤,却让她警醒——

"这叫上课?你了解我们班级的学生?连名字都叫不上来吧!这是表演!你想过没有,借别人班上课给别人带来多大的困难?不管怎么上,换个教师,学生总会感到新鲜,学生学得积极,都是你的功劳吗?"

"别人天天要进教室,你教完一课就走了,给别人留下难题,你于心何忍?不仅借同年级的,还借别的年级的班,美其名曰教学改革,是这样改的吗……"

当时于漪抱着一股劲开展教学改革,对这样的数落,感到难以接受。

上公开课不是她自己的要求,她只教两个班,领导让她上公开课,不放心,就先借班试教,试一次,乃至试两次。部分课教的效果比较好,听课的人来自区里、市里,自己班教过了,只能再借班。

所以,于漪觉得那名老师的指责不符合事实,心里很委屈。

在时间的推移中,她对教课的艰辛过程产生了越来越深切的体会,回想那位老师的话,并非空穴来风,似乎有几分道理。

是呀,集中精力、动用各种辅助工具,上几节出彩的课并不难,难的是学生有持久的学习积极性,每堂课都得到切切实实的收获,品尝到求知的快乐。

红烛于漪

借别的班级上课,事先已对教学方法作了精心设计,学生又有新鲜感,自然容易得到肯定和好评。然而,这在无形中就给原任课教师带去压力,造成了不该有的师生矛盾。每名教师都有自己的思路和风格,你去插上一杠子,实际是打乱了对方原有的节奏,会给别人增添麻烦。

现在仔细反思,于漪不再觉得那位老师是无理取闹,反而心中生出几分歉意。提高教学质量,每位教师都有义务,也都有权利,不能让个别教师越俎代庖,包打天下,关键还是在于每位任课老师对教学的专心与精心。不去做"巡回演出",不是故意端架子,而是要脚踏实地耕耘,扎实提高教学质量。

20世纪80年代,公开课风行,名师云游各地上课成为一种时尚。然而,除了极少数研究性质的课,于漪一直坚持着不借班上课的信条。有人说她不会应变、没本事,她对这些闲言碎语完全不放在心上,在各种潮流涌动时保持着定力。

把每堂日常课都上成精品课,那才是真本事。从被评为特级教师到20世纪80年代后期,于漪上了近2 000节公开课。她认真对待每一堂课,锤炼教学本领,不讳过、不掩失,与同行真诚交流,让学生真止获益。

第四章
耕耘在语文教学田野上

我们的生命像那窗外的原野，

我们在朦胧的原野上认出来

一棵树、一闪湖光，它一望无际

藏着忘却的过去、隐约的将来。

——冯至《十四行诗》

语文要教什么，怎么教？语文的性质是什么？从教历史转行教语文，于漪努力寻求语文教学之"门"，一直思考着教育的目标定位、实现路径这些根本问题。

从"胸中有书，目中有人"到"既教文，又教人"，再到语文教育的"人文说"，在跨越半个多世纪的教学实践中，于漪围绕语文的性质与教法展开求索，凝练出以"教文育人"为核心的教育教学思想。

她的教学实践，不仅让学生学到语文基础知识和技能，而且心中升腾起对国家和人民的爱，做有中国心的现代文明人。她的教育思想不仅影响了曾经直接教过的成千上万的学生，而且被写入国家课程标准，惠及中国大地上的莘莘学子。

时代在变迁，语文教育改革道路曲折。镇江中学"一切为民族"的校训渗

红烛于漪

透进于漪的血液,她坚守为国育才的使命,耕耘在语文教学田野上,不曾懈怠。

* * * * * *

于漪1951年参加工作当老师,最早受到的规范训练是苏联凯洛夫教育学,提倡三个中心:以课堂教学为中心,以教材为中心,以教师为中心。凯洛夫认为,教材是国家统一规定的,亦即法定的,教师的作用就是传授知识。

按照凯洛夫的做法,一堂课分为组织教学、复习旧课、讲解新课、巩固和布置作业五个步骤,2分钟组织教学,不超过10分钟复习旧课。什么叫好课?下课铃响起时,教师说的话恰好结束,这样是好课。这种教学模式自有弊端,教师"满堂灌""一言堂",忽略学生感受,机械刻板近于形式主义。

1953年,"《红领巾》教学法"流行,把语文教学分为启发工作、阅读课文、读后谈话、逐段阅读分析、编写段落大意、复习阅读、复述和创造性讲述、结束谈话八个环节。这是新中国成立后第一次以教学方法为主要内容的改革,可视为凯洛夫教学模式的变式,在当时有一定积极作用,当然也存在明显的局限。

长时间以来,语文教育改革在思想性与工具性之间摇摆不定。

1956年,汉语、文学分科教学,随着次年"整风""反右",这种尝试中途夭折。1958年,新民歌还一度进入语文教材。"大跃进"到来,又推翻教材闹革命,天天学《人民日报》社论。围绕"文道结合"问题,一会儿是"不要把语文课上成政治课",一会儿又"不要把语文课上成文学课",不断发生变化。

渐渐地,语文教学形成一种图谱,就是字、词、句、篇、语、修、逻、文,表现在能力训练上就是听、说、读、写,工具性、实用性那一面更受重视。

20世纪60年代初,全国教育界开展了大规模的"关于语文教学目的和任务问题的讨论"和"怎样教好语文课"的讨论,于漪也积极参与其中。如《语文教育发展史》所言:"斯霞、袁瑢、霍懋征、沈蘅仲、高润华、于漪等优秀语文教师的语文教育思想和语文教学方法,受到了社会的重视。"

于漪对程式化的教学颇感不适。词语注释大可指导学生使用工具书查检,何必一一写在黑板上,搞词义解释搬家?是不是每篇课文都得分段,概括段落大意?一连串问题让于漪困惑,育才中学的经验给了她直接的启发。

这段时期于漪的思考成果,集中体现于1964年4月16日《文汇报》刊登的《胸中有书,目中有人》,以及《上海教育》1964年第5期刊登的《把语文课上得实惠一些,朴素一些》。转行当语文教师五年,于漪已在中学语文教育界崭露头角。

于漪认识到,语文被定位为基础工具,过于强调工具性,并不能体现语文学科的特质。教师不仅要"胸中有书",熟悉教材内容,更要做到"目中有人",从学生实际出发,突出讲解重点,把人的要素放在第一位。

* * * * * *

然而,在"文化大革命"期间,事情走向了另一个极端。

有一段时间,语文课被取消了,成为"政文课"或者"革命文艺课",政治老师、语文老师、音乐老师轮番上阵,两个分析讲解,一个教唱。"政治挂帅"要求加强政治思想教育,教师如果进行基础知识、基本能力的教学,则被兴师问罪,导致一大部分学生错别字成串,空话套话连篇,语言干瘪,文理不通。

在于漪眼中,这是教学与业务倒退的十年。

1978年3月16日,《人民日报》发表吕叔湘署名文章,其中提出:"中小学语文教学效果很差,中学毕业生语文水平低,大家都知道,但是对于少、慢、差、费的程度,恐怕还认识不足。"中小学语文所用教学时间在各门课程中明明居于首位,学生学习效果却如此不理想,个中缘由牵动着有识之士的心。

"四人帮"被粉碎后,教育拨乱反正,语文的工具性重新得到肯定。有的人甚至矫枉过正,提出"纯工具性"。学生数学、物理、化学等科目学不好,都怪语文老师没教好,把语文当作服务其他学科的工具。这股风刮得还挺厉害。

比如同年在上海教育出版社召开的语文教学座谈会上,许多语文教师出于对"四人帮"摧残教育罪行的义愤,认为中学语文要提高质量,再也不能讲思想政治教育了,语文课就是讲授语言文字,不谈教育。也有人认为,所谓教育应是水到渠成,不必有意识去做。这些观点在会上几乎一边倒。

于漪对语文教育的认识越来越深入,她相信这门学科有独立的任务和价值,更加倾向于语文教学工具性与思想性的统一。

紅燭于漪

1979年3月，于漪在两种杂志上分别发表文章，鲜明地竖起了"既教文，又教人"的大旗，打破以往过分重视工具性的不足，成为改革开放初期一种富有代表性的语文教育观点，启迪着人们对语文性质的思考。

《语文学习》杂志第3期推出"中学语文教学三十年笔谈"栏目，首篇刊登于漪的《既教文，又教人》。她提出，语文教学要把政治思想教育渗透在语文训练之中，使学生的思想水平和理解、运用祖国语言文字的能力获得双提高。

于漪认为，语文进行政治思想教育不同于系统地传授理论知识的政治学科，也不是贴政治标签、喊政治口号，穿"靴"戴"帽"加"浇头"，而是渗透在语言文字的教学之中，把思想教育与语文训练有机结合起来，水乳交融，使学生思想上受教育，感情上受熏陶，读写能力获得扎扎实实的提高。

她强调工具性与思想性并重，而且两者要交融、渗透，不能生硬地拼接。这对"文革"前几年过分注重工具性的做法是一种反拨，又着力避免只强调政治思想教育、忽略语文基础知识能力教学的偏差，两者达成融合与平衡。

她说："有些文章是精品，教师只要用心地借助它们对学生施加影响，运用文中生动、美好的形象，抓住点睛之笔，以炽热的感情，通顺的教学用语，把作者寄寓文中的思想情操淋漓尽致地传送到学生的心扉，学生就不仅在思想感情上被潜移默化，受益匪浅，而且有些佳词美句如出自己之口，自己之心，经久不忘。"

刚刚经历十年浩劫，有些学生不仅语文能力低下，而且是非好恶的辨别能力受到严重影响。于漪呼吁，为了把学生培养成无产阶级革命事业接班人，为了适应四个现代化建设的需要，语文教学必须担负既教文、又教人的任务。

这年《上海教育》第3期对于漪的教学实践与主张做了重点报道，不仅推出徐金海、金正扬撰写的《语文教学的艺术——记杨浦中学特级教师于漪》长篇通讯，而且配发短评《语文课要上得有"味"》，并刊登于漪署名文章《兴趣、感情、求知欲》，全方位展现于漪的语文教学特色。

于漪认为，教学不仅要有教师"教"的积极性，也要调动起学生"学"的积极性。教语文，要紧的是把学生的心抓住，依靠教师长期地、耐心地、细致地启发、诱导、培养，使学生对语文有兴趣，有感情，产生强烈的求知欲。

"冲破满堂灌，改变一言堂"，正是于漪在那段时间的课堂教学改革目标，

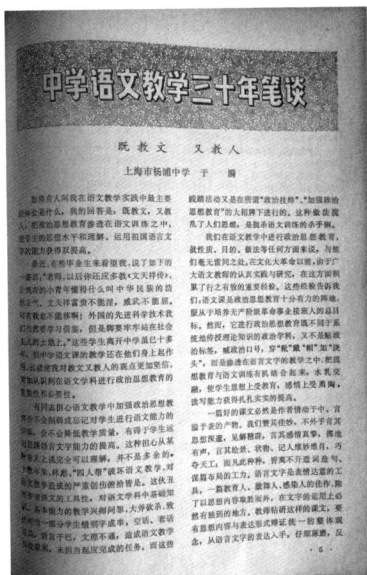

《语文学习》1979年第3期

以兴趣为先导的教学思想在她的头脑中酝酿成形。

在文章中，于漪结合个人教学实践，介绍了激发学生求知欲的三种方法：一是借助古今中外的事例，教育学生下苦功；二是教师精心设计每一堂课，让学生学有所得；三是加强课堂互动，把课上得生动活泼。

如果说《既教文，又教人》侧重语文教学的宏观目标定位，《兴趣、感情、求知欲》则阐述实现这一目标的具体操作路径。两篇文章昭示着，在经过上《海燕》公开课和被评为特级教师之后，改革开放初期的于漪已全面发力，探求语文教学的内在规律，向着更高的教学目标攀登。

于漪的看法得到了业界的认可。1980年8月，全国中学语文教学研究会在北戴河召开座谈会，她作长篇发言，摆事实，讲道理，重申这些观点。许多前辈和同行认为她的看法切中时弊，非常认同。

随着时间的推移，"既教文，又教人"的提法，逐渐被概括为"教文育人"。其内涵在于，带领学生学习语言文字的同时，懂得做人的道理，懂得热爱祖国、报效社会的道理，把"育人"作为语文教师工作的制高点。

1983年，于漪应邀前往江苏邗江，作语文教学改革报告。她告诉师生们："要把我们语文教学的目标跟培养人的大目标牢牢地挂起钩来，这是我们从事语文教学最最根本的一条，离开了这个主心骨，离开了这样一个非常重要的目标,只是枝枝节节地教,就很难收到教文育人的效果。"

除去两部署为"编著"的著作《春秋战国的故事》和《明清的故事》,于漪首部真正意义上的个人专著是1984年出版的《语文教苑耕耘录》。在她眼中,语文的天地是一片苑林,"耕耘"是她喜欢的工作姿态。

这部著作不仅收入《既教文,又教人》,还另外谈到"教书又教人",她说:"今天我们同样要讲究读书做人,教文育人。"她为这个原则赋予崭新的社会主义内容,要把学生培养成为建设物质文明、精神文明的又红又专的新人。

* * * * * *

改革的春潮在华夏大地涌动,校长、教师们外出观摩学习,听课、评课、开讲座、办研讨,推动着语文教学理念与方法的革新。于漪、颜振遥、洪宗礼、时雁行、潘凤湘、陆继椿等一大批语文教师锐意求索,创造出许多新的教学方法。

在80年代,于漪不断探索师生互动,追求综合效益。语文教学不仅关注语言文字能力培养,而且有机融合德育和美育,熔知识传授、能力培养、智力发展、思想情操陶冶于一炉,通过挖掘文本中的育人资源,让课堂变得立体化。

此外,于漪还提出"师风可学,学风可师",倡导教师身上有正气,不断钻研,成为学生的榜样。

从80年代中期开始,于漪觉得"思想性"的提法有局限,不能涵盖语文学科的丰富多彩,就不断反思,持续深化认识。进入90年代,语文教学面临严峻的困境,包括远离现实生活、学生缺乏语文功底、阅读写作等教学环节重术轻人、标准化试题盛行、语文教师素质不高,等等。于漪感到深深的忧虑。

1992年颁布的《九年义务教育全日制初级中学语文教学大纲(试用)》提出:"语文是学习和工作的基础工具。语文学科是学习其他各门学科的基础。"在随后"教学目的"中,大纲指出:"在教学过程中……培养健康高尚的审美情趣,培养社会主义思想品质和爱国主义精神。"

在于漪看来,教学行为受到教学观念的支配,语文教育观念体系中最核心的是性质观,决定着目的观、功能观、教材观、教法观等一系列观念。"语文课就是基础工具课"的思潮笼罩在教育领域,在一定程度上导致题海战术、应试教育盛行。理论落后于实践,是语文教学出现多重困境的重要原因。

譬如,随着工具性的砝码越来越重,许多文质兼美的文章的思想意义在相当程度上形同虚设,教师用解剖刀肢解,作为训练语言的例子,而学生在知、情、意上的收获要打个大大的问号。又譬如,作文教学受重视程度减弱,以"应付题型"的思路去对待作文讲解,做文与做人之间的关系变得疏远。

于漪认为,所谓的标准化测试,实际上是打着科学招牌的机械性操练,只在语文的形式上兜圈子,ABCD,1234,语言因失去灵魂而黯淡无光,步入排列组合式的死胡同,对此她深恶痛绝。

有人说,语言文字学好了,自然会受到思想上的熏陶,水到渠成。于漪对此坚决说不,因为,"教育是有计划、有目的的活动,思想教育必须主动去做"。

基于几十年的语文教学积累,于漪提出"人文性"观点。1995年,她一气呵成《弘扬人文,改革弊端——关于语文教育性质观的反思》一文,在《语文学习》第6期发表,成为当时中学语文教育界一种富有代表性的声音。

于漪提出,给语文教育定位,先得给语言定位。各民族的语言都不仅是一个符号体系,而且是该民族认识世界、阐释世界的意义体系和价值体系。符号因意义而存在,语言不仅有自然代码的性质,而且有文化代码的性质;不但有鲜明的工具属性,而且有鲜明的人文属性。

具体到中国的语文教育,汉语言文字不是单纯的符号系统,它有深厚的文化历史积淀和文化心理特征。汉语和其他民族语言的工具性和人文性,是一个统一体的不可分割的两个侧面。没有人文,就没有语言这个工具;舍弃人文,就无法掌握语言这个工具。

对于语文学科的性质,人们提出了一系列新认识:文学性、情意性、社会性、文化性、实用性、民族性……众说纷纭,百花争妍。

于漪比较后认为,用"人文性"更加合适。与以往使用的"思想性"相比,人文性更能涵盖语文学科的丰富和多彩,除了思想性,还包含道德的、情操的、审美的特征,对语文学科性质概括得更加准确而完整。她推崇"人"的尊严,以"人文说"呼唤语文教学失落已久的"人气"复归。

她直截了当地指出:"语文学科作为一门人文应用学科,应该是语言的工具训练与人文教育的结合。"

紅燭于漪

文章最后明确:"学语文不只是学雕虫小技,而是学语文学做人。语文教育就是教文育人。"换言之,语言文字是文化的载体与结晶,教学生学语文,伴随着语言文字的读、写、听、说训练,需进行认知教育、情感教育和人格教育。

于漪广泛阅读,吸取意大利维柯、德国洪堡特、美国萨丕尔、德国魏斯格贝尔、美国沃尔夫等国外学者研究成果,寻求理论支撑,从哲学、语言学、人类学、社会学层面,为"人文说"作出更为清晰透彻的阐释,增强说服力。

此外,结合中国古代《春秋穀梁传》《论语》以及朱熹的论述,参考80年代后期关于中国文化语言学的理论探索和争鸣,并与同行交流切磋,博采众长。

与语文学科的"人文性"特点相伴,于漪在这篇文章中再次强调了"教文育人"的主张,可谓她对语文教学性质的高度概括。她的全部教育思想的核心,就是这短短的四个字——教文育人。

如陶本一1998年所说,于漪教育之道的内核是"教文育人",这种思想既是她长期的教育实践经验的总结,也是我国语文教育理论的硕果;学习并研究这一思想,有助于正确认识语文教育的真谛。

被评为特级教师后,于漪常接到各类报刊约稿,她的数百篇文章多为"还债"之作,只有极少数是她主动投稿,其中就包括《既教文,又教人》和《弘扬人文,改革弊端》,折射出她对这些代表性文章的珍重心态。

于漪把《弘扬人文,改革弊端》视为她在学术理论上的一次重要跨越,是个人思考的"创造性的突破"。有了这些发现,对语文教学其他问题的思考和阐释就有了原点和强有力的支撑。她在2006年的著作中说:"'人文说'是我向当今教育贡献出的一颗赤诚之心。"

随后几年,她还发表了一系列文章,包括《准确而完整地认识语文学科的性质》《语文是进行素质教育最有效的一门学科》《语文学科是一门实用而多彩的人文学科》《语文学科是一门多功能的育人学科》等,密集阐释语文的"人文性",展示出丰富的理论内涵,从不同侧面完善"人文说"。

她也不断批判应试教育的弊端,认为这会压制人的主动性,将受教育者物化,教育沦为一种外在塑造的过程,并不能适应当代社会发展对人的素质的要求。

"人文说"在语文教育界内外激起巨大反响,推动了语文教育领域关于语言与语文、语文学科性质的新一轮讨论,并使讨论在"人文性"上达成共识。

几乎是在同一时期,于漪参与了全日制高中语文教学大纲与课程标准制订相关工作,贡献个人智慧,直接影响到教育政策的走向。

1995年7月,国家教委在福建武夷山召开高中语文课程标准研讨会,有13个省份的30名代表到会。于漪应邀参加,在会上阐释语文性质,强调语文育人的特殊功能,申述人文内涵。

同年9月,全国中小学教材审定委员会第三届全体会议在天津市召开,同时审查高中各学科课程标准。冯钟芸、刘国正、于漪、顾黄初、张鸿苓、钱梦龙、欧阳代娜、申士昌参加高中语文组,大家最关注的是对语文性质的表述。

有的审查委员不同意提"文化载体",怕"文化"冲淡"工具性",认为提"工具性"就可以了。于漪充分阐述语文的人文内涵,认同"文化载体"的提法。专家们都不愿意再提"思想政治教育",而课程标准认定"交际工具",又认定"文化载体",比较能够体现语文性质,也有新意。

最后,于漪受大家委托,根据议定意见改定课程标准送审稿。

1996年审查发表的《全日制普通高中语文教学大纲(初审稿)》规定:"语文是最重要的交际工具,也是最重要的文化载体。"这里体现出对工具性与人文性相统一的语文性质观的认同。

2001年,教育部制订的《全日制义务教育语文课程标准(实验稿)》公布,其中"课程性质与地位"这样写道:"语文是最重要的交际工具,是人类文化的重要组成部分。工具性与人文性的统一,是语文课程的基本特点。"

熟悉情况的教育专家说,把"人文性"三个字写入课程标准,以"工具性与人文性的统一"概括语文学科的性质,正是源自于漪多年来的呼吁和推动。

这,是于漪对共和国教育事业的独特贡献!

* * * * * *

20世纪90年代中期,于漪退休了,但她求索的脚步没有停歇,特别是进入21世纪以来,持续思考着"培养什么人、怎样培养人"这样的根本性问题。她提出,教育的目标在于培养有中国心的现代文明人。

红烛于漪

一种"母语不如外语重要"的暗潮在社会上蔓延：初中进入高中的保送生只要检测数学、英语，而不检测语文；小学一年级的语文用外语教，美其名曰"双语教学"……于漪大声疾呼："这实在是荒唐。"

2007年，于漪在《中国德育》第7期刊登《培养一颗中国心》，提出要培养学生有一颗中国心，增加对中国的文化认同。这对包括语文教师在内的各学科教师，都提出了更高的要求。于漪认为，做教师，不仅要重视在学生心中撒播知识的种子，还要撒播做人的良种，以教师的生命激发学生的生命活力。

每一个教育命题的提出都是长久酝酿的结果。

于漪从这篇文章中截取一部分，加以扩充，在《今日教育》2010年第9期发表《培养有中国心的现代文明人》，尝试回答"培养什么人"的问题。

文章中说："当今的中国教育，要培养有中国心的现代文明人，须以优秀的中华文化滋养他们的心灵，明读书之理，明做人之理，明报效国家之理。学生把握做人的底线，有正确的价值观和文化判断力，就会心底明亮，抵御垃圾文化、腐朽文化的诱惑，健康成长。"

于漪持续推广"培养有中国心的现代文明人"理念，《河北教育（综合版）》2011年第3期、《语文教学通讯（学术刊）》2011年第10期、《考试》2015年第21期相继转载此文。2017年3月20日，于漪参加"中小学课程与教学彰显中华优秀传统文化研究与实践"项目成果发布会，再次阐述这个命题。

培养有中国心的现代文明人，这不仅是语文学科，也是其他各门学科共同的目标导向。于漪指出，学科教学须坚持育人为本。

面对一些弱化汉语、崇洋媚外的做法，于漪痛心疾首。她说："教师一定要培养孩子做一个有中国心的现代文明人。要有一颗中国心，必须在心中点上中国自己的明火，不能只点洋蜡烛，这才是教师对学生最大的仁爱之心。彰显、弘扬中华优秀传统文化，就是要点亮心中这一盏中国的明灯。"

从1964年到1979年，再从1995年到2011年，于漪对语文教育的认识不断深化，经历了充满艰辛的远航，逐步走向成熟。四篇文章勾勒出于漪教育思想的发展脉络，与特定时代教育改革大潮融为一体，凸显她的思考与坚守——

《胸中有书，目中有人》认识到"教"与"学"的辩证关系，需要在教师传授知识的同时，充分调动学生积极性，从教学方法上体现对"人"的重视；

《既教文,又教人》针对"文革"结束不久过于强调语文工具性的状况,提出要把思想政治教育"渗透"到知识能力训练中,而不能是"两张皮";

《弘扬人文,改革弊端》指向以标准化试题为特征的应试教育倾向,指出不能只见树木不见森林,要关注文字符号背后的智慧思想,渗透精神价值;

《培养有中国心的现代文明人》面对过分推崇西方、看低中国优秀传统文化的不良现象,提出要从教师开始强化文化自信,为学生点亮心中的明灯。

或许是巧合,四篇文章标题中都包含一个"人"字。

它们所处时代环境不同,论述重点各异,却都具有强烈的现实针对性,蕴含着一以贯之的对"人"的强烈关注,构成于漪人本主义教育思想的框架,并最终导向她的全面育人观。

于漪用毕生的实践经验与知识储备,努力回答时代教育之问——语文的学科定位是教文育人,教育的目标在于培养有中国心的现代文明人。

这是从中国大地上生长出来的教育智慧之花,这是一位语文教师几十年教学探索凝练出的认识精华,这是一位爱国者对教育事业的奋力担当!

往后看去,不管是21世纪课程教材改革的三维目标,还是语文核心素养,都跟于漪的认识与做法相承接,加以概括提升,成为语文发展的方向。

改革开放以来,一大批教师参与语文教改,为我国语文教育事业的进步立下汗马功劳,他们包括于漪、钱梦龙、魏书生、顾黄初、张孝纯、欧阳代娜、陈钟梁、洪镇涛、洪宗礼、蔡澄清、宁鸿彬、吴心田、刘胐胐、张富、陈日亮、顾德希……有学者称这个群体为"于漪们",从一个侧面体现了于漪的典型意义。

* * * * * *

于漪长期致力于语文学科性质观、功能观、兴趣观、教法观、质量观等方面的研究,聚焦教文育人总目标,主攻课堂教学主阵地。她深信,教育的本质是培养人,是增强人的精神力量。

在教学中,她认真把握每一篇课文、每一堂课,践行教文育人的教育理念。不是停留在课文的表层,而是促使学生思考一些严肃的、与自身成长有关的问题:生活道路的走向,生命的意义和价值,如何善待生命的美好,如何发挥聪明才智……去感悟社会与人生,实现精神的觉醒和灵魂的提升。

语言是思维的外壳,是表情达意的工具,情和义是语言的生命力所在。于漪常从文章细微处捕捉字词使用的妙处,揭示背后蕴含的情感意蕴。

课文《壮丽的青春》中有这样的句子:"欧阳海箭步飞身,抢上路心,水淋淋的雨衣,噗拉拉地飘起,高高地扬向风云变色的天空。他脸不变色,心不跳,拼出性命把战马推离了轨道……"

于漪分析,"抢上"缘于欧阳海对人民、对国家财产的无比热爱,闪现着革命大无畏的精神;"推离"意味着把生的希望留给列车中的乘客,把死的威胁留给自己。她说:"如若抽掉了具体的内容,怎么能评说这两个词用得是否恰当,又怎么能评说作者遣词的能力呢?"

她的课散发着火热的能量,对国家、对人民的爱与责任是永恒的旋律。

1979年,于漪为学生讲授《茶花赋》,带同学们领略这"一首歌颂伟大祖国的赞歌"的魅力。她让学生分析"醉"的意思,感受作者归国时满腔热情满腔爱的欣喜之情;说到"茶花美",点化劳动创造美好生活的道理;谈及普之仁,她说这代表了祖国千千万万普普通通劳动者的形象……

于漪在这堂课结尾时说:

"祖国如此伟大,人民精神如此优美,一朵茶花能容得下吗?能给人以启发、深思吗?能。为什么能?这是由于作者运用丰富的想象,进行巧妙的艺术构思,不断开阔读者的视野。由情入手,及景,及人,水乳交融。

"意境不断深化,从茶花的美姿和饱蕴春色,我们看到祖国的青春健美,欣

于漪讲授《茶花赋》,教具是请学生画的

欣向荣；从茶花栽培者的身上，我们感到创业之艰难，任重而道远；从茶花的含露乍开，形似新生一代鲜红的脸，我们对未来充满着无限希望……"

当堂听课的《上海教育》记者徐金海、金正扬说，于漪的课使人入迷，"迷就迷在，有饱满的政治热情。作为一名语文教师要有自身的修养，把自己对祖国、对事业的热爱，倾注在自己所教的学科里。正因为有这样的饱满的政治热情，所以在处理教材、进行课堂教学时，才会出现一泻千里的奔腾气势。"

在新风吹拂的改革开放之初，这样灌注激情的课，令人心潮澎湃！

讲授方志敏的《清贫》时，于漪怀着对革命前辈的崇敬，对反革命丑类的憎恶，讲解分析课文。她抓住文章细节，采用对照的方法，揭示国民党兵士"热望—企望—失望"的心理过程，以及"摸—捏—过细地捏"的搜寻动作，揭露敌人的贪婪，把一个共产党员的高大形象，凸显在每名学生面前。

这样的教学不仅让学生得到字、词、句、篇的训练，学会揭示人物精神面貌的技巧，而且受到艰苦朴素的革命传统教育。

既教文，又教人，寓思想于语言文字教学之中，这是于漪语文教学的一贯追求。尽管她对语文性质的认识在不断深化，然而她从未放弃语文的思想教化功能，而且牢牢抓住"育人"的根本目标，使语言文字教学为之服务。

上《晋祠》课之初，于漪没有介绍作者，没有讲述课文的基本内容，而是让学生们说说"你所知道的名胜古迹"，不是一个一个点名字，而是从第一排第一位同学开始，依次向下说，要求说清楚，并力求速度快一些。

青岛八大关，北京故宫，从化温泉，山西云冈石窟……在不到两分钟时间里，44名学生都说出了自己知道的名胜古迹。于漪用"巍巍乎壮哉"夸赞同学们的回答，颇为自豪地说："我们祖国无处没有名胜古迹，真是美不胜收。"而后展示一本《中国名胜辞典》，听写其中的"晋祠"条目，走进课文。

这样的课堂激发学生对祖国河山的热爱之情，燃起求知欲，训练听写能力及思维敏捷性，检验阅读理解的速度和准确度。利用《中国名胜辞典》中"晋祠"条目与课文的对比学习，引进地理历史知识，传授"看景不如读景"的艺术审美常识，知识容量比一般课堂多出三分之一，发挥综合育人效用。

写景不仅是写景，文字背后是作者的思想感情。于漪拿王安石《泊船瓜洲》中的"春风又绿江南岸"举例说，一个"绿"字多么传神，生机勃发的绿，那种喜悦，那种对生命的礼赞与讴歌，仅用一个"绿"字便跃然纸上。如果抽掉了作者对自然和世界的深厚感情，那就很难体会也很难讲述其中的妙处。

又如对于鲁迅《社戏》中月夜行舟的美景，于漪说："只要你调动视觉、听觉、嗅觉、触觉，就会和迅哥儿一样'自失起来，觉得要和他弥散在含着豆麦蕴藻之香的夜气里'。人与自然是如此和谐交融，达到物我两忘的境地。"

她提出，在教学中遇到这样的文字，绝不是"语文"二字可以概括得了的，必须引导学生站在更广阔的背景上去理解和把握。

教诗词的时候，于漪主张，不能仅仅停留在词句解释层面，要去领会作者的写作意图，牢牢把握思想的精华。宋祁《玉楼春》中"绿杨烟外晓寒轻，红杏枝头春意闹"，一个"闹"字，让人看到繁花似锦、蜂蝶飞舞的迷人春景。

又如刘禹锡的《秋词》："自古逢秋悲寂寥，我言秋日胜春朝。晴空一鹤排云上，便引诗情到碧霄。"诗人的智慧体现于求异思维，一反伤感情绪，表达了昂扬奋发的情怀。于漪说，只要与诗中景、诗中物、诗中人、诗中情真诚相待，就能实现心灵沟通、情感交融，受到积极向上的人生态度的感染。

在于漪看来，曹操的《观沧海》意境开阔。"秋风萧瑟，洪波涌起。日月之行，若出其中；星汉灿烂，若出其里"，天地宇宙，尽在胸中，那种浩大的气魄，那种纵横开阖的思维方式，反映了中华民族的英雄气概，彰显出人与自然的和谐融合。如此去阅读、讲解，学生怎能不受到心灵的震撼！

爱祖国，爱人民，爱家乡，这是一种深沉的美好情感。在教法国都德《最后一课》时，于漪讲述了"七七事变"后国家遭难、学校被迫停课的故事，音乐老师在最后一课上教同学们唱《苏武牧羊》，唤起幼小心灵的觉醒。

于漪认为："韩麦尔向故土、亲人告别的庄严而令人心碎的场景发生在19世纪的法国，然而那种强烈的爱国主义精神是人类最美好的感情，教学中要着力'移情'，在学生心中激起强音。一以文中之情激学生之情，二以自己胸中之情点燃学生爱国火焰。"为了激励学生，她不放过每一个可能的教育机会。

诚然，情感态度和价值观基于文本，离开具体的知识与能力，则无从体现。她用林海音《爸爸的花儿落了》举例说，要让学生理解并熟悉顺叙、插叙等叙述方式，把事实和回忆的衔接梳理清楚，这样才能领会生命的延续与传承。

"讲语文教学再基础些，首先不能忘记语文固有的性质，不能忘记语文教育担负的任务和要实现的目标；其次不能把语文的目标、任务割裂开来，不能顾此失彼、厚此薄彼。割裂开来，就违背了工具性与人文性统一的基本特点，学生的语文基础、语文素养的形成与提高必然受到影响。"于漪说。

一篇篇课文，如同涓涓细流，汇成浩瀚的大海。于漪遵循着教文育人的目标，引领学生学习文字知识，提升能力素养，同时受到思想熏陶，学会做人。

*　*　*　*　*　*

既然语文教学的总目标是教文育人，那么，教材就是通往这个目标的辅助材料与手段，而绝非"教学以课本为根本"。于漪时常选取报刊上优秀的诗文给学生读，特别是兼具思想性与文学性的文章，当作课堂教学的素材，拓展学生的视野，激发学生热爱祖国、求知求真、积极向上的热情。

1966年2月7日，《人民日报》发表长篇通讯《县委书记的榜样——焦裕禄》。于漪在早读课上给学生读，当读到焦裕禄为改变兰考面貌，忍住肝癌病痛的情景时，很多男孩子都流泪了。学生感受到焦裕禄崇高的思想境界、忘我的工作精神，不仅文字上受启发，而且在做人方面也受到教益。

看到报上登载的散文诗《春花烂漫》，于漪立即介绍给学生，模仿其笔法练习写作。于漪想，教师要理解学生对文艺书籍的"渴"，千方百计为他们"解渴"，让学生尽情博览佳作，加深对语文课的感情，对祖国语言文字的热爱。

周恩来去世一周年之际，柯岩写下感人肺腑的诗《周总理，你在哪里》。一个星期天的中午，于漪正在家里烧饭，突然从收音机中听到歌唱家李光曦唱的根据这首诗创作的歌曲，她激动万分，停下做饭，赶紧找来纸笔，把歌词记录下来。她感到，歌唱家唱出了她想说而说不出的话。

"同学们，你们知道吗？就在最近，我国男高音歌唱家李光曦在法国唱了一首歌，轰动巴黎，博得了崇高的声誉。为什么呢？因为他唱的歌，不仅唱出了我国人民的心声，而且唱出世界人民的心声。"

在乍暖还寒的日子里，于漪把《周总理，你在哪里》带到了课堂上。她事先把诗抄写在小黑板上，学生看到诗的起笔就被镇住了。一年前经历过周总理逝世的悲壮场景，那种悲痛与怀念仿佛就在眼前。

红烛于漪

尽管"四人帮"压制人们悼念周总理，于漪所在的年级组还是在学校礼堂举行了悼念活动，夜晚排着队，徒步到五公里之外的电影院观看周恩来同志追悼大会新闻片。那部片子第二天就被禁放了。师生们心里揣着悲，揣着恨，揣着忧——悲总理的逝世，恨"四人帮"的邪恶，忧国家的前途命运。

好在，"四人帮"被打倒，"文革"结束了。

于漪请学生朗读全诗，而后以"寻找"为线索，展现人们对周总理的爱戴与思念。高山，大地，森林，大海，一个个画面更替，百转千回，借以表现周总理的高尚品质和革命精神。师生反复吟诵，读到"想念你呵，想念你——想——念——你……"的时候，有的学生已流下热泪。

那不仅是在学一首诗，更是在对敬爱的周总理表达无限怀念的深情！

时隔42年，于漪给教师作报告时说，《周总理，你在哪里》大概是她教得最成功的课，以情激情，打动学生的心灵。

1978年，《人民文学》第1期发表了徐迟的报告文学《哥德巴赫猜想》。于漪得知这一情况，很快就印出来，拿到课堂上。数学推理很难理解，怎么办？她就找到数学老师，"唱双簧"，两个人合上一堂课。数学老师介绍这个猜想与陈景润的论证，于漪则阐释作为文学作品的《哥德巴赫猜想》。

学生的视野打开了，感受到时代脉搏的跃动。

改革开放之初，于漪引导学生阅读了大量图书，班里学生涉猎的古今中外图书甚至多达270种，涵盖唐诗宋词、四大名著、明清笔记小说以及托尔斯泰、巴尔扎克、雨果等国外作家的作品。但如何对待跨越时空的文化遗产，整个社会意识都比较模糊，中学生更是如此。

1979年12月28日，于漪给杨浦中学初二（1）班学生上语文课，讲授的内容是鲁迅的《拿来主义》。教材中本来没有这篇课文，于漪觉得有必要，就补充进来，让学生领会"应当采取什么样的态度"，更加自觉而自信地学习各种优秀文化成果，丰富个人知识储备，提升精神思想境界。

这折射出于漪让学生成才的紧迫使命感，也包含着她善于取材的教学智慧。

红烛图，吴颐人绘

第五章

一辈子做教师，一辈子学做教师

智如泉涌，行可以为表仪者，人师也。

——［汉］韩婴《韩诗外传》

科学家可以创造震惊世界的科研成果，如陈景润论证哥德巴赫猜想，勇摘数学王国皇冠上的明珠；也可以用新发明、新技术带来巨大经济效益，改变人们的生活方式，如袁隆平研究杂交水稻，让中国人吃饱饭，帮农民增收致富。

艺术家可以创作富有特色的作品，以别致的视听形象产生广泛社会影响，人们听到"风在吼，马在叫"的旋律就想到音乐家冼星海，看到油画《父亲》里老实巴交的农民就想到画家罗中立，仿佛回到一个个特定的历史年代。

然而，教育是细水长流的事业，也是声名不彰的事业。教师面对的是一名名学生，带领他们学知识、学文化、学做人，需要持续付出，忍受寂寞。

教育又是伟大的事业，培养出德才兼备的"人"，成为建设国家的栋梁，引领学生获得成长，完善人格，改变命运。

教师——人类灵魂的工程师，因坚守而卓越，因奉献而高尚。

从1951年毕业参加工作，于漪就走上教师的工作岗位，常常思考教师何以为教师，不断摸索教学的方法。她热爱这个行当，一辈子扎根做教师；她对这个职业有着高远的期待，一辈子学习做合格的教师。

紅燭于漪

勤奋学习,不断反思,是于漪作为教师的行动姿态。

* * * * * *

几十年守护师魂,几十年精勤不倦。哪怕到耄耋之年,于漪依然自称"老学生"。

"我一辈子学做教师有两根支柱:第一根支柱是勤于学习,第二根支柱是勇于实践。两根支柱的聚焦点就是不断反思。"于漪如是说。

对于教育界流行的"给学生一杯水,教师要有一桶水"的比喻,于漪有自己的理解。这桶水是不是陈旧了、被污染了,值得研究。当初在学校学的知识很多已不能适应时代需求,教师学习必须如长流水,要有丰富的智力生活。

她说:"教育教学工作最忌不思进取,五年老面孔,十年一个样。"要做一名老师,首先要自我教育,严格要求,完善人格。

一辈子做教师,一辈子学做教师,这是于漪深埋在心底的坚守与追求。她对这个命题由衷地欢喜,不断自我鞭策,融入她的教育生命。

目前所见她最早说这层意思,是2001年9月在"于漪教育思想暨从教50周年学术研讨会"上的致辞。她说:"做了一辈子教师,一辈子学做教师,我能不能做一名合格的教师,就看我一辈子怎么努力学做教师。"

三年后的教师节前夕,于漪应邀在上海教育电视台作《怎样学做人师》专题演讲,开篇就说:"我做了一辈子教师,但一辈子学做教师!"

2005年3月28日,《中国教育报》刊登沈祖芸撰写的《一辈子学做教师》。这句格言借助全国性专业教育媒体的广泛传播,留在广大读者的记忆中。

教育部师范教育司于2006年组编"教育家成长丛书",《于漪与教育教学求索》在列,于漪照片旁边写着"一辈子做教师,一辈子学做教师"。2007年,于漪出版了带有自传性质的《岁月如歌》,书舌上印着:"与其说我做了一辈子教师,不如说我一辈子学做教师。"该书压轴之作题为《一辈子学做教师》。

2010年9月26日,"全国教书育人楷模"于漪老师报告会在上海科学会堂举行,于漪报告的题目就是《一辈子做教师,一辈子学做教师》。后来,这句话还出现在《文汇报》《中国教师报》《杨浦时报》等报刊的报道标题中。

2006年，于漪在庆祝教师节主题活动上宣誓（复旦大学档案馆供图）

　　她是这么说的，也是这么做的。在长期的教学实践中，她培养出一批批优秀学生，成为德艺双馨的教师，而且始终保持进取的姿态，堪称学习者的楷模。

＊　＊　＊　＊　＊　＊

　　1960年下半年，于漪因过度劳累住进了医院。但她没有停下来休息，而是以更为惊人的毅力学习着。她研读马克思、恩格斯、列宁、毛泽东的著作，希望系统地学习马克思主义的一些基本原理，用于指导语文教学。

　　医生带着惊疑的目光问："你是来治病的，还是来读书的？"

　　"我既是来看病的，也是来读书的。"于漪笑着回答。

　　转到语文教学岗位的几年，当教学中存在老师教得过多、课文被弄得支离破碎等境况时，于漪重新学习毛泽东《改造我们的学习》，去领会教学大纲和上级关于改进语文教学的指示，针对教学困境，有意识地加以改进。

　　在于漪的心目中，一大批文化教育工作者学识渊博，人格高尚，足为学习的榜样：鲁迅、闻一多、陶行知、叶圣陶、苏步青、谢希德……在他们的激励下，

紅燭于漪

于漪穷毕生精力向上攀登,在学习中完善自我。

例如闻一多,激情四溢,诗歌如同心里喷射出来的岩浆,上课受学生喜爱。包括他在内的一批西南联大教师,让人高山仰止。于漪意识到,他们并不是生下来就有完美的人格、渊博的学识,而是一辈子不断追求、不断修炼的结果。

为了讲陈毅的诗《梅岭三章》,于漪把《陈毅诗词选集》找出来,从头到尾仔细诵读一遍。她这么做,一面为了掌握更多材料,更要紧的是为"养气",以便能充满感情地教好这一课。她在阅读中寻找源头活水,献给学生。

《木兰诗》中有这样的句子:"东市买骏马,西市买鞍鞯,南市买辔头,北市买长鞭。"用东西南北四个方位词描述木兰替父从军准备出征的情景。于漪充分备课,在课堂上旁征博引,阐释方位词的作用,点燃学生的求知欲——

她说到了《楚辞·招魂》:"魂兮归来!东方不可以托些……南方不可以止些……西方之害,流沙千里些……北方不可以止些……"四方不可留,楚怀王的灵魂要回归故里,由此表现屈原的忠君爱国思想。

她说到了曹植的《游仙诗》:"东观扶桑曜,西临弱水流,北极玄天渚,南翔陟丹丘。"东西南北都无路可走,表现主人公受到猜忌,郁郁寡欢。

她还说到了《捕蛇者说》中的"叫嚣乎东西,隳突乎南北",说到了《儒林外史》里的"三间东倒西歪屋,一个南腔北调人"……

于漪用丰富的文学资料,让学生在每一堂课上都吮吸到精神营养。

同样是在教《木兰诗》的课堂上,于漪遇到一个不大不小的难题。

课将上完,于漪告诉学生,范文澜同志认为乐府诗有"双璧",一块是《孔雀东南飞》,一块是《木兰诗》。其中《木兰诗》反映了古代女子的刚健风格,这类诗是很少见的,大家一定要认真朗读体会,最好熟能成诵。

一名女生扑哧一笑,似乎很不以为然。

"你笑什么? 有什么意见啊?"于漪感到很意外,就请她发表意见。

"写得倒蛮好,不过是假的,吹牛。"

教室里炸开了锅,学生七嘴八舌说了起来:

"同行十二年,不知木兰是女郎。根本不可能。"

"十二年,这么长的时间同生活同打仗,怎么会认不出是女的呢?"

"不说别的,一洗脚就露馅,小脚怎么藏得住?"

下课时间已经到了。于漪顺口说道："南北朝时妇女还不缠脚。"

"那么，中国妇女是什么时候开始包小脚的?"

于漪被问懵了，就实话实说没有研究过，需要回去查资料。在她看来，知之为知之，不知为不知，不能强不知以为知。教师要欢迎学生"将"住自己，难住自己，这会逼教师不断进步，实现教学相长。

小脚这样的问题相当生僻，范文澜《中国通史简编》、翦伯赞《中国史纲要》这样的正史上不会有。于漪查了差不多一个月，终于在清代赵翼的《陔餘丛考》里找到"弓足"的记载。五代时期，南唐李后主让宫里的嫔妃窅娘以帛缠脚，作新月状，后人都效仿她，这就是中国妇女裹小脚的起源。

《木兰诗》创作于北朝后魏，在五代之前，确实还没开始裹小脚。这样，于漪就回答了课堂上的疑问。她不仅作了教后记，后来还专门撰写一篇随笔《弓足》，发表在1981年第2期《沈阳师范学院学报（哲学社会科学版）》。

"学然后知不足，教然后知困。"于漪在学习中成全了学生，也成就了自己。

语文学科包罗万象，学生的兴趣也五彩斑斓。师生关系融洽，学生就会把各种问题拿出来，与老师探讨文学的、艺术的、科学的、军事的话题，关于某位音乐家的评论、某幅油画的鉴赏、兵器知识……

要精准解答学生的疑问，离不开教师的学习钻研，或者是课前充分备课，把可能产生问题的知识点准备好，或者是课后查阅资料，把课堂上留下的疑点弄明白。于漪把学生的事看得特别重，对于拿不准的地方，绝不马虎。

类似的例子，还有"春旗"与"春幡"之别。

在讲冰心《我们把春天吵醒了》时，有学生提问："为什么叫'春幡'，不叫'春旗'？'幡'和'旗'有什么区别?"

于漪让学生对两者作区分，幡一般指狭长的、垂直悬挂的旗子，而旗形状多样，可以为三角形、方形、长方形等，通常张挂在杆子上或墙壁上。

然而，这种回答并不能让学生感到满意，"就这么简单吗? 用'春旗'有什么不可呢?"在学生好奇心的推动下，于漪就去探究深层的答案。

课后，她在《后汉书·礼仪志》中发现了相关记载："立春之日，夜漏未尽五刻，京师百官，皆衣青衣，郡国县道官下至令史，皆服青帻，立青幡，施土牛耕人于门外，以示兆民。"这样有劝农的意思。

红烛于漪

在古代农耕社会里，立春是非常重要的节气，"土牛"也称"春牛"，后来发展成"鞭春""打春"的风俗习惯。衣青衣，服青帻，立青幡，是因为青色象征春天，"像春物之初生"。于漪还查到，宋代《东京梦华录》一书中写到立春，就有"春幡雪柳，各相献遗"的字句。

也就是说，"春幡"和"青幡"是由来已久的说法，约定俗成，就不叫"春旗"了。这么讲给学生听，可以解疑释惑，得到中国古代文化知识的熏陶。

于漪认为，课后查询推敲，实际上是备课的继续，打下文化的底子。她很佩服西南联大吴宓教授那样的老师讲授英国文学史的时候每一首诗都能当场背出来，并且，古英语的诗文，用文言文翻译，现代的英文诗，用白话文翻译。

榜样的力量是无穷的。"狭窄的溪流经不起小雨的浇灌，汪洋大海才能容纳千万江河。要让学生保持旺盛的求知欲，自己非得下决心改变自身知识浅薄、孤陋寡闻的状态。"于漪这么说。

* * * * * *

"文化底蕴薄，这是一辈子最大的遗憾。"于漪清楚地知道自己的弱势，"在学识上，至今我远远不能做到水到渠成，左右逢源，经常的情况是捉襟见肘，十分窘迫。读钱锺书的书，才知道什么是文化底蕴。"

从做教师的那一天起，她就带着谦虚的心，向身边优秀的人学习，向古今中外的著作学习，不断丰富充实自己。她敢于正视自己的不足，大胆否定，勤于反思，把个人缺陷与短板当作进取的动力。

她说："我这一辈子有两把尺子，一把尺子量别人的长处，一把尺子量自己的不足。"这两把尺子，构成了于漪的学习方法论。

这正是千年圣贤孔子教导的别样表达——"择其善者而从之，其不善者而改之。"学习和反思为于漪的教师职业赋予了源源不断的能量。

说起音乐，很多人都觉得，"下里巴人"是通俗的、低级的，"阳春白雪"是高级的、高雅的。很长时间里，于漪也这么认为。有一天，她忽然发现自己用错了。读到宋玉的"对楚王问"，发现原初的表述——

"有人在郢中唱歌，唱到《下里》《巴人》时，应和的听众有数千人；唱到

20世纪80年代，刘炳森赠
送于漪书法"铸颜雕宰"，
她视作珍宝，用以自勉

《阳春》《白雪》时，应和者不过数十人；这还不够，'引商刻羽，杂以流徵'时，'属而和者'不过数人而已。可见，'阳春白雪'只是次高级，还不是最高级。"

于漪对以往的误用作了深刻的检讨："在教课时，我一直告诫自己不能错，因为你一错，孩子就跟着错，有时会错一辈子。因为基础教育是伴随人一生的，它教的知识是核，你错了，有的时候学生改不过来，就错终身。"

她说，教师的字典里不应有"够"字，要不断地学。她体会到，拿着尺子量别人、量自己，越比越觉得自己有向前奔跑的动力，不断追求，自我超越，与时俱进，达到一个又一个新的境界。

这样，她教了一辈子，反思了一辈子。

尽管于漪的公开课给听者带去多方面的启发，在别人看来富有艺术性，然而她觉得，一辈子所上的2 000多节公开课，没有一节是十全十美的。上完课之后她总会反思，挑挑这里的毛病、那里的毛病，力求以后上课更完善。她喜欢罗曼·罗兰的话："累累的创伤是生命给你的最好的礼物。"

上《出师表》这一课时，于漪从杜甫的诗《蜀相》引入，然后介绍诸葛亮所处时代环境、"表"的文体特点、《前出师表》的文学成就等，当初觉得扩大了信息容量，事后却又不满足，认为犯了越俎代庖、颠倒次序的毛病。

于漪分析，对于诸葛亮这样的历史人物，可以由学生自行去了解，或者发下材料让学生学习，无需老师喋喋不休地介绍；教学中应该引导学生进入课文,体验彼时彼地作者的思想、情感和语言的斟酌与推敲,而不是高高挂起一个结论,让学生去循着这个轨迹去找例证。

正是因为每次上完课后写教后记、反思教学得失,所以在上相同内容课文的时候,于漪可以探索出新的方法,较以往的教法更加完善。

以教《晋祠》为例,在多年的实践中,于漪探索出多种教学方法:朗读,听写,正音、正字,不同句式比较,学生依次介绍祖国名胜,学生讨论,个别学生模仿演示……在不同的课堂上,对这些方法搭配组合,呈现立体的教学效果。

"教师身上挑着千钧重担,一个肩膀挑着学生的现在,一个肩膀挑着国家的未来。"于漪心里装着铁骨铮铮的誓言,这千钧重担督促着她不断地学习。

* * * * * *

于漪把教文育人当作志业,留下数百万字著述。她广泛阅读,家里的几面墙被读过的书占满了。她信奉西汉刘向的话:"书犹药也,善读之可以医愚。"

古往今来,她喜欢鲁迅、辛弃疾、杜甫、陶渊明等名家,喜欢读清代杨伦笺注《杜诗镜铨》、明代王嗣奭《杜臆》、刘义庆《世说新语》以及《板桥家书》《四库全书简明目录》等古代著作,包罗万象。最爱诵读杜甫的《秋兴八首》,艺术境界高,感到其中人生况味能够带来不尽的遐思。

从于漪的作品中,可以看出她博览群书——

国外学者中,她曾引用列宁《论民族自决权》、皮亚杰《教育科学与儿童心理学》、杜威《杜威教育论著选》、加斯东・米亚拉雷《世界教育史》、夸美纽斯《大教学论》、歌德《浮士德》以及《罗丹艺术论》《培根论说文集》等著作,不仅涉及教育学、心理学,还有艺术、诗歌方面的经典作品;

她尤其喜欢英国的小说,对哥尔斯密的《威克菲牧师传》、狄更斯的《大卫・科波菲尔》《古玩店》等格外着迷,爱不释手;

于漪兴趣广泛,博览文史经典,古文功底深厚。她引用过的中国古代书籍,据粗略统计,就有《左传》《三国志》《资治通鉴》《孟子》《汉书》《史记》《四书集注》《文心雕龙》《韩非子》《晏子春秋》《曾国藩家书》以及昭明太子《陶渊明传》、袁枚《随园诗话》、刘熙载《艺概》、刘知幾《史通》……

她对近现代乃至当代作品也不偏废，广涉冯友兰《中国哲学史新编》、冯至《十四行集》、鲁迅《中国小说史略》、溥仪《我的前半生》、李淑贤《溥仪与我》、刘心武《钟鼓楼》……古往今来的优秀智慧成果，皆为我所用。

在于漪眼里，阅读既是修炼，也是享受。她千方百计挤时间读书，力求做到"一丝而累，以至于寸，累寸不已，遂成丈匹"，在书海遨游，丰富自己的智力生活，用书中琼浆与醍醐滋养精神的成长，走通这条光荣的荆棘路。

曾经有人问，"你在学习上、生活中有没有行动的座右铭？"

于漪回答："锲而不舍。"

她对文学有着敏锐的感受力与非凡的鉴赏力。说到歌德长篇小说《威廉·迈斯特》中的诗句，"你可知那柠檬花开的地方，香橙在绿荫深处闪着金光"，她将之与屈原《橘颂》以及苏轼"一年好景君须记，最是橙黄橘绿时"中的色彩描写相对比，打破了古与今、中与外的界限，意趣盎然。

得益于勤学广读的习惯，于漪常体验译诗的美，也尝试写诗歌。"就如此在永恒静穆中，还是分黑暗与光亮"，深味用词洗练，文句中透出沉静的气息。她还曾写诗怀念家乡风光、赞颂陈毅功绩等，显示出她因勤奋而达到的博学境界。

学习不限于书本，不限于身边人，处处留心皆学问。于漪社会兼职多，曾担任中华全国总工会执行委员、全国中学语文教学研究会副会长、上海市人大常委会委员等，经常开会。她把每一次外出，也当作了学习的宝贵机会。

1978年12月，于漪参加全国妇女代表团赴日本访问，在长期的封闭后，得以走出国门看世界。她如饥似渴地感受当地的教育新气象。

在东京都港区御城门中学参观考察后，于漪发现，他们的国语教材中有大量中国作品，如李白的《黄鹤楼送孟浩然之广陵》《静夜思》，杜甫的《春望》，鲁迅的《故乡》，《战国策》中的《冯谖客孟尝君》……书后文学史年表中还列举了世界各国83部文学名著，体现出日本注重学生知识的广泛性。

于漪由此想到，要彻底改变长时间以来的闭目塞听、孤陋寡闻的现象，就得有计划、有步骤地让学生从小学起，陆续接触一些曾在历史长河中起过有益作用的世界文学名篇，增长他们的见识，陶冶他们的性情。

回国之时，正值具有历史重要意义的十一届三中全会召开之际。

红烛于漪

于漪把自己的感想写出来,以《要重视外国文学作品的教学——从日本的国语教材想起的》为题,刊登在《语文学习》1979年第1期,发出了打开大门学习世界优秀文学作品的呼声。这是她时隔十几年,在改革开放后发表的第一篇文章,折射出她大胆向国外学习的宽阔胸怀。

天天与学生为伴,于漪也向学生学习。因为虚心,所以敢于承认自己存在的不足;因为坦诚,所以能够不耻下问。

一次,学期临近结束,有名同学在作文末尾这样写:"老师在古典文学教学中,坚持采用自讲,自译,自分析方法,很好。建议在现代文学方面,也多抽几篇课文,让我们自己阅读,自己讲评,以培养同学们独立思考,独立分析的能力,以便让我们一出校门,就能欣赏、评论文学珍品,或从事有关工作。"

正在灯下工作着,看到这条建议,于漪禁不住眼前一亮,心头异常兴奋,读了一遍又一遍。接着,她拿起红笔,工整地写了一条批语:"好建议!提得及时、正确,老师虚心接受,新学期一定认真采纳,努力改进教学。"

到了第二天上课的时候,于漪郑重其事地把学生建议向全班宣读,号召大家学习这位同学,为提高语文教学质量积极建言献策。

于漪写文章始终是用笔写在稿纸上,但她并不排斥新的信息交流工具。

在讲课中,她往往对时下流行的社会现象如数家珍,有的老师觉得纳闷,她何以这么"潮"?于漪曾告诉孙女黄音:"我也看微信,也像你们年轻人一样。"这样,她和年轻老师乃至学生就少了"隔"的感觉。

* * * * * *

于漪很喜欢汉代韩婴《韩诗外传》里的话:"智如泉涌,行可以为表仪者,人师也。"这正是她心目中教师的理想追求和行为准则,也是她的努力方向。

走进杨浦高级中学,可以看到,实验大楼的墙上镌刻着于漪请人书写的大字:"一身正气,为人师表。"

在她眼里,教师的人格是思想、道德、行为、举止、气质、风度、能力、心理的、生理的众多因素的综合,应当在德、才、识、能等方面有意识地去锻造。

面对语文教学上的各种风尚,于漪保持着独立的思考,更加相信从实践中得来的道理。她孜孜矻矻，上下求索，力求形成自己的独到见解，不追风，不沽名钓誉，不乱提口号，不拾人牙慧壮大自己声势，坚持教文育人的方向，去培养、提高学生理解使用祖国语言文字的能力，熏陶感染，春风化雨。

2004年，在致甘其勋的信中，于漪写道，做教师需要有奉献精神、牺牲精神，未必是以生命相许，但是要舍弃一些名和利。"舍弃名和利的诱惑，讨论问题可能就没有虚头，更本真，更敬畏语文教学规律，更尊重教者和学者，更能涌现真知灼见，为语文教学的发展提供精神指引。"

课要上得有感染力，需要教师把情绪调动起来，全情投入。于漪认为，教师要努力做到热情洋溢，自己首先燃烧起来，从而带动学生燃烧。

教《周总理，你在哪里》时，课堂上哀思如潮，学生难以自控，因为教案就是于漪用泪水写出来的。她说："我把自己作为一块煤，投入炉火，燃烧得通红，率先产生强烈的情感体验。这时，也只有在这时，放射出的火光与热量才会传递给学生，从而产生巨大的美感力量。"

因文定法，是于漪长期以来语文教学的显著特点。

她没有给自己的教法起"高大上"的名字、贴上流行的标签，而是针对不同的教学内容、不同的班级学生特点，去选用不同的教法。或者教师精细讲解，或者以学生自学为主，或者侧重字、词、句、篇，或者讲透时代背景……总目标则在于瞄准教学大纲目标，启发培养学生语文能力，让学生有所收获。

语文教学最根本的东西是什么？ 1984年，于漪发表《语文教学应以语言和思维训练为核心》，提出语言和思维训练的核心说，将此作为现代教师的教学目标追求，决不能用"零售"的办法，把"散装"的字、词、句、篇送给学生。

在教学实践中，她探索出"面上开花"训练法、"纵深发展"训练法、"鼓励求异"训练法等，着力锤炼提升学生的语言和思维能力。

上《最后一课》时，于漪问学生，这篇课文主人公究竟是韩麦尔先生，还是小弗朗士？根据何在？一语激起学生思想上的波澜，学生分作两个派别，论辩，读书，再论辩，再读书。他们由此抓住了关键词语，掌握了情节，明了了主人公，理解了主题，达到了思维训练的目的，由浅入深。

教学目标是明确、单一的，于漪同时追求让教学发挥综合效应，把知识学习、能力训练、智力发展和思想情操陶冶有机结合起来。通过梳理综合培养的观念,精心设计讲和练的内容,打破就事论事的教学模式。

在讲马南邨《事事关心》时,于漪让学生讲述注释中的作者简介,补充介绍一些背景资料,然后把《燕山夜话》自序中一段话拿出来,给学生听写:"我们生在这样伟大的时代,活动在祖先血汗洒遍的燕山地区,我们一时一刻也不应该放松努力,要学习得更好,做得更好,以期无愧于古人,亦无愧于后人!"

这种教法不仅锻炼学生的听写能力和口头表达能力,而且思想与感情得到激发,与单纯的教师讲授相比,课堂更加活泼,得到立体化的授课效果。

课堂内容是有限的,于漪主张,教学中不能对课文各部分内容平均用力,也不能对开展各项训练平均用力,面面俱到,而应聚焦几个点,削枝强干,突出重点。暂时不需要教的,就放在一边;与教学目标紧密相连的,就着力引导。

同样是《事事关心》,要评价分析东林党人读书讲学的进步意义和历史局限,这是难点,但于漪认为,并不需要重点去教,只要让学生理解对古人的主张必须采取历史唯物主义的态度去面对,就够了。如果在这方面作大量展开,势必压缩在文章主旨方面的讲解时间,把语文课上成历史课。

在《挥手之间》课上,于漪把三句写人群"涌"上去的句子集中在一起教,增大信息密度,形成课堂教学的高潮,而对其他句子简略带过。教学过程有疏密、起伏、快慢,像欣赏绘画或音乐一样,沉浸其中,得到享受。

学生得到一次又一次扎实的讲解、训练,一个学期、一个学年下来,就可以得到比较全面、系统的知识。

教材里一篇一篇的课文看上去有相似的地方,也都各具个性。于漪认为,对于某一类文章、某一篇文章,教学中一定要抓住其个性,把佳作之所以成为佳作的那种亮点抓住,揭示出来,以此增进学生对课文的理解。

比如对于朱自清的《背影》,关键在于"真",要把握朴实无华的文章基调,领悟平淡语句中的真性情;对于文天祥的《〈指南录〉后序》,要抓住文中最动人的笔墨,在文天祥的九死一生中,感受其爱国情怀;对于郑振铎的《海燕》,则可以与高尔基的《海燕》比较,体会作者思念家乡和祖国的深情……

面对教材和参考书,于漪认为钻研教材是第一位的,备课不是把参考书上的内容照单全收,把脑袋交给别人去"跑马",而是要自己思索,自己做主,让参考书为我所用。针对教育对象的特点,需要对参考书有所取舍,把个人钻研教材之后的真发现拿出来，这样才能做到授课的针对性。

1983年2月，在写给青年教师王缨的信中，于漪说道："别人的课，只是借鉴，彼时彼地彼人与此时此地此人毕竟不一样，重要的是自己摸索，总结经验教训……"王缨由此领悟到，不能直接模仿于漪的教学，而是要面对教材和自己的学生，挖掘课文的内涵，启发学生深思，这样才能把课上得有生命力。

在教学语言方面，于漪主张，教学用语虽属日常口语，但又不同于"大白话"，应该是经过加工之后的口头语言。教课时既要有经过锤炼的活泼的口语，也要有优美严密的书面语言，让学生听讲时置身于语言美的环境中。

这个，那个，对吗，呃……在于漪看来，这些口头禅是纯净、严谨的大敌，会把该表达的思想感情淹没在莠草之中，削弱课堂教学的效果。

几十年来，于漪抱定了"语不惊人死不休"的决心，坚持写详案，反复琢磨教案中的每句话、每个词，"先死后活，以死求活"。别人看到的，是于漪上课、做讲座出口成章，精言妙语脱口而出，殊不知，为了形成具有个性特色、魅力卓然的语言，她付出了多少心血！

在锤炼教学用语方面，于漪努力追求生动亲切，追求词采丰美，追求鲜明和谐的语言节奏，追求富有逻辑性，坚持不懈，终于让人过耳难忘。

她不知疲倦的探索源于少年时代在心底播下的"一切为民族"的种子，来自她选择教师这个职业的强烈使命感。教师和医生都着眼于人的健康发展，不同的是，医生可以马上看到对病人治疗的效果，而教师的作用要十年、二十年之后才能显现出来，尤其需要一种着眼长远的责任感。

于漪认为，国家把孩子的青春和未来交给教师，教师必须专心致志，兢兢业业，勤奋工作，站稳三尺讲台，把学生教好。

长期的教学实践与求索熔铸成于漪朴实、流畅、立体的教学特色，赢得社会各界高度赞誉。

1986年5月，张志公在病中阅读于漪的《学海探珠》手稿，对于漪的求索精神和博学多识大为叹服，撰文夸赞："于漪教书简直教得着魔了！"

于漪的高徒程红兵发现，许多名师曾相继发明各具特色的教学模式，但是于漪没有跟风，没有发明什么教学模式，因为她知道任何程式化的教学模式都有负面效应，走到极端，都会禁锢教师和学生，她主张教学没有特定的模式，恰恰是凸显了课堂教学艺术化的特征。

曾担任上海中学语文教学研究会会长的陈钟梁说，如果要用语言表述于漪的教学特色，那么"朴素""自然"便是她的全部。于漪作为一名教师就好像一篇优美的散文，形散神凝，几乎达到"入化"的境界。

1991年秋天，在上海市第二师范学校举办的于漪从教40周年研讨会上，华东师范大学教授张拱之赞叹，于漪的教学博采众长、自成一家，于漪就是梅兰芳，她的语文教学是"没有风格的风格"。

一声声，一句句，道出了人们对于漪教学的崇仰之情。

*   *   *   *   *   *

刀石相激，愚顽的石头被雕琢成艺术品。

一棵悬崖边的树与恶劣的环境搏击，身体弯成了风的形状。

在长期的教学实践中，于漪探索出一套扎根中国本土的教育思想与教学方法。这些思想与方法不是坐在书斋中从书本到书本、从理论到理论的推演，而是源自课堂一线，经过了学生、同行的砥砺与检验。特别是她的主张兼具建设性与批判性，倡导树立正确观点，纠正偏差，走出教育教学误区。

于漪对应试教育深恶痛绝，在各种场合呼吁要慎用标准化试题、减少刷题机械训练，对教育的商业化、产业化保持警惕，防范信息技术在教学中的滥用，力图扭转教育教学中重英轻汉、崇洋媚外的不良风气。

在于漪看来，考试只是教育中的一个手段，绝非最终目的。因为，教育是要育人，让学生学到真本领。一味"应试"培养不出好教师，也培养不出优秀学生。

基于长期带高三、初三毕业班的经验，她认为要以不变应万变，在每一堂课上进行知识能力、情感态度和价值观的训练与熏染，立足学生的成长发展。高一、高二打好基础，高考根本不怕，满分120分，甚至可以考到110多分。

1985年夏天，于漪到北戴河审定语文教学大纲和教材，那年第一次把标准化试题引到高考语文学科中。她跟参加命题的北大附中副校长章熊说："章老师啊，这种标准化试题一出，语文的思维、情感就完了，起码害三代人。"

标准化试题有一定益处,有利于扩大考核面、增强客观性,但五花八门的题目随之排山倒海而来,把语文教学引向怪圈。以往的"教什么考什么",变成了"考什么教什么",本末倒置。抽离了"情"和"意",语言文字成了僵死的符号,坠入纯粹技术的桎梏,伤害学生的全面发展。

于漪痛心地看到,语文的"文"常常不见了,被一个个"段"代替,采用肢解的办法,抠这个词,辨那个词,左一个层次,右一个句序。取语言形式而弃思想内容,只见树木,不见森林,工具理性代替了价值理性。

课外更是练习题成堆,不时有自测、考试,学生陷于机械操练的泥淖中。大量课外资料涌现出来,"每日一练""每周一练""自测ABC"充斥学生的书包。

教辅读物甚至成了一门大生意,为应试教育推波助澜。于漪说,这赚的是家长的钱,耽误的是孩子的青春。没完没了的机械训练挤压了学生自主阅读、社会实践的时间与空间。

风靡市场的各种练习册令于漪痛心疾首。她说,"有些练习册让语文教材碎尸万段,这个看一个手指头,那个看一个脚指头。那不叫语文,而叫肢解。"在她看来,各种练习册弊端的根本,就是"重术轻人"。

2009年,在致佟春丽的信中,于漪写道:"那种应试,不是培养学生语文能力的真本领,不过是应考的敲门砖而已。"

伴随应试教育的还有一个现象,就是教学内容不断提前,初三、高三缩短新课授课时间,大量时间用于反复操练,导致学生课业负担沉重。

有一段时间,高考设有4分改错题,区里发下来300道改错题,让学生练习,但于漪拒绝让学生这么练。她说,学生不像老师,对语法的规律、修辞等比较熟悉,他们是初学者,做了这种题,脑子里全是错的印象,弊大于利。

《解放日报》有位记者是于漪的学生,儿子上二年级,练习中写了"水很活泼",被老师打了个叉。还有一次,"弯弯的月亮( )挂在空中",学生写"轻盈地",结果不对,答案是"高高地"。家长没办法,只好按照标准答案改。于漪说,这样的刻板练习不仅扣掉孩子两分,更毁掉了孩子的灵气。

家教本来是好东西,补足知识缺陷,指导学习方法,但在应试教育的风潮中,变成了大量题目的操练,这样的家教就是走上了歪路。

"我这个人是把分数看透了。"于漪如是说。当她斥责标准化试题把语文教

红烛于漪

学引入了"死胡同",她心中在坚守着对语文本质属性的认识——语言文字不是单纯的符号系统,而是一个民族认识世界、阐释世界的意义体系和价值体系。

她坚定地相信,语文教学要教文育人,学语文就是学做人。除了关注运用语言文字的能力,语文教学要培养学生具备良好的思想道德、高尚的审美情趣以及爱国主义精神,要发展潜能,发展个性,形成健全人格。

教学目标上的走偏乃至异化,危害巨大。有的校长、领导说要培养"领袖人物",于漪质疑,且不说一个教育时段能否培养出领袖人物,就算能培养,学生都争当领袖人物,谁去当普通劳动者? 当不上领袖人物怎么办? 可见其荒谬。

于漪认为,可以让素质优秀的学生变得越来越好,成为精英,但不能采用"陪读"的办法,牺牲大多数学生的成长来培养少数"精英"。

对于作文教学中存在的背作文、程式化等误区,于漪时常提出批评,呼吁人们加以注意和改进。

于漪曾在一个班上做调查,问,"有没有背作文应试?"结果,总共35名学生,居然有31人举起手来。要么背诵"优秀作文选"中的例文,要么背诵自己写的、经过老师精心修改过的佳作。她说,背作文不叫写作,等而下之的教育把学生的灵性和思维硬生生地搞垮了。

与之类似的是套用特定格式的程式化作文,猜题、压题。特别是议论文,怎么搭框架、怎么提论点,按照一套模式,技法上求熟求稳,成为"新八股"。等到考试的时候,往上一套,四平八稳,不越雷池一步,争取不失分或少失分。

出现这些现象的原因,在于单纯地以应试为目的,不顾学生发展。学生被禁锢在一定模式中,写自己体会少、无感受的东西,硬做文章,苦不堪言。

于漪说:"作文教学必须转变观念,以学生为本,以促进学生发展为本。"

作文是生活的延伸,考试分数不应成为最终目标。有的学校在组织学生外出活动时,老师早早就布置作文,似乎是为了写作文而活动。在于漪眼里,这是要不得的。外出参观、访问、游览,对学生要"放",不要让学生背上交账的包袱,那样在外看起来没有兴趣,玩起来没兴趣,更加视作文为畏途。

于漪看重作文在语文教学中的重要地位,但当《文汇报》记者提出"以写作为中心"时,她倒是没有跟进,告诉友人:我没有想通的问题,不乱做,不能够盲从。她再三思考后认为,中学语文重在打基础,读是吸收,写是表达,应该读写并重，读写结合，以读带写，以写促读。

* * * * *

不断地呐喊，不断地批判，哪怕会得罪一些人，也在所不惜。于漪心里守着的，是育人的高远目标，是传承民族精神、文化的神圣使命。

她要刺破黑暗的笼罩，给人们带去光亮。

于漪不仅在语文学科教学中倡导注重"育人"，而且注重各门学科对于培养人的重要作用。她认为，学科育人不是学科外加德育，不能将学科与德育割裂开来。教师要树立育人的自觉，深入钻研历史、数学、物理等学科教材，把握教材个性，恰当阐发民族精神和生命教育的内涵。

英语被过分强调，乃至挤压了语文的教学与使用空间，是于漪看不下去的事。这既有社会环境影响，也受到应试指挥棒的不当引导。她提出，应摆正英语和汉语的位置，充分认识到母语教学对传承民族精神、文化的重要作用。

据媒体报道，有所小学一年级用英语教语文，美其名曰"双语教学"，于漪对此大声说"不"。她认为，文化是一个民族的灵魂，无论国家意识还是人格精神，都需要文化的支撑。用英语教语文，会给学生造成文化的漂移与无根状态，消解了国家意识，对青少年人格的形成会产生非常不利的影响。

因为学科性质不一样，所以教学方法也存在差别。于漪主张，母语教学不能如同外语教学中的"商业对话"训练，不能像《英语900句》那样，老是在词句上兜圈子，要揭示和传递语言文字中积淀的民族智慧。

早在1964年，于漪就撰文倡导把语文课上得朴素一些、实惠一些。随着时间推移，她坚持这一主张，反对教学泡沫，对业界存在的教师把上课当表演、过分依赖信息技术手段、滥用网络语言等，时时保持警醒，呼吁人们谨慎看待。

有些老师的公开课、示范课是这样上的：事先很多人讨论准备，一个人去上，看上去神采飞扬、气氛热烈，设计得天衣无缝，对准了多个教学目标，实际上呢，学生只是在听，并没有激发出求知欲，脑子里没有留下多少痕迹。

这样的公开课实际上成了表演课。于漪认为，教学不能蜻蜓点水，多目标也就成了无目标。课堂教学的有效性不是看如何热闹，而是衡量学生学到了什么,知识有没有增长,能力有没有锻炼,思想情操方面有没有泛起涟漪。

对于多目标导致无目标,于漪认为,一个关键原因在于教师没有做教材的主人,而是成了教材的奴隶。语文学科综合性强,同一篇名作,可以放在不同的学段教,区别在于教学目标不一样,有繁简之别。这就要求教师仔细考虑应掌握什么,不能有什么教什么,眉毛胡子一把抓。

她用老农浇菜打比方,一桶桶水挑到田里,用长柄勺一勺勺地、均匀地洒在菜根上,而不能不管三七二十一,将整桶水倒向菜根,这样会将菜连根带叶一起冲走。教师如果把储备的知识全部倒出来,也会把学生冲得东倒西歪。

课堂教学中有一种常见问题,是严重偏离目标主线,于漪称之为"一拓三千里"。有的课内容杂而乱,貌似博古通今,名为发散思维,实则在文本理解的浅层次上浮游,有卖弄之嫌,并未做到有效的知识迁移。

当学生积极性高涨时,会出现各种疑问。教师应分清主次、轻重,围绕教学目的与重点加以筛选,否则就会被问题牵着走,导致教学碎不成章。

譬如学《祝福》时,学生对"祝福"这个迷信习俗发生兴趣,教师展开来说,一直说到现在灵验不灵验,却把祥林嫂是怎样的形象、作者是如何塑造她的、其典型意义是什么等等,给淡化了、挤掉了,教学就走了样。

评课中也存在误区。部分评课者大搞所谓的"量化",去详细记录一堂课老师讲了多少时间、学生活动花去多少时间、有没有举手发言,等等,使得教师为教而教,陷入程式。于漪认为这些本应是随机的,一堂真实的课,谁知道学生会提什么问题呢?

有的老师在评课时说:"如果我来教这篇课文,会怎么怎么样。"于漪认为这不是评课,是摆老资格。评课的目的是研究一堂课,分析上得好在哪里、有什么不足、可以怎么改进,让执教老师通过评课,有豁然开朗、醍醐灌顶之感,以后把课教得更上一层楼,而不仅仅是给他打个分而已。

用一句话来说,"点评是手段,目的在提高。"

多媒体作为教学新技术,于漪认为这只是辅助手段,不能喧宾夺主。有的老师课件做得异常精美,声、光、电一应俱全,整堂课以多媒体为主线,成了看电视、看电影,板书退隐了,教师的讲解魅力弱化了,步入歧途。

讲杜牧《山行》、余光中《乡愁四韵》,电子屏幕上显示出相关的画,于漪认为是多此一举。学生缺乏对某方面了解时,多媒体可以补足知识的缺失,激发兴趣;而对于耳熟能详的事物,画面反而限制了学生的想象力。

以往上课有挂图、实物、录音带、幻灯片等,是教学的补充,多媒体也一样,是为课堂教学服务的,不能喧宾夺主。花拳绣腿的多媒体要不得。

讲《卖油翁》时,油沥入葫芦口,而钱孔不湿,学生难以理解"沥"字。于漪变戏法一样摸出一枚铜钱,展示其大小形状,说明油过去而钱孔不湿,非有绝技不行,形象生动。恰当运用小小教具,帮助学生把知识印到脑子里。

不论公开课还是家常课,于漪都倡导力避虚浮的成分,追求教学实效。相对于以"灌输—训练"为特征的"一言堂"教法,师生平等对话、开展课堂讨论是一种进步,但是这也需要教师的积极引导,确保讨论不至于过度分散。

于漪举例说,有的老师让学生自己去"感悟",没有点拨、指导,要求泛化,这样就很难发挥自学的效果。又比如让学生朗读,每次朗读应有具体的要求,对于读错的字、读不顺的句子要指点,关键词句、重点段落要让学生咀嚼、品味。如果只是简单地让学生朗读,看上去学生参与了互动,实则很低效。

课堂讨论也是这样,问题要精心准备,讨论中要紧扣目的和要求,不能"放羊"。名为讨论,实为闲扯,与文本不沾边,那就失去了讨论的意义。

教师在讨论中或许说话很少,作用却是重要的,大忌在于"不作为",或者面对学生的不同观点和稀泥。对的就是对的,错的就是错的,要坚持科学性。

在《世间最美的坟墓》课上,学生提出,茨威格说托尔斯泰的墓是"世间最美的坟墓",这言过其实,土堆有什么美?怎么可能"强烈震撼每一个人内心深藏着的感情"?老师说:"对,这也是一种看法,各人有各人的体会。"

于漪分析,学生提出疑问不足为奇,敢于说出来也值得鼓励,但老师要有所作为,如果肯定此种看法,就会导致全盘否定课文,在全班学生脑子里形成混乱。这是因为老师对写作背景、托尔斯泰的文学成就等不甚了解,也没有潜心推敲文中的语句,所以会出现误判。其中的教训是深刻的。

外出听课过程中,于漪有时看到这样的场景——

学生回答问题后,老师高高举起一只手,拇指与食指合拢作圆圈状,嘴里响亮地喊着:"OK!"

红烛于漪

开展小组讨论时,老师说:"现在四人一小组,来一个皇帝和大臣的对对碰。"

"现在第一小组与第二小组PK一下。"

"庄子的文章有趣,庄子是古代八大笑星之一。"

于漪反问:语文课需要这样包装吗?

她提出,教师在课堂上呈现的往往是声、义、情、形相结合的整体形象,不仅发挥着"言教"的功能,实质上也在"身教",熏陶感染着学生。为此,教学语言必须正确、规范,这是教师应当牢牢把握的底线。

"上课不是嘉年华,不是狂欢节。课堂是学生求知的场所,是认真严肃的地方,不能让娱乐圈里的语言畅通无阻地进入课堂,成为教学用语。"于漪说。

第六章
日月光华文章焕

盖文章,经国之大业,不朽之盛事。

——［三国］曹丕《典论·论文》

一条蜿蜒流动的大河,因为有众多支流的汇入,成就了它的波涛澎湃。

如果说课堂教学是于漪教育活动的主干,那么,写作、讲学、指导青年教师等活动则是一条条支流,丰富着于漪作为教师的多彩人生。

于漪之所以成为受党中央、国务院表彰的"人民教育家",一方面根植于数十载的教学实践,一方面离不开从实践中萃取的研究成果。

"语文教师手中要有一支灵动的笔。写,应该是语文教师必备的基本功,是语文素养中一项极其重要的能力。"于漪如是说。教师的写作不仅是个人职业成长发展的需要,也是帮助学生提高写作能力的可靠保障。

她写教后记,写教学随笔,抒发个人感悟,开展教育科学研究……笔和纸成为课堂教学的延伸。她不断摸索教学的规律,撰文写书,用笔去思考,把文字凝聚成智慧的成果,与同行读者分享。

天地高阔,日月光华。

她站上三尺讲台,绽放师者风采;她用一支灵动的笔,书写锦绣文章。

紅燭于漪

* * * * * *

于漪出过多少本书、写过多少篇文章？不仅普通读者弄不清楚，于漪本人也有点数不过来。上海师范大学的学生曾统计得到一组数字：截至2017年底，于漪发表过531篇文章、37部专著，还有100部合著及主编的作品。

作为图书出版的惯例，"著"的学术含金量一般高于"编著"，又高于"主编"；独著的地位通常高于合著。

笔者尽力搜集于漪写作相关资料，对作品发表情况重新梳理统计，发现于漪有独著作品30种71册，合著作品8种10册，有主编作品不少于47种197册，合计278册。可知他们统计出的数字是不含水分的。

根据杨浦高级中学图书馆的整理，于漪出版的图书包含专著56种283本、合著5种15本、主编147种331本，总共达629本。尽管统计标准会有出入，但足以表明，于漪各种著作合起来是个庞大的数字。

于漪的写作时间跨度非常大。1957年出版首部编著作品《春秋战国的故事》，初试牛刀。1984年出版《于漪文体教学教案选》《于漪教案选》和《语文教苑耕耘录》，系语文教学题材著作的开端。

时至2019年，她与孙女黄音合著的《穿行于基础教育森林——教育实践沉思对话录》和她的独立著作《点亮生命灯火》相继出版。

内容广泛是于漪撰文著书的又一个显著特点。除了两本历史题材著作，她的书大都依托语文教学，涉及教案汇编、教学论文随笔集、教育论述、作文讲评、个人散记、教师教育等，成为一套"何以为师"的大规模文献。

就写作的系统性而言，于漪部分图书系单篇文章的汇编，如《语文园地拾穗集》《学海探珠》《追求综合效应》《我和语文教学》等，也有多部成体系的著作，主要包括《语文教学谈艺录》《于漪与教育教学求索》等。

《语文教学谈艺录》1997年由上海教育出版社出版，2012年修订后重版。该书由道而术，剖析语文学科的功能性质、教学方法，兼及个人从教感悟，从单篇来看生动活泼，合为整书又体现出严密的逻辑性。

这本书的问世，并非那么水到渠成。上海市中小幼教师奖励基金会筹划出版"上海教育"丛书,吕型伟任主编,组织一批老校长、老教师著书立说。90年代初,于漪患有严重的心脏病,常住院治疗,心里非常不想写。

有次开会间隙,吕型伟对于漪大声说:"于漪,你不死就要把书写出来!"这位市教育局老领导为一线教师做经验的积累和学术的支撑,让她深受感染,怎能辜负这份关怀呢?尽管奔波于病房和家两地,她还是克服困难写出来了。

2016年,《语文教学谈艺录》被收入《百年语文教育经典名著》丛书,整体列为第十五卷。

《于漪与教育教学求索》由北京师范大学出版社出版,系全国中小学教师继续教育用书。该书分为"成长的脚步""我的教育教学观""我的教学实践""说不尽的于漪"四章,高度凝练地展示了于漪的教学主张与实践特色。

在"我的教育教学观"一章,于漪阐释了她的基础教育观、教师职业观、学生观、基础教学观、学校发展观、语文性质观、语文教学观、大语文观等,分门别类,完备而有条理。可以说,此书是走进于漪教育世界的一把钥匙。

如果说于漪的大部分著作以语文学科发展为指向,那么有一本书具有强烈的个人色彩,乃至近于教育自传,显得与众不同,那就是《岁月如歌》。

上海教育出版社袁书记找于漪写书,她觉得自己只是非常平凡的老师,有点难为情。袁书记说:你的经历是那样的丰富,很多东西都值得大家思索、研究,写这本书主要不是为了你自己,而是为了大家,为了教育事业。平素反对于漪大包大揽的爱人黄先生,这次也鼓励她把书写出来。

2007年暑假,于漪就动笔赶写,每天写8到10小时,细述教育人生经历,8月10日交稿。出版社优先编辑、排版、印刷,不到一个月就完成了复杂的出版流程。9月6日,于漪《岁月如歌》首发式暨"从《岁月如歌》谈教师成长"主题论坛举办,来自政府部门、学校、出版社、杂志社的嘉宾同于漪共话师魂。

《岁月如歌》记述了于漪从童年到退休之后的成长经历,回顾她作为教师的感悟心得,以《一辈子学做教师》作为收束。这是一部对教师职业的颂歌,爱与责任渗透在绵绵文句中,全书散溢着浓浓的抒情气息。

"岁月如歌,往事依依,留下的痕迹有浓有淡,有伤痕有欢乐,有失落有收获,但更多的是教育征程中自己的不足和遗憾。"在首发式上,于漪说道。同时她相信,"教育事业真正是遗憾的事业,教师责任大如天,追求永无止境"。

读着《岁月如歌》,市北中学校长陈军想到了李白的《蜀道难》、贝多芬的《命运》交响曲,还想到澎湃的壶口瀑布、戈壁上张扬着野性的沙柳、在天空翱翔的雄鹰,都表现出生命的穿透力。他说,这本书就是一位教育家的人格长征。

《岁月如歌》广受读者欢迎,上海教育出版社于2015年推出"手稿珍藏本",8月22日在上海书展现场举办了新书首发式。

2001年是于漪从教50周年。半个世纪的积累汇成了浩荡的著作洪流。

这年,山东教育出版社推出《于漪文集》6卷,是于漪的第一部多卷本著作。她也由此成为新中国教育史上第一位出版文集的中学教师。上海教育出版社推出"于漪教育文丛",包含《给语文教学加点钙》《和中学生交朋友》《可以做得更好》《站在大写的人字上》共4卷。一年两部文集,蔚为壮观。

2008年,广西教育出版社出版"于漪新世纪教育论丛",包含《反思》《启智》《坚守》《凝望》《呐喊》《超越》6卷。在于漪从教60周年之际,"于漪教育视点丛书"2011年由山西人民出版社出版,包括《开启门扉的智慧》《倾诉如歌的岁月》《涌动生命的课堂》《滋润心灵的文化》4卷。

此外,《于漪基础教育论稿》2014年由山西教育出版社出版,含《于漪知行录》《语文的尊严》《教育的姿态》3卷。其中《于漪知行录》撷取于漪教育论述精华,为一部语录体著作。

2018年8月20日,正值上海书展期间,《于漪全集》在上海图书馆首发,全面展示于漪的教学经验与研究成果,包含基础教育、语文教育、课堂教学、阅读教学、写作教学、教师成长、序言书信、教育人生8卷,共21册,是首部当代教育家作品全集。

于漪说:"我本来也没想过出什么全集,上海教育出版社社长贾立群春节来看我,说于老师你的东西很多,我们帮你出全集。"

与个人著作相比,于漪主编的书种类更多,规模更大,总体上立足语文,围绕开拓读者文化视野、提升学生阅读与写作能力、增进教师专业发展等目标编排,内容涉及教学参考书、作文辅导或优秀作文集、教师专著、阅读选本等。

在这些作品中,出版最早的是于漪、陶本一主编的《中学语文备课手册》,1984年由陕西人民教育出版社出版,初中和高中每个年级各2册,共12册,主旨在于帮助教师理解和把握教材,开拓备课思路,设计出较为理想的教学方案。

这套书在当时颇具创新特色,包含"教材总体说明""单元教学建议""单篇教材教学建议""单元检测题"四个模块,重点对"单篇教材教学建议"着墨,让不同层次、来自城市或农村的初高中语文教师都能受益。

稿费很微薄,编书更多是出于对教育的真心、对教师的真情,编成后却广受好评。时隔一二十年,于漪外出开会,还听到有老师说:"这套书真好,当时看到如获至宝,帮了我教学的大忙,我也逐步走上语文教学的正道。"

于漪主编的规模最大的图书当属"名师讲语文"丛书,书名统一为"某某某讲语文",作者包括程红兵、陈军、余映潮、方利民等,从2007年至2013年,由语文出版社陆续出版不下36种,折射出于漪对中青年语文教师的鼓励与扶助。

编一本与教师有关的书是于漪长久以来的心愿。她读过很多教育学著作,有的压根没有教师这一章,有的与教育原则、教学方法并列,尚不足以体现教师的重要性。她认为,教师和学生是教育教学过程中最活跃的因素,教师发展是教育振兴的希望,所以她有意识地关注现代教师学研究。

红烛于漪

1999年，于漪主编的《现代教师学概论》由上海教育出版社出版，包括现代教师的使命、地位和作用、劳动特点与职业特点、基本素质等章节，是中国第一部研究现代教师学的理论著作。有人评价说该书出版意味着"属于中国的、现代的教师学"的真正建构。

时隔两年，《现代教师学概论》经教育部师范教育司组织评审，列入全国中小学教师继续教育公共课教材，重新出版。

尽管于漪主编过很多种书，有一类却没碰过，那就是教材。很多老师自编教材、试图编出新意时，她坚决地抑制住这种冲动。"教材是教学的依据，是学生学习知识、培养能力、获得心灵成长养料的珍宝，思想须有高度，文化须有厚度……"教材是"教文育人"的底本，她对此怀有敬畏之心，就避开了。

* * * * * *

于漪教学实践形成的思考成果，大部分是以单篇文章形式呈现的。它们凝结着思想的颗粒，也构成众多汇编类作品乃至文集的基础。

笔者统计数据显示，截至2020年5月，于漪曾在报刊、非个人著作中发表作品808篇。如果加上暂未查阅到的文章，大量书信、教案，以及仅在于漪个人著作出现而未曾在别处发表的文章，则为数更多。

除了极少数是自发投稿，大部分为报刊约稿，有时催稿催得急，她不得不通宵达旦地写。她笔耕不辍，慢慢扩大专业影响力，形成正向循环。

于漪至少有89篇文章登载于相关图书中，以序言为主，少部分为收入各类作品汇编的文章。目前所见于漪最早为他人著作撰写的序言，出现于1988年沈国平等编著的《中外名家读写趣闻》。

1964年上半年，于漪在《文汇报》发表《胸中有书，目中有人》，在第5期《上海教育》发表《把语文课上得实惠一些，朴素一些》，两篇文章是目前所见她为报纸和杂志撰文的最早记录。

从发表文章的时间看，于漪的写作呈现出分阶段活跃的特征。1964年和1965年她总共发表6篇文章，当时她语文教学开始取得成绩，在行业领域初露头角，写文章也沉着自信。"文革"的到来让她受到冲击，发文之路受阻。

冬去春来，"四人帮"被粉碎了，于漪的名字又回到人们视野。1977年7月26日，《文汇报》发表于漪署名文章《把心贴在党的教育事业上》，传递着她为育人事业大干一场的信心和决心。此后至今，她每年都在报纸杂志上发表文章，从未中断。

从改革开放到20世纪末，于漪发表文章保持平缓节奏，除1987年和1998年分别发表3篇和5篇，每年都在10篇以上。从1981年至1986年，她分别发表24篇、14篇、28篇、24篇、20篇、22篇，形成她为文历程中的第一个高潮。

1981年9月17日至11月19日，《文汇报》推出"教育断想"栏目，共发表于漪8篇文章，是她在媒体开设的第一个专栏。

于漪为文的又一个高潮，出现在1994年至1997年，发稿量分别为24篇、24篇、47篇、34篇，在退休前后，大有愈战愈勇之势。特别是1996年，发表文章多达47篇，是迄今她单年发表作品的最大数字。

出现这种多产局面的重要原因是于漪同《语文报》的密切合作。1994年5月23日，《语文报》在头版开设"于漪信箱"专栏，她依托此栏目，不定期回答中学生提出的问题，涉及语文知识、师生关系、青少年成长等。至1998年1月20日，于漪在"于漪信箱"栏目共发表文章66篇。

1996年初，《人民教育》记者采访于漪，知道她年事已高、身体不好，工作担子重，还有很多社会事务，问她何以写出那么多作品。于漪回答："要说有什么'法宝'的话，那就是一个'快'字。"思索快，下笔快，不畏难，乐在其中。

于漪写书、写文章基本不打草稿，下笔成文。稿子投出去之后，家里就没有底稿了，有些单位想讨她的手稿都难以如愿。

进入新世纪，于漪保持着发表稿件的旺盛势头。截至2019年，每年发稿量都不低于10篇，2004年至2010年甚至分别多达30篇、40篇、37篇、31篇、32篇、30篇、28篇，成为她文章写作的第三个高潮。此时于漪已是八十岁左右，却依然思维活跃，勤勤恳恳，创造力丝毫不输青年教师。

2004年1月，于漪在《上海师范大学学报》《小学青年教师》《语文学习》《中学语文教学》《新教育论坛》《中学生阅读》发表6篇文章；2007年1月，在《德育报》《语文学习》《语文教学通讯》《语文教学研究》《关心下一代》《现代教学》发表6篇文章，创造力可谓惊人。

紅燭于漪

2019年8月31日，于漪在家中，与文为伴（董少校摄影）

作为全国首批特级教师的一员，于漪的文章备受青睐，约稿函络绎不绝。她没有因为名声大就挑挑拣拣，而是尽量满足不同媒体的用稿需求。

刊登她文章的媒体种类广泛，既有《人民日报》《思想理论教育》等大报名刊，也有《杨浦教师进修学院院刊》《黄浦教育》等地方性媒体；既有《中国教育报》《上海教育》等教育专业媒体，也有《文汇报》《镇江市报》等都市大众媒体，还有《新闻记者》《演讲与口才》等其他领域媒体，包罗万象。

对于她在各家媒体发表作品的数量，根据目前的不完全统计，较多者包括《语文教学通讯》87篇，《语文报》75篇，《语文学习》58篇，《上海教育》58篇，《中学语文教学参考》45篇，《中学生阅读》25篇，《人民教育》22篇，《文汇报》17篇，其他报刊大致在15篇以内。

"泰山不让土壤，故能成其大；河海不择细流，故能就其深。"于漪不断地写、写、写，写出语文教学的感悟心得，写出一座教育思想的宏伟大厦。

* * * * * *

于漪写文章追求朴实无华,用平白而凝练的句子,记录某个事件,抒发某种感悟,阐释某种道理。她说:"我平素最喜欢读朴质自然的诗文,其境界非修养深、造诣高的人难及。"阅读如此,写作亦然。

从于漪早期发表的作品就能看出,她有一种独特的行文姿态,自谦而又自信。这种文风一直延续下来,不是高高在上的说教,而是与读者平等对话。

她的文章,从教学实践的土壤中生长出来。她曾说,"我写的几百万字的文章,都是教育教学中学生帮我出的题。针对教育教学中出现的问题,我要思考、要学习、要探讨、要试验。"

苏轼在给侄子的信中说:"凡文字,少小时,须令气象峥嵘,彩色绚烂。渐老渐熟,乃造平淡。其实不是平淡,绚烂之极也。"于漪认为,这正是为文的要诀。

于漪博览群书,她的一批文章旁征博引,显示出深厚的学养。1990年出版的《学海探珠》带读者邀游书海,只觉满目琳琅。她谈到生死、不懂装懂、抄袭、早慧等话题,古今中外加以比较,各种材料信手拈来,涉笔成趣。这让人不由想到钱锺书和他的《管锥编》,亦杂亦专,博而能通。

崇高的人格、渊博的学识通过文字折射出来,或为严密的论证,或为周详的说明,或为生动的记述。她的笔下常有教育教学的道理,也不乏细腻的描写与舒缓的抒情。到昆明参观滇池,她写道:"那时滇池水真清,有些睡芙蓉叶绿花红,阳光照射,水波荡漾,美不胜收。"欢喜之情洋溢在字里行间。

她的文笔优美的作品甚至被选入中学语文教材。

《中学生阅读》(初中版)杂志曾开设"追忆黄金时光"专栏,邀请名家撰写对往事的回顾。1999年7月,该刊推出于漪专题,不仅在封二展示于漪两幅照片和寄语"多读使人聪慧",还刊登了于漪的散文《往事依依》。

在这篇文章中,于漪以阅读为主线,追忆童年生活的几个画面:《评注图像水浒传》中的梁山水泊世界,《千家诗》里的四季风光,国文教师带领学习的《南乡子·登京口北固亭有怀》和《南归》……

《往事依依》的文句平平淡淡,记述的是日常小事,但读者感受到的,却是深沉而厚重的情感,仿佛跟着作者亲历了那一切。当时于漪身处贫穷和战乱中,文字中依然透出乐观向上、热爱生活的浓郁韵味,让人深受感染。

红烛于漪

《中学生阅读》1999年第7期内页

可以说,《往事依依》是于漪素淡文风的代表作。2001年,此文被江苏教育出版社收入《语文》教材七年级上册,成为中学生喜读乐赏的佳作。

面对工作精益求精、一丝不苟,是于漪长期以来形成的习惯,她对撰文出书同样有非常高的要求。80年代末,她曾应语文出版社之约,选编《古今中外佳作精选》。书出来后,她发现错字、漏字等诸多错误,甚至有标题张冠李戴,她赶紧修改,把改好的书发给责任编辑。哪里知道,再版时居然未改。

原来,此套图书责任编辑突然失踪,书稿修改之事无人对接,结果导致5本书差错连连。她心痛地说:"书,白纸黑字,总要对得起读者。有的事看起来细小,要真正做好,必须有责任大如天的意识。"

作为一名图书编辑,李远涛曾说:"我当编辑20多年,编过很多稿子。20多年编辑生涯里只有两个人的文字很好,不需要做什么改动,一位是复旦大学的杨宽教授,一位是于漪老师。"

文章的核心观点来自个人的独到发现,而非人云亦云。于漪不愿做的事情,是拿来外部特别是西方的理论,用自己的实践去验证。在她眼里,理论千种万种,是为教学实践服务的,是写文章的外部素材,而不能成为教条。

于漪在参加论文评审时发现，部分研究语文的教师文章里有很多洋人的名字。她认为，数理化知识与国外接轨，这很正常；但研究语文也拿洋人的话作为理论根据，以此体现时髦、有水平，就成了毛主席所说的"言必称希腊"。

读者面对于漪的文章会有种明显的感受，她的文章与时下学术期刊的文章很不一样。文句不是"文绉绉"的研究腔调，而是散文化的语言；结构上要么只用一级标题，要么加一层二级标题，基本不用三级标题；也很少用参考文献或注释，如有引用最多是在正文中，从而保持文意流畅连贯。

胡治华认为，于漪的教育理论著述不就范于各种"本本"所编制的"科研程式"，执意舍弃种种"很专业、很学术"的话语，这是因为她心里装着读者，以广大语文教育工作者和研究者为交谈对象，力求让他们愿意读、读得懂。

可以说，于漪的写作带有鲜明的实践品格，文章和著作从教学一线生长出来，再传递回教学一线，理论性与实践性相融合，堪为教育家中的独特范例。

* * * * * *

作文是语文教学的重要内容，也是开展语言与思维训练的重要抓手。于漪注重作文教学，不断探索，提高学生的写作兴趣和写作能力。

语文教学根本立足点在育人，作文也不例外。于漪认为，讲评课可以渗透高尚的思想感情，天天耕耘，时时滋润，在培养和提高学生的作文能力的同时，增进思想政治素质，弘扬社会正气，教学生学会做人。

有的学生害怕写作文，从优秀作文选或有些素材集里抄句子，于漪因材施教，让学生改掉抄的不良习惯，激发写作文的内在驱动力。

有一次，于漪布置学生写《四季景色图》的作文。许多同学寻章摘句，从别处抄袭。于漪不动声色，真诚地告诉学生，这是一次失败的写景尝试。然后让大家思考失败的原因。课堂上热闹起来，有的学生扮着鬼脸说："抄！"

于漪并没有生气，而是语重心长地告诉同学们："抄袭别人的好文章，像纸花一样，是假的，虽然很美且迷人，但是没有生命力；苦学加巧学，写出来的文章像鲜花一样，是真心的，带着晨露，富有生命力。"

后来，于漪又让学生写《秋色老梧桐》，从形、色、声、态等方面入手，在与春、夏季节的比较中,力求写出秋桐的特色。面对学生的抄袭,她没有简单地指责,而是循循善诱,引导学生养成"我手写我心"的习惯。

作文从生活中来,于漪对这个道理也有一个摸索的过程。20世纪80年代初,高中仅教了一学期,由于培养初中教师需要,于漪被调到初中插班,教初中。初一下学期有个课后作业,要同学们写作文《和赵老柱比童年》,她觉得对初一学生太难,就把题目改为《我的幸福童年》。

谁知,题目刚出来,一个学生就站起来说:"于老师,我们的童年又幸福又不幸福,怎么写?"原来,这名学生得了哮喘病,发起来十分难受,感觉很不幸福。于漪告诉他,那就按照实际的去写。

又有学生起来反对:"我们还幸福啊?生下来就是1966年'文化大革命',进小学读书,正好打砸抢很厉害,我们坐在窗口,玻璃没有了,冬天喝够西北风,怎么幸福啊?"于漪本以为学生都生在新社会、长在红旗下,却把这段历史给忽略了,不能照搬旧有程式出题目,于是改成了《我的童年》。

于漪不断摸索,提高作文命题的适切性。像《我的假期生活》《难忘的一天》等,学生从小到大写过多次,容易觉得腻。她让学生去写《我们学校的树》,"逼"着学生观察校园里树的布局、种类、特性等,甚至向生物老师请教树的名称,这样作文就写得逼真。《杨浦中学导游》也是同样的道理。

又如练习写人物,不是笼统地写《我的同学》,而是指定写现在的同班同学,题目就叫《同窗谱》,要通过事件来写人。学生写的对象是老师熟悉的,不能再说套话假话,要去从生活中找新名堂,在写作中得到扎扎实实的训练。

学生交上作文本,于漪逐篇批改,量再大也不嫌累。高中班额56人,后来初中班额48人,一学期下来,每人写8篇大作文,单个班的作文合计大约400篇,教两个班就是800篇。

每当学生作文有精彩表现,于漪就会抓住机会大加赞扬。有学生写道:"小孩手上的肉堆在手背上,好像大象的脚一样。"这就是个人的独到发现。一名学生写炒菜:"我饿得要死,门一打开,妈妈从厨房里出来,端着一盘青菜,细胞还活着呢!"这就写出了生动鲜活的场景,值得给予表扬。

* * * * * *

　　于漪重视作文讲评，把这当作写作教学中不可或缺的环节，认为对活跃学生思维、训练和提高学生表达能力发挥着独特作用。她说，习作讲评契合学生的需求，不是表面化地讲习作的优缺点，而是重在启发，指点学生怎么能"行"。

　　从布置到写作，再到讲评，完成写作训练的闭环。每次训练侧重点不同，体裁上区分记叙文、说明文、议论文，内容上区分事、人、物、理，对于文章立意、叙述顺序、素材选取与裁剪、形象描摹、观察视角等分别着重讲评，由点及面。

　　讲要讲到心里面，评要评到点子上。对于学生作文中出现的为人处事方面的偏差，于漪给予纠正，帮助学生提高写作水平，并使之获得精神的成长。

　　教过《一件小事》后，于漪布置写一篇作文，记一件自己耳闻目睹或亲身经历的小事。有名学生写了篇《让座》，纠结该不该为一个抱着孩子的妇女让座。于漪把这篇习作油印出来，发给全班同学。

　　在讲评课上，于漪请作者朗读作文，肯定了其中的两个优点：一是波澜起伏，叙事不平板；二是注重立意，通过一件小事提出了尖锐的社会道德风尚问题。接着，她让同学们讨论这篇作文在立意上的优劣得失。

　　于漪告诉同学们："一篇好的文章应该引导人们向前看，要有积极意义，对某一事物或歌颂，予人教育；或嘲讽，使人猛醒；或鞭挞，以正压邪。我们总不能只作'评论员'啊，更重要的是怎样解决这些问题。"结合另外两篇立意较高的作文，她激励大家多写好人好事好思想，在立意上下功夫。

　　讲评课容易走偏的地方在于仅仅围绕字词篇章作技术性处理。于漪认为，技能层面的训练固然重要，更要站在育人的高度，评文育人。以育人的观点指导评文，想得深、想得远，就能洞悉习作中的思想潜流，及时引导。

　　针对学生起点不高、自尊心强的特点，于漪提出，作文讲评要以鼓励为主，在鼓励中给予指导，评得热气腾腾，把优点讲透，让作者心里热乎乎，听者心里很羡慕。讲评的大忌是抓住消极的东西，甲乙丙丁罗列一大堆缺点，出学生的洋相，那样学生就会把写作视为难事，越来越不敢写。

　　板书并非可有可无的点缀，而应成为讲评课的点睛之笔，记录整堂讲评的重要观点。于漪不仅自己讲，还让学生讲，从单篇文章的写作中，评判好和不好的地方，寻找写作文的一般规律，进而写成板书，帮学生强化记忆。

红烛于漪

在作文《课余》的讲评中,于漪在黑板上逐渐勾勒出四条内容:截取精彩的横断面,不记流水账;有面的勾勒,有点的特写镜头,不能有面无点;层次清楚,多方着墨,不笼统杂乱;语言活泼、风趣,不干瘪枯燥。并分别附有简短说明。一堂课下来,学生听到了讲评的事例,也学习到写作文的方法与技巧。

于漪认为,讲评课要上得有文化含量,取法乎上,激发他们上进的追求。她常引用文论诗评,有的讲评题目如《"心神"与"物境"合拍》《"目注"与"神驰"》等,富有文化底蕴。她还常把刘熙载《艺概》、谢榛《四溟诗话》以及刘勰《文心雕龙》的话引入讲评课,激发学生写出好文章的强烈愿望。

如此一来,很多学生爱上了作文讲评课,巴望自己的文章也能成为讲评对象。有的则借助讲评,重新审视原本觉得糊里糊涂的用法,领会个中妙处。

1987年8月,《作文讲评五十例》由山东教育出版社出版,精选50篇习作,分别讲评,每篇包含写作前的指导与要求、讲评目的、讲评材料与方法、讲评要点、板书、学生习作等,成为作文教学的生动教材和有效参考。

打开《作文讲评五十例》,从篇目名称就能窥见其精彩之一斑:《打开认识的窗户——"记一个熟悉的人"讲评》《先说与后说——〈杨浦中学导游〉习作讲评》《文章的生命在于真实——〈永恒的怀念〉习作讲评》……既针对特定班级学生作文特点,也有一定的普遍意义。

课堂上的授课何以变成了文章? 原来,于漪主张对作文讲评课精心设计,讲评的内容、情感甚至语言都要再三琢磨,这样就可以讲得生动而有条理。

在数十年的教师职业生涯中,于漪撰写并出版了一批作文教学方面的著作,构成个人著作的一大板块。除了《作文讲评五十例》,还有《教你写作文》《妙笔生辉——于老师教记叙文》《中学作文教学导论》等,面向不同的读者对象,说例子,讲道理,把作文之道传递给更多的老师和学生。

20世纪90年代,社会上的"作文法"层出不穷,多得让人眼花缭乱,不知如何选择。于漪在1994年出版《教你写作文》一书,分为18章,从积累素材、精选角度、连缀组合、锤炼语言、不厌修改等方面,带给青少年写作的技巧方法。

上海教育电视台刚成立之际,设立家庭教育辅导节目,于漪受邀主讲。在复旦大学借一间教室搭建临时演播棚,以两名学生作为受众代表,讲述写作文的技巧方法,讲稿汇编为《妙笔生辉——于老师教记叙文》,于1994年9月出版。

　　电视在当时属新兴媒体,于漪早早"触电",怀着为学生服务的使命感授课,不收分文,借助大众媒体的传播力,辐射优质教育资源。

　　2001年,于漪在山东教育出版社出版了《中学作文教学导论》,作为中小学教师继续教育的进修教材,分为激发学生的内驱动力、指导学生提高观察和体验能力、总体把握写作教学诸多环节、关键在教师自身综合素质与书面表达能力的提高等8章,为教师带去系统深入而富有可操作性的指导。

红燭于漪

序　诗
红　烛
"蜡炬成灰泪始干"
——李商隐

红烛啊！
这样红的烛！
诗人啊！
吐出你的心来比比，
可是一般颜色？

红烛啊！
是谁制的蜡——给你躯体？
是谁点的火——点着灵魂？
为何更须烧蜡成灰，
然后才放光出！
一误再误，
矛盾！冲突！

红烛啊！

不误，不误！
原是要"烧"出你的光来——
这正是自然底方法。

红烛啊！
既制了，便烧着！
烧罢！烧罢！
烧破世人底梦，
烧沸世人底血——
也救出他们的灵魂，
也捣破他们的监狱！

红烛啊！
你心火发光之期，
正是泪流开始之日。

红烛啊！
匠人造了你，
原是为烧的。

既已烧着，
又何苦伤心流泪？
哦！我知道了！
是残风来侵你的光芒，
你烧得不稳时，
才着急得流泪！

红烛啊！
流罢！你怎能不流呢？
请将你的脂膏，
不息地流向人间，
培出慰藉底花儿，
结成快乐的果子！

红烛啊！
你流一滴泪，灰一分心。
灰心流泪你的果，
创造光明你的因。

红烛啊！
"莫问收获，但问耕耘。"

——摘抄于2020年2月7日
于漪

91 岁生日当天，于漪抄录《红烛·序诗》

110

第七章

师爱超越亲子之爱

仁者爱人，有礼者敬人。

爱人者，人恒爱之；敬人者，人恒敬之。

——《孟子·离娄下》

人们常说，教师是太阳底下最光辉的职业。因为，这份工作直接面对的是人，要走进学生的心，扶助他们的精神成长。

在于漪心目中，教育根植于爱。在近七十载的教学生涯中，她用爱的泉水滋润课堂，用爱的烛光照亮学生，用爱的砖瓦建起教育事业的大厦。

不是对少数表现好的学生，而是对所有学生。

"教育事业是爱的事业，师爱超越亲子之爱、友人之爱。"于漪这样说。爱，是她一生教育实践的灵魂，也是她教育思想的鲜明品格。

这份爱来自她对祖国、对民族的满腔赤诚，来自扎根在她内心深处的职业理想，厚实而饱满，不因岁月的流逝而消退。

* * * * * *

为了学生的身心健康和学业，她顾不得自身的病痛，甚至把自己亲生的

紅燭于漪

孩子暂时放在一边。

于漪年轻时体弱多病,做过大的手术,她的独生子黄肃的身体也常发生问题,一年住几次医院,甚至两口子的工资尚且难以支付医药费。

儿子5岁的时候,突然得了爆发性痢疾。于漪下班回家,婆婆告诉她,孩子发高烧了,拿温度计一量,竟烧到40度。还没来得及送到医院,孩子就昏迷了。婆婆急得嚎啕大哭。

因为孩子还没拉肚子,所以不知道是得了痢疾。于漪只想到要急救,可是交通很不方便。她问婆婆,乡下有没有什么土办法可以救治。

婆婆忽然想到,曾见有人用手指把孩子肛门扒开,只要哭出来就有救了。于漪赶紧尝试,儿子才缓过来。接着飞奔去医院,让孩子住下来。

第二天早上,于漪来不及回家,径直去了学校。她想,课是一节也不能落的,因为家里私事而影响学生,那会心里不安,对不起学生。

学生的事就是天大的事,她对上课怀着深深的敬畏。

黄肃10岁左右,从二年级升三年级之际,胸口生了一个疖子,于漪忙于工作,没有发现,后来发展为败血症,住进了二军大医院。孩子40度的高烧持续了半个月,甚至烧至41度,嘴唇都发焦了,头上用冰袋冰着。

当时四环素、金霉素已算是最好的药,但是对他的病都没有作用。

他吃力地张着干裂的嘴唇问于漪:"我会死吗?"

"会好的,孩子,要坚强,妈妈现在去给学生上课,晚上再来陪你。"于漪这么说着,泪珠从脸上滚落下来。

一天夜里,医生找家属谈话,告知孩子已病得很厉害,药效甚微,靠孩子自身恐怕难以顶住,要做好思想准备,一个可能的办法是输血。那潜台词谁都明白:孩子已处在极度危险的境地。

于漪忍不住哭起来,恳求医生救儿子的命。

黄肃注意到了母亲的红眼圈,问她:"妈妈你哭了?"

"没有,是一粒沙子吹进眼睛了。"于漪回答。

那段时间,黄肃多次病危。夫妻两个轮流陪护,黄先生陪上半夜,于漪陪下半夜。早晨,孩子总是哭着不让她离开。有时于漪扶着他坐起来,就被吐一身。

不可以一直陪在孩子身边吗？

那时于漪正在教高三毕业班，带两个班的语文，还当着教研组长。复习迎考十分紧张，100多名学生在殷切地等着她。

这边是孩子，很舍不得；那边是学生，耽误不起。怎么对待"一"和"一百"的关系？工作第一，还是家庭第一？于漪反复思量，思想斗争十分激烈。

最终，占据上风的想法是："我不是医生，不会治病，可我是教师，关键时刻不能离岗。"每天早上，她放下儿子，咬咬牙离开医院，不动声色去学校上课；到后半夜，再回到医院陪儿子。

所幸，坚强的黄肃赶走了死神。出院那天，于漪疲惫的脸上露出了笑容。只不过，孩子经常发抖，一年未能读书。

后来书记知道这件事，责备于漪："孩子病成这样，可以请假的啊……"

于漪想的是，找人代课是没办法代的，她要为100多名学生负责。

她说，学生正处在高考前最后一个月，我走了，谁来带？虽然没有血缘关系，但学生身上寄托着祖国的期望、人民的嘱托，是革命事业的接班人，要像爱自己的孩子一样，一个心眼爱学生，尽心尽力培养他们成长，负起责任来。

几十年后，黄肃偶然和同学说起他少年时得败血症的事情。同学的父母跟于漪是工农速成中学时的同事，当问及黄肃的病情，于漪禁不住泪流满面。黄肃更加体会到："她是一位优秀的教师，也是一位再普通不过的好母亲。"

这样，除了自己生病住院，于漪没有为家里私事请过一次假、脱过一节课。

哪怕是母亲病故、婆婆去世，她也都妥善安排，做到全勤上课。

"文革"期间，黄肃患肾脏病，于漪带学生下乡，学工学农，甚至一住就是半年，她也没请过假。

"思想感情的转变来不得半点虚假，只有把对事业真挚的感情倾注在学生身上，这种感情才是晶莹透亮的，才能真正与学生心心相印。"于漪说。她认为，所谓懂道理，不是写在纸上、说在口里，身体力行做到，才是真正的懂。

人，都生活在凡俗之中。于漪除了是教师，她还是妻子、母亲、姐姐、儿媳……然而，在所有身份中，她把教师放在了最前边，比别的身份都重要。当

红烛于漪

一辈子教师,不为私事请一次假,这是多么难的坚守!

* * * * * *

这是一个把调皮的学生带回家的故事,发生在20世纪70年代。

一名学生曾逃学两年,学校打算把他找回来,放在于漪所带的75届(1)班。但班里一片反对声,特别是班干部。他们觉得,班里秩序好不容易变好,再来一个"落后分子",岂不是又要把水搅浑,乱成一团。

确实,这名男生不是一般的调皮捣蛋,身上沾染了诸多坏习气:偷窃,打群架,贩卖粮票,烟瘾……在很多人看来已不可救药。

一名同学跟他从家里去学校交学费,到了学校却发现,六块钱的学费已经到了他身上。五两的饭票,他能改成两斤。由于吸烟太多,手指都熏黄了。

好不容易找到他,他却不愿到于漪带的班,认为管得太紧,受不了。于漪先说服班干部,再说服全班同学,让大家认识到,对任何一名同学都不能放弃,对缺点严重的更要热情帮助,让他感受到班级的温暖。

做这名学生的工作,就更难了。于漪告诫自己:千万不能畏难,不能对他有丝毫的厌恶,一定要千方百计发掘他身上的积极因素,洗刷他身上沾染的污浊,帮他改邪归正。

首先面临的问题是把学生请到学校来。他心性散漫,早上一起床,就到外面去,不在家待着。于漪组织6名学生,分为3个小组,每天轮流到他家,等他起床,陪他到学校。起初需要连拉带拖,慢慢退了犟劲,愿意跟到学校。

发给他书和本子,他很快就卖掉换香烟了,于是重新买,还包括笔、尺等。于漪第一次对他提出的要求是六个字:不打人,不骂人。

对其他同学来说,这是不用嘱咐就能做到的,对他却是极为困难的事。他出口就是脏话,需要一而再、再而三地提醒;而且站没有站相,一只脚抖来抖去;目光是恍惚的,几乎不敢正视眼前对话的人。

经过几个月的谈心、鼓励、指导,总算有了好转,他可以上课静下来听讲,完成老师布置的作业,和班里同学慢慢融为一体。

终于有一天,他郑重其事地对于漪说:"老师,我自己来学校,不要同学来陪。人家笑我，说我上学还有'勤务兵'……"

于漪同意了他的请求，分析他的进步，鼓励他不断加强自我管束的能力。经过一个学期的努力，他除了外语不及格，其他科目都能考及格。

眼看这名同学要学好了，事情却出现了反复，他又逃学了。

于漪急得直冲到他家，原来是家里发生了矛盾。吃早饭时，父亲发现三角尺丢了，破口大骂，学生回嘴："我们于老师说的，不能骂人。"

父亲听不进，火冒三丈，"我不可以骂你呀？我是老子，你是儿子，我还要打你呢！"啪啪抽了他几个耳光。于是学生拔腿就跑，也不去学校了。

学生母亲一把鼻涕一把眼泪地说，只要孩子回来，她什么都依。

面对这样的家庭教育，于漪哭笑不得。她以往也曾来家访过，跟家长交换意见，告知不能一会儿打骂、恨得要死，一会儿又对孩子的无理要求百依百顺、溺爱得要命。可是，家长似乎没能明白这样的道理。

困难归困难，还是要把孩子找回来。于漪和几名学生分头行动，冒着蒙蒙细雨，一条街一条街地搜寻，终于傍晚时分在防空洞里发现了他。但他仿佛受到了惊吓，看到熟人，撒腿就跑。几名有力气的男同学追上去，总算抓牢了。

接下来怎么办？

于漪分析，把他送回家，有两个可能性，一是继续逃走，二是旧毛病复发。带回自己家呢？黄先生上班，儿子上学，家里没有其他人，他可能会偷。

一想到学生可能会偷，于漪倒自责起来了：对学生有如此的戒心，缺乏起码的信任，还谈什么教育和爱护？如果真心实意想要他变好，就要创造条件，让他有个转变的环境。这样她就决定了：带学生回家。

于漪和几个学生连拉带推，让他上了公交车。

路上，学生自暴自弃，倒做起了于漪的"工作"。他说："老师为我好，我知道，但要我改，太难了，今天我就抽了许多根香烟，小兄弟给的。我这个人是枪毙坯子，改不好了，你吃力，我也吃力，算了！"

于漪稳住他的情绪，告诉他，不要丧失信心，"要树立信心，看到自己不好，就是进步的表现，大伙儿用力气拉，你自己更要用力气"。

谈完心，于漪再做饭吃，一直折腾到晚上九十点钟。她的胃正疼着。

学生在于漪家住了一段时间。她上班的时候，他也跟着上学；放了

红烛于漪

学,跟于漪一起回家,做作业,同黄肃玩耍,成为朋友。家里抽屉、橱柜都不
上锁。

来去学校途中,于漪跟他讲什么叫"人",人和禽兽的区别是什么,做人的
底线在哪里,人在家庭中、社会上应该发挥什么样的作用,用故事感化他。

精诚所至,金石为开,爱的温暖可以融化冰冻的感情。这名学生心灵的伤
痕和行为的偏差,在爱的包围中,渐渐得到了修复。

他把自己怎么变坏、怎么做坏事的细节和盘托出:在公共汽车上怎么摸
别人的皮夹子,怎么望风……他告诉于漪,决心重新做人。

于漪想,现实中遇到了这样的学生,就得下功夫感化他,急于求成是不可
能的,要付出爱心、耐心、细心,日积月累。学生会把老师的一举一动看在眼
里,感受得到是真心实意、全心全意,还是半心半意、虚情假意。

于漪课外为学生辅导功课

116

如果是半心半意、虚情假意，那就会顶嘴、不买账。学生心里有杆秤，称教师德才的分量，称教师爱的分量。"蒙学生，以为学生不懂事、愚蠢，那自己就是最不明事理、最愚蠢的了。"于漪说。她相信，个人力量极其微薄，但也要竭尽全力，在他们心目中点燃做人的亮灯，在人生的道路上一步步走好。

过了几年，这名学生参加工作了。于漪生病，在医院治疗，打吊针，他去看望，哽咽着说："于老师，你不能死啊，你不要死啊……你还要教学生呐！"

于漪看在眼里，感动在心里，反过来安慰他："还早呢，我还不会死。"这学生没什么"高大上"的语言，简简单单几句话，正是他真情的流露。

爱是人间涌动不息的暖流。学生真的转变过来了，于漪感到无比欣慰。

甘为红烛燃自身，甘为泥土育春花。于漪用心中大爱创造了奇迹。

* * * * * *

教师之爱不是母爱，胜似母爱。于漪说，教师之爱就是超越血缘关系的大爱与仁爱，每个孩子都是家庭的宝贝，都是国家的宝贝。教师需要唤起内心的觉醒，把日常的教学小事与国家未来的千秋大业紧密联系起来。

师爱没有选择性。"如果只爱学习尖子，只爱有钱或者有权人家的子弟，那还办什么学校？岂不是道德沦丧？"于漪说，教师要懂得阳光普照，爱每个学生。

有了爱的浇灌，铁树也会开花。

于漪当班主任时，一个被视为不安定因素的女生小郝，从别的班级调到她的班。因为几个习惯差的学生闹腾太厉害，原来的班主任无计可施，就把部分人调开。

她留着齐耳短发，可谓"劣迹斑斑"：把班主任自行车的车胎气放掉，在班级门上写"霍府"，搞得全班没法上课……活脱脱一个"叛逆少女"。

好心的老师告诫于漪："你得小心点，她的调皮'独树一帜'，点子多，破坏性大，谁的话都不听，男同学都不如她。"

对于小郝的"本领"，于漪也曾领教过一二。"什么老师？讲都讲不清楚，还没我懂！"她一副瞧不起老师的腔调，傲气得很。

紅燭于漪

于漪想到的应对办法是，首先尊重她，平等相待，以不变应万变。

没过多久，问题就显现出来了，小郝来到新班级，与大家有隔阂。不少同学认为她"另类"，对她避而远之；她也总是绷着脸，一声不响，有时还带着敌意冷眼看人，下课铃一响，就窜出教室，不跟旁人交流。

尽管如此，于漪还是发现小郝身上有一些优点。比如上课铃响就走进教室，从不迟到；课上不跟其他学生交谈，自控力强；听到新奇的知识，眼睛会发光。她判断，小郝对学习是有兴趣的，也一定会转变过来。

在一次次的引导下，小郝也能有板有眼地回答问题，甚至会举手提问。她从不人云亦云，总是有着自己独特的看法，辩论时，错了也不服输。尽管她在向好的方向转变，于漪还是觉得，感情似乎隔了一层。怎样能更近些呢？

一天下课，小郝又奔出教室，于漪紧随其后。"啪"，她裤子口袋里的书掉在了地上。于漪跟去捡起来，一看，是本介绍国画的书。她有点纳闷："比男孩子还调皮捣蛋，她怎么会喜欢这类书？"

看到小郝有点紧张，于漪若无其事地说："多好的书啊，把它卷成这个样子，太委屈它了。"接着又说，"我家里有不少介绍画画的书，《芥子园画传》对初学国画的人很有帮助。还有些国画、油画、水彩画和连环画，如果你喜欢，休假日可来我家看，对它们发表意见。"

于漪拍拍小郝的肩膀，她表情放松了，点点头，拿起自己的书跑开了。

通常女同学看到虫子会吓得尖叫，小郝却很大胆，什么虫子都敢抓，甚至还要肢解，研究它们的结构。于漪发挥小郝动手能力强的长处，教《花儿为什么这样红》时，请她用试管做实验，进行花的细胞液的酸碱反应。

小郝很高兴，把各种不同颜色的花瓣揉碎，分别开展酸碱反应，一边演示还一边说明，颇有"小老师"的架势。这样，她展示了自己的拿手绝活，在班上建立起威信，和女同学们慢慢打成了一片。

原本小郝写作能力不强，表达起来不太清楚，但好奇心强。有一次，于漪听说，生物课上做解剖豚鼠的实验，小郝非常认真。正教着说明文，于漪让同学们写一篇科学实验习作。这正在小郝的兴头上，写出了很棒的作文。

于漪把写得好的作文印出来，发给同学们，包括小郝这篇，对她的作文讲评格外详细，包括按照认识事物的过程和事物本身的规律依次说明，观察精细、理解深刻,等等。小郝听得十分专心,脸都涨红了,嘴角咬着笔杆,不时点点头。当堂得到老师这样的重视与表扬,对她来说是以前从没有过的。

心扉打开了,感情也近了。一个星期天,小郝到了于漪家。

她手里拿着一把纸折扇,打开介绍说:"扇面上的竹子是外祖父画的,字也是外祖父写的,写的是岳飞的《池州翠微亭》。外祖父说送给老师。"于漪向她道谢,询问她外祖父多大年纪,身体情况怎么样。

小郝开始有点拘谨,说起曾任职于同济大学的外祖父,很快打开了话匣子。她说,外祖父喜爱画画,她经常帮着磨墨、展纸,看他画竹子、石头、山水。

"刷、刷、刷,几笔,竹子就出来了,叶是叶,竿是竿,像变魔术似的,好玩。有时我也画几笔,就是不像。外祖父每画一幅山水,就叫我欣赏,我看啊看,就走了进去,好在哪儿,我也说不出。我肯定说得不在点子上,外祖父常哈哈大笑……"小郝完全把于漪当成了贴心人。

于漪跟她说到作画人的性格,要学画就得静心。两个人一起阅读画册,评点赏析,相谈深入又愉快。末了,约定下次一起谈"书"。

没过多久,小郝又一次到了于漪家。这次她明显放松了,迫不及待地告诉于漪,读过哪些书,中国的、外国的,文学的、科技的,甚至连政治读物也涉猎不少。她不仅阅读,还摘抄,写感想。于漪翻看她的阅读笔记,连连夸赞。

一名初中生阅读面如此之广,是于漪始料未及的,难怪她在课堂上会对老师的教学有种种挑剔,桀骜不驯,对有些问题还常有自己的独到看法。于漪赞扬小郝读那么多书很不简单,询问她如何养成了爱读书的好习惯。

"是环境造成的!爸爸妈妈在广西搞水电建设,终年忙碌,难得来上海一次。我住在外祖父家,外祖父、外祖母年纪大了,他们早早睡觉,我没有人说话,我跟书说话,说着说着,就成了伙伴。"小郝欢喜地分享道。

兴到浓处,她还得意又带着几分神秘地告诉于漪:"我不是上海人,小学里有同学欺负我,我就和他拼,我才不怕呢!谁能狠过谁?"

这样,于漪知道了小郝为什么口袋里装着卷起的书,为什么脾气那么倔强,乃至顽劣,也知道了该怎样依据她的特点,掸去她性格上的灰尘。

课内课外你来我往,两人成了忘年交。在交往中,小郝渐渐改变了,性情温和起来,不再乱闹乱顶撞。

红烛于漪

一天晚上，小郝和她母亲一起去于漪家看望她。小郝腼腆地说："妈妈来谢谢您。"于漪慨叹，有什么好谢呢，孩子是家长的宝贝、国家的宝贝，当然也是她作为教师的宝贝，孩子学好变好，也是她的由衷期盼。

小郝步步深造，先是考入复旦大学附属中学。她个性很强，曾和班主任争锋，于漪还去帮着排解。后来他考到国防大学，直到去美国做博士后。

"是您看到了我傲慢叛逆背后的好奇心、创造力和钻研精神。"在从美国写给于漪的信中，小郝这样回忆，感激之情跃然纸上。

于漪体会到，学生的事无需喋喋不休，动辄下禁止令、管头管脚。放下架子和他们交朋友，深入了解他们的知识世界、生活世界、心灵世界，在关键处引导，坚持正面教育，学生隐藏的潜力就变成了发展的现实。

师爱是冬夜里蜡烛的亮焰，是阳光下清泉的欢鸣，是老师为学生演奏的世间最动听的旋律。

* * * * * *

师爱荡漾，学生成长道路上就会少几分坎坷，多几分顺利。

于漪把心献给学生，献给教育，真正做到了满腔热情满腔爱。她说："教育就是用生命影响生命，给学生以温暖，滋养他们茁壮成长。"

班上生活委员肖宝龙病了，发高烧，茶不思饭不想。她是个非常优秀的学生，当时师范生都住读，她把全班的吃、住、卫生等都安排得井井有条，和同学相处亲密无间。于漪去宿舍看望，小肖张着焦裂的嘴唇告诉她："老师，学校的饭我实在咽不下，能不能给我个面包，我真想吃面包。"

正是三年困难时期，从乡下到城里，生活都很困难，面包可真是奢侈品。粮食实行计划供应，必须用粮票才能买到米、面制品。学校伙食费有限，很难给生病的学生多少照顾。

于漪饿了一顿肚子，从个人仅有的定量中省出二两粮票，请学生到商店买了一个小面包给小肖，了却她的一桩心愿。小肖从买面包的同学那里知道了是于老师省出粮票来买的。

20世纪90年代初，于漪患心脏病，小肖听说后特地从北京赶到上海探望，不由回忆起吃面包这件事。她说："这件事让我懂得了什么叫'爱'，我当老师，就一直想到要爱学生，不仅心里爱，行动上也要爱。"

时光流转到2018年，当年的肖宝龙到上海参加同学聚会，想去看望于漪，但于漪心脏病复发住院。于漪家人没告诉她住在什么医院。肖宝龙还是想方设法打听到于漪所在的医院，查询到病床，到近前探望。她说："无论如何我看您一眼才放心，不看到您，回到北京也睡不安。"

情谊无价，真爱永存。付出了爱的人，也会得到爱的回报。

有个姓何的男生，十六七岁，不幸患上了肺结核。他家境贫寒，无力负担医疗费用。当时的特效药是雷米封，每瓶6元，可是他家买不起。

于漪每月工资是72元，就与丈夫商量，购药给小何服用。她上有老、下有小，丈夫要养老母亲、资助堂弟读大学，经济十分拮据。然而，面对学生的病，她还是难以无动于衷，"学生就是我的孩子，生命向我召唤"。

为此，她节衣缩食，精打细算，早上连一根油条也舍不得吃。

小何经过一段时间的治疗和休息，病情大大好转，复学了，毕业了。于漪觉得，这就是对她的奖赏。

有学生骨折，于漪支付医药费；有学生视力差，没钱配眼镜，影响学习，她帮着配眼镜；下乡劳动时，有学生关节疼得夜里睡不着觉，于漪把自己手缝的护膝拿去给她用……但行好事，不计个人一时得失。

她建议学生广泛阅读，班里订阅《少儿文艺》《青年一代》等十多种杂志，经费用的是她每月30元的特级教师津贴。她还让学生推荐图书，到书店选购，每人一本，购书款也来自她的津贴。

如此一来，学生可以开阅读心得交流会或好书推荐会。

和于漪同在一个办公室的何海鸥老师，就曾多次得到于漪偷偷塞过来的钱，用于给学生买书。有一次，于漪甚至给她几百元，让她利用暑假带学生去杭州考察，寻觅名胜古迹，饱览祖国大好河山。

对学生的关爱之心，持续到退休之后，延伸到素昧平生的人。

有一次，弟子谭轶斌给于漪家打电话，是黄先生接的，他不经意地说起，于漪到复旦大学给学生送钱去了。这样谭轶斌才知道，于老师多年来一直在资助学生。过后于漪给谭轶斌回电，却罕见地"说谎"，说自己刚才去超市了。

红烛于漪

于漪引导学生养成阅读的习惯

做了好事，她生怕别人知道。

黄肃在《我的母亲于漪》一文中说，于漪退休后，也一直坚持帮困助学，通过慈善基金会，资助了十几名家庭困难学生完成学业。

于漪的儿媳妇史玲玲退休前在复旦大学物理系担任研究生秘书和教务工作。有一年，于漪买回一床新棉被，史玲玲偶然提及，系里有个研究生家庭特别困难，连条棉被都没有。于漪听了，马上让她把新棉被送给这名学生。

爱是会传染的。受到于漪的感召，史玲玲也常常给学生送衣物，还把个人评上先进获得的奖金也捐给学生。爱生济困成了一种家风。

每年的大年初二，是于漪忙碌又幸福的日子，往日的学生们会到她家拜年，成了欢乐的聚会。2004年，孙宗良见到一件有趣的事。

于漪被学生们簇拥着，一起热烈地交谈，完全顾不得去跟孙女说话。黄音在她后面连叫"奶奶"，于漪充耳不闻。黄音改叫"于老师"，于漪却反应迅速。黄音不由得感叹："今天奶奶只能是老师。"

人们常说"隔代亲"，然而学生们来了，于漪却让唯一的孙女"靠边站"。正月拜年时的小小一幕正是师爱高于亲子之爱的别样注脚。

122

第八章

珍爱学生，因材施教

请记住：没有也不可能有抽象的学生。

——［苏联］苏霍姆林斯基《给教师的建议》

爱，贯穿于漪教学活动的全过程。课堂内外，满是师爱。

因为爱，她忘我地备课、批改作业，不知疲倦；

因为爱，她对业务精益求精，不断完善自己；

因为爱，她俯身倾听学生的心声，捕捉他们的苦恼和闪光点……

教育是触及灵魂的事业。有人说，教育本身就意味着，一棵树摇动另一棵树，一朵云推动另一朵云，一个灵魂唤醒另一个灵魂。

于漪主张一种亦师亦友的师生关系，珍爱学生，尊重学生。她重视学生的差异和创造力，对他们因材施教。从爱出发，在个别化的教学活动中，激发学生的创造力和潜能，传授知识的精华和做人的道理，引领他们实现人生的发展。

* * * * * *

曾经有一句话流传很广："没有教不好的学生，只有不会教的老师。"近些年这句话似乎出现得少了，有些教师不认可，觉得学生千差万别，不能过于夸

红烛于漪

大教师的作用,就算谈及这句话,也是放在批评或者调侃的位置上。

作为一种自我约束和追求,于漪认可这句话。她说:"不能随便讲学生不好。我教了一辈子,真的觉得没有不好的学生。"

1988年7月,于漪应邀到香港参加交流。听了她的介绍后,当地一位语文教育界前辈一连提了四个问题,对她的教学方法充满兴趣。

老前辈好奇地问:"你们一个班有六七十个学生,一个教师要教几个班,名字都喊不出,怎么调动他们的学习积极性?"于漪说,班级人数在40人左右,教师都能记住学生名字。他打破砂锅问到底,询问是怎么记住的。

"记住学生名字是教师的本能。每教一个新的班级,我总先看熟学生登记卡,记住照片上的特征。上第一节课,叫出全班学生的名字,学生就很佩服。"

靠着这种自我约束、自我修炼,于漪记住了每个学生的名字。

她的回答让这位老前辈心悦诚服:"看来你是本能,我是无能,我叫不出学生的名字。"一番对话逗得大家都笑起来。

2000年,上海东方电视台拍摄于漪的专题片,在片子开头,年过七旬的她几乎不加停顿地报出了自己教过的100多个学生的名字。是她有什么特异功能吗? 不是,只因为她把心思放在学生身上,目中有人。

每接一个新班,于漪都设计"学生谱",简要记录每个人的德、智、体、美现状及变化,特别注意他们的爱好、优点、特长。开始是借助文字,时间一长,就印在脑子里,对每名学生情况了然于胸。

于漪连课文、教案都能背出来,上课时可以不借用这些纸面的材料,力求上课的连贯流畅,以个人魅力感染学生。她认为,"背出来就可以左右逢源,否则要不断拿书看,行云流水就出不来了"。

有人可能会说,随着教师年龄的增长,跟学生会有代沟,也就难以做到"亦师亦友"了。但于漪并不这么看。在她眼里,归根结底是个思想感情问题,感情上不老化,就永远不会与学生有多大的距离。

中国文化讲究"仁",注重人与人之间的相互支撑。于漪说,一名教师,如果百分之七十、百分之八十乃至百分之九十的时间都在想学生,当然是好人。对老师来说,敬畏教育,就是要让学生在课堂学习的时间真正有所收获。

* * * * * *

只有了解学生,才能打动学生,于漪将此比作"对准音调",也像雕塑工艺师需要了解原材料。她时常留意自身的认知盲点,及时学习补足,并随时调动个人的知识储备,对学生因势利导,力求提高对话效能。

有个学生是球迷,上课时甚至也情不自禁来个投篮的动作,人在课堂而心在操场,作业常常潦草马虎。

在于漪看来,球类活动本来是健康的,有益身心,值得鼓励支持。于是,这名学生比赛的时候,她去加油助威,然后敞开心扉评球。学生坦白了内心的想法:"学习上我比不过别人,篮球上我是英雄,把他们踏平。"

于漪肯定他的勇敢和志气,也纠正他将学习和打球对立的认识偏差,帮他树立学习的信心。师生共识多了,学生在学业上就有了更好的表现。

有的学生喜欢足球,于漪就把足球队员的名字背出来,把每个队员的站位、任务搞清楚,这样就可以跟学生畅聊足球了。

目中有学生,不是只盯住几个学习尖子,而是面向全体学生,特别要关照有个性的学生,纠偏引路,让他们的个性得到良性发展。

另有一名男生,学数学很勤奋,成绩优异,到了语文课,却没精打采,就像换了一个人。于漪想打探情况,可他不爱说话,一问三摇头。

有次教说明文,于漪说到数学,这名男生听得很有兴致。课后,她跟他谈论数学的重要性、中外数学家的成就,说到打基础和做贡献的关系,越聊话越多。这名男生说:"我爸爸说的,'学好数理化,走遍天下都不怕',我舅舅也这么说,将来要走遍天下,现在就要拼命学。"

原来,这句时谚被他误解成"数理化很重要,语文学不学无所谓"的意思。于漪告诉他,数学是人生的工具,语文也是人生的工具,都须臾不能离开,切不可瘸了一条腿。一条腿走路多不方便,怎么飞奔呢?

这名男生如有所悟,学语文的兴趣渐渐浓了。于漪看到他身体微微向前倾,不时用手推眼镜框,有时嘴还咬住笔杆,就知道他的心思已回到了语文课上。

响鼓不用重槌,只要敲准了位置和时机,看似寻常的鼓也能轰然作鸣。

红烛于漪

有名学生阅读缺乏毅力,东看点西看点,不够深入。于漪发现他在读秦牧的散文集,就重点指导他看其中的一篇散文《蜜蜂的赞美》。

第二天,于漪找他问读后的感受。学生知道话里有话,就直截了当地回答,要学习蜜蜂采蜜的辛勤。于漪趁热打铁,引导他把勤劳和毅力联系起来。

她念了书中的一段话,告诉学生:"一只小小的蜜蜂为了一公斤蜜,要绕着地球赤道飞行十一圈,这样的辛勤劳动,没有坚强的毅力、意志能行吗? 蜜蜂的精神给人以启迪,如果我们都能像蜜蜂那样有采百花之英的辛勤,有飞跃几十万公里之遥的毅力,就一定能早日成材。"

对症下药的教育开启了学生的心扉。他看的书多起来,阅读质量高起来,学习也有了进步。在一次课外阅读交流会上,于漪请他分享体会,表扬他的好做法,要求全班同学培养读书的毅力。转变一个人,带动了一群人。

千人千思想,万人万模样。于漪曾留意到,四个学生口语表达能力差,含糊不清,但背后的原因却各不相同——

第一个舌头似乎短了些,有生理原因;第二个是独生子,受家庭环境影响,说话时停顿多,规范性差;第三个小时候曾学别人口吃,也变得结巴起来;第四个思维比较迟钝,对老师和同学的问题不能迅速作出反应。

找到了原因,就可以对症下药:第一个请医生诊治,再进行说话训练;第二个与家长联系,改善家庭语言环境,从简单说话开始练习;第三个注重鼓励,用"稳定剂""安慰剂"消除紧张心理;第四个也有针对性地帮其改进。

同一个班里的学生情况有分别,不同年代的学生也有代际差异。于漪不仅关注学生的个性,给予个别化指导,也关注群体的共性,提高育人的针对性。

比如,与60年代的学生相比,80年代的学生更加活跃,敏于思索,有强烈的成才愿望,同时集体主义观念相对淡薄,知识与能力缺陷多。

于漪认为,不仅要认识到这样的差别,而且要充分重视,在教学内容、教学环节、教学方法等方面为新一代学生着想,不断调整改进。她说:"我一辈子走的是与学生一起成长的路,在教育学生的同时首先教育自己,教育自己成为一个堂堂正正、表里如一、言行一致的有中国心的中国人。"

周杰伦,一位来自台湾地区的歌手,让无数高中生着迷疯狂。于漪发现,周杰伦起码迷倒了80%高中女生。她纳闷:明明吐字含糊,听起来就像普陀

于漪《每个学生都是宝贝——情感世界的自我涤荡》手稿

山的和尚念《金刚经》，凭啥那般吸引人？

于漪找女生聊天，说其他流行歌曲也很好，比如韩红唱的《青藏高原》，嘹亮而高亢；腾格尔唱的《我的家乡》，富有感染力。但学生就是觉得周杰伦好。于漪问为什么，得到的回答是："别人的歌一学就会，周杰伦唱歌你学不会。"

原来，个性强烈、难以学习模仿，本身就是一种特色，这体现了学生对周杰伦创造力的肯定。

她把周杰伦的歌买回来听。她发现他的歌有中文底子，比如《东风破》《青花瓷》《双截棍》《菊花台》等歌词中，借助颇富意蕴的古典元素表达现代人的情感，文字考究，符合中国艺术含蓄蕴藉的审美传统。

而且，他的演唱有西方摇滚的元素，还会乐器，又唱又跳，中西结合。

如此一来，于漪心里有底了，就可以跟学生深聊周杰伦，没了隔膜。

她分析，现在的孩子普遍条件好，回家后一个人一个房间，而家长很忙，很少有空陪他们，这种又说又唱又倾诉的歌，很适合学生的心灵表达。

于漪由此体会到，教师不能随便对孩子说"不"，这是最没力量的，否定一百遍也不等于"行"，要正面引导，让他们饮琼浆，获取精神养料。

红烛于漪

教师需要终身学习,教得好首先是学得好,这样才能获得时代的源头活水,跟学生同向同行。于漪很认同德国教育家第斯多惠的话:"你要使得你的工作富有勃勃生机,你就一定要找到生命最强烈的刺激——自我教育。"

* * * * * *

走进于漪的课堂听课,很容易得到这样的印象:师生互动多。

她背熟了教材和教案,就可以腾出注意力,目光投向学生,随时随地捕捉学生的神情变化,有针对性地交流。

"离开了对学生的深入了解、悉心研究,那是在教教材,在表演给学生看。"于漪通过观看、倾听、询问、调查等多种方法,做学生的知心朋友。

她教学的出发点在学生,归宿点也是学生,努力教到点子上。在各种教育教学活动中,课堂教学是塑造学生最基础、最重要的一环。

互动多到什么程度呢?如果把发言者的每次变更计为1次互动,借助已公开出版的于漪部分课堂教学实录,可以统计得到这样一组数据——

1979年4月2日,教《春》两课时,分别互动97、111次;

5月26日,教《七根火柴》两课时,分别互动115、47次;

6月5日,教《卖油翁》两课时,分别互动164、77次;

12月8日,教《拿来主义》两课时,分别互动70、97次;

1983年,教《驿路梨花》,互动49次;

同年,教《荔枝蜜》两课时,分别互动56、65次;

1985年1月6日,教《少年中国说》两课时,各互动153次;

4月28日,教《花儿为什么这样红》两课时,分别互动122、101次;

6月8日,教"形声字",互动216次;

同日,教《唐雎不辱使命》两课时,分别互动134、109次;

同日,教《春夜喜雨》《忆江南》《渔歌子》,互动163次;

6月9日,教《一件工艺品》作文讲评,互动125次;

这一年,教《0与32之比》作文讲评,互动80次;

此外还有不知年份的授课,教"口头表达训练",互动165次;

教《课余》作文讲评，互动141次；

教《聪明人和傻子和奴才》，互动94次；

教《晋祠》两课时，分别互动141、119次；

教《变色龙》两课时，分别互动110、104次……

数字是枯燥的，数字又最具说服力。

这组统计数据直白地显示了，于漪教学追求学生的参与。在她的几乎每堂课上，都有大量师生间的互动，少则四五十次，动辄超过一百次。

长期以来，于漪脑里一直萦绕着一个问题：学生在教学过程中处于怎样的地位？与教师是什么样的关系？这也是中外教育史上争论不休的问题。

德国教育家赫尔巴特主张"教师中心论"，认为学生是被动接受者，必须对教师保持绝对的服从状态。美国教育家杜威则奉行"儿童中心主义"，提出"儿童是太阳，教师必须围绕着学生转"。20世纪30年代，以苏联教育家凯洛夫为代表的教育思想又全面强调教师的主导作用。

在中国，教师与学生的关系摇摆不定。1949年后，受凯洛夫教育思想影响，突出教师的主导作用；在"大跃进"和"文革"中，却完全扭了个方向，以学生否定老师。粉碎"四人帮"后，逐渐明确教师主导作用和学生主体精神相结合的指导思想，但还存在"学生是否为教学过程中的主体"的讨论。

基于个人的课堂教学实践，比较借鉴各国教育家的观点，于漪形成了她的学生观：学生是学习的主人，教学中要发挥教师和学生两方面的积极性。

她认为，学生是能思善想具有主观能动性的人，而不是"容器"，教师要把从教出发的立足点转换到从学生出发，目中有人，不断研究学生的新情况和新特点，珍惜并激发他们的潜能，启发学习，培养他们的创新意识和创新精神。

"任何一堂课都是师生互动的交响曲，绝对不是独角戏。"于漪坚信。

在密集的课堂互动中，于漪发现学生的困惑，捕捉他们思维的闪光点，给予有针对性的解答、鼓励，让学生"燃烧"起来。

有一次，于漪给学生教《变色龙》，教室后边坐着100多名教师旁听，就像于漪的历次公开课一样，事先没有任何排练。

在梳理小说主人公奥楚蔑洛夫的心理变化过程中，于漪借助板书画了一条曲线。她讲道："要阿谀奉承，因此就形成波峰；当他知道不是的时候，就形成了波谷。你们看这样的比喻合不合适？"

一名女生举手表示有不同意见，于漪就请她讲。她说："我认为波峰不是处在一个水平面的，应该说他感情的波动是有起伏的，但在板书上对奥楚蔑洛夫的感情变化没能表现出来，我认为这样不是最恰当。"

于漪感到既意外，又欣喜。

这名女生语文能力并不高，第一学期期末考试甚至不及格，拼音识字和文言文阅读尤其差。于漪没给她补课，而是重点辅导她怎样查字典，告诉她上课要全神贯注。她有一个特点就是上课发言大胆，有时提出的问题甚至幼稚荒谬，引得哄堂大笑，于漪保护她的积极性，并引导修正。

"不是最恰当，我把它画成基本上等距离了，是不是？"于漪回应说，随即作出一个决定，"好，你来画，你用红笔改。"

教室里一片安静。学生和听课老师的上百双眼睛盯着这名女生，看她怎样挑战于漪的讲课，会带来怎样的新想法。

她在黑板上用红粉笔改线条，把原本白色的弯曲线逐步画高了一些。如此一来，波峰和波谷之间的距离越来越大，显示主人公心理波动越来越厉害。

同学们议论纷纷，有的说"改得好"，有的说可以进一步完善。

"刚才同学们提的问题非常好。在学习的时候自己独立思考，理解问题就非常深刻。"于漪点名表扬几名同学，"对这个问题的理解比我深刻。"

不仅鼓励学生当众修改板书，而且夸奖其理解比自己深刻，这就是于漪。她认为，学生聚精会神，思维进入十分兴奋的状态，思想就会迸发出火花。

正是得益于这样的倾听和鼓励，那名女生从考试不及格，到语文能力迅速提升，不仅纠正了注意力分散的毛病，而且这次还超水平发挥，给大家惊喜。

于漪在教后记中写道："就文中所讨论的问题来说，思维的严密性我不如学生。"她敢于自我否定，倡导教和学从单向思维步入多向思维。

"课堂，不是教师一个人的生命活动，而是以教师的生命激发孩子的生命活力，让孩子一起动起来。"于漪曾总结出教学三忌：一忌让学生做听众和旁观者，二忌空讲大道理，三忌让学生没有满足感和成就感。

学生敢提问，正是课堂民主作风的体现。全国各地来听课的老师常问："你们学生发言怎么旁若无人？"于漪回答："他们习惯了，靠的是自强自信。"

于漪认为,做老师不能"包打天下",充当知识权威,不能往学生大脑器皿里"灌",而要倡导"爱吾师尤爱真理",激励学生自己观察、自己思索,进而超过老师。这就超越单纯传授知识,变为培养学生的能力和素养。

* * * * * *

爱学生有一种表现就是耐心。因为心里装着爱,所以能包容学生的不足,走进其内心,根据个人特点去耐心指导,帮助其改进提高。

"我不会写……我恨死作文了……"

于漪刚接手教初一,跟班上学生谈话,名叫郑重的男生这样对她"哭诉"。

这真是个令人头疼的学生,字写得一塌糊涂,作文只能写三四行,而且还顽皮,喜欢摸鱼捉虾,常下到学校荷花池和外边小河浜,裤脚管高高卷起来,运动鞋上泥迹斑斑,甚至流汗的脸上也是黑的。如此表现居然能考进杨浦中学,他自己和家长都觉得是"额头碰到天花板",撞了大运。

于漪想,如果学生写作能力都很强,要我干什么?教师的职责,就是引领学生从知之甚少到知之较多,从不会到会,从不能到能。学生是变数,只要引导得法,就会持续进步。她对小郑边安慰边鼓励,约定一起攻克写作文的难关。

面对小郑容易写错字,于漪没有用罚抄几十遍的办法,而是通过字形、字义的分析,帮他记牢。比如"染坊"的"染"字,小郑总是把右上部写成"丸",于漪说:"'染'字里面有个'九',是多的意思,表示染坊里有各种各样的颜色。"这么一来,他就记在心里了。

办法总比问题多。只要肯动脑筋,愿意付出爱心,就会有解决的办法。

那时在学《荔枝蜜》,于漪告诉小郑,要写一篇作文《可爱的小生灵》。

小郑听了很高兴,于漪趁势说:"你可要仔细看啊,你把小生灵可爱的地方看出来,就算本领大了;如果你能把你看到的可爱之处写出来,那本领就更大了。本领大,你开心,我更开心。我们试试看,行吗?"小郑点头应允。

于漪的办公室热闹起来。小郑把龙虾、乌龟放到脸盆里,还捎带几根水草,说他家里有,这些是给她看的,放学后还去逗弄一番。于漪感谢他的好意。

作文交上来,于漪还没来得及批改,小郑就找过来,羞涩地问:"老师,我的

红烛于漪

作文你看了吗?"于漪立即放下手中的事,把他的作文挑出来,跟他一起看。

"没想到,大有进步,还有好句子呢。"

"真的?"

"当然是真的! 我们一起看。"

实际上,一篇300多字的作文,错别字一大堆,还有多处词语搭配错误。于漪帮他一句一句理顺,纠正错别字,告诉他错在哪里,怎么把这些毛病治好。

她想,字词的错误可以改,关键是要保护和引导学生写作文的热情。

修改好了,于漪让小郑读一遍,要读通顺,并说一说哪些句子有趣。

"这时,这只大龙虾大发雷霆,卷起尾巴不停地拍水,水花四溅,有时又把身子一缩,然后,反身一弹,一屁股撞在碗壁上,大概是想离开吧。忽然,它身体一翻,好! 肚子朝上动不了了。"

"我看它难过的样子,就把手伸下去,岂料这家伙蛮性未改,反而钳住我的手指,疼得我'嗷嗷'直叫。最后,被我一拉,终于放下来了。"

于漪把这些句子再读了读,说:"写得多生动,多有趣,老师就写不出来。你怎么写出来的呢? 讲讲看。"

"是老师改的,那么多错字,有的句子也不通。"小郑有点不好意思地说。

于漪继续鼓励和引导:"老师改有点作用,但这生动、有趣的底子是你创造的啊,你再想想看,其中有什么道理。"

小郑想了想,说:"不知对不对? 龙虾我喜欢,我经常看它,还用手撩它,看得很仔细很仔细。"

"这就对了。熟悉的东西写起来不困难,重要的是平时要关心周围的人、事、物,多看看,用心看,还要用心想。不会写的字查字典。这次作文评讲,老师也把你的作文印出来,好不好?"

"我的? 真的?"小郑喜出望外,简直不敢相信自己的耳朵。每个同学都知道,习作被老师印出来当作讲评材料,那是一种莫大的荣誉。

"当然是真的!"

走出办公室的时候,小郑禁不住手舞足蹈。

在作文讲评课上,于漪按惯例印了一批习作。材料一发下去,有些学生惊讶了,作文"困难户"小郑的作文居然也在里面,调皮的学生甚至回头做鬼脸。

于漪只当没看见,重点讲解如何对可爱的小生灵描形、绘状、摹声,把记物的文章写得生动,赞扬有的同学有逼真传神的语言和写法,观察细致入微,特别是小郑的作文,尽管篇幅很短,却善于分解龙虾的动作,能把动态写细写活。

"如果用'在水中游来游去、撞来撞去'描述龙虾,表现力就会大为逊色。"

她还请小郑谈写这篇作文的体会。他结结巴巴说了几句,很不好意思。

不少害怕写作文的学生从这里悟到一些道理,渐渐改变对待作文的态度,从抵触到放松,乃至变得喜欢。小郑也更乐意找于漪讨教写作文的事。

过了一个学期,星期六的下午,于漪组织班里学生去鲁迅公园看灯展,准备写一篇有关立足点和观察点的作文。

傍晚,同学们陆续回家去,小郑跟于漪说:"我还没有看仔细,灯太多了,明天我再来看,可以吗?我要写篇比原来好得多的作文。"

"好啊,你不恨它了?"于漪称赞他的认真。

小郑摇摇头,哈哈大笑。等作文交上来,《迎春灯展》不仅篇幅更长,而且叙述更流畅,用词更丰富,描写更生动,较以往明显上了一个台阶。

后来,小郑考取高中,进了大学。

为了让学生从恨作文变为爱作文,于漪拿出了水磨的功夫,耐住性子,与学生同乐同忧,鼓励优点,让他的心慢慢热起来,走上正道。

面对作文基础薄弱的学生,假如老师劈头盖脸一顿责骂,对其个人喜好不闻不问,那学生很可能破罐子破摔,对作文越发望而却步,形成恶性循环。

爱,可以创造奇迹,让不可能变成可能。

* * * * * *

于漪的学生观重要组成部分,在于平等对待学生,把他们当作人格平等的未成年人。乍看起来他们的想法可能是粗糙的、幼稚的,行为是鲁莽的,可是设身处地想一想,就会理解他们,减少浮躁,努力去帮着他们改进提高。

"每个学生身上都有闪光点,我更愿意和学生保持一种亦师亦友的关系,尊重并激发他们的创造力,帮助他们实现精神的成长。"于漪说。

苏霍姆林斯基说过:"在每个孩子心中最隐秘的一角,都有一根独特的琴

红烛于漪

2010年10月15日,于漪和学生交流(董少校摄影)

弦,拨动它就会发出特有的音响,要使孩子的心同我讲的话发生共鸣,我自身就需要同孩子的心弦对准音调。"于漪非常喜欢这个"对准音调"的比喻。

某个同学撇一撇嘴,脸上掠过一丝笑意,目光中浮现某种异彩,都是心弦弹奏的信号,值得努力抓取。如果只是按照教案去赶进度,忽略这些细微之处,就丢失了进入学生心灵世界的良机,教学的针对性、有效性就大打折扣。

在一堂公开课上,当于漪讲到课文中"一千万万颗行星"时,一名学生问:"老师,'万万'是什么意思?"

全班哄堂大笑。这名学生猛然醒悟过来,满脸通红,垂头丧气地坐下了。

"大家都知道'万万'等于'亿',那么这里为何不用'亿'而用'万万'呢?"她那平静的表情似乎表明,那名同学问了一个有价值的问题,并不可笑。

学生的注意力被吸引过来,开始认真思考。

"大概'万万'比'亿'读起来更加顺口吧。"

于漪表扬了这名同学的回答,又问:"大家还有没有不同的意见?"

班上沉默不语。于漪便接着说:"是汉语言的叠词叠韵之美影响了此处的用词。"她又问了一句:"那么请大家想想,今天这一额外的课堂'收入'是怎么来的呢?大家要感谢谁呢?我们用掌声表达对他的谢意。"

那名提出问题的学生,终于不再窘迫,高兴地抬起了头。

听课的老师也无不佩服,于漪妥善处理课堂上的突发事件,弘扬民主作风,从中可见她包容学生的大爱之心,不愧是名师风范。

保护学生的质疑精神和自尊是形成课堂良性互动的必要元素。

学阿累《一面》的时候,一名女生说,于老师讲鲁迅先生怎么好怎么好,是不是鲁迅做什么都对了,比如他对梅兰芳、李四光的看法。

当时在风雨操场上课,听课的有几百人,可谓场面宏大。于漪首先表扬她,课外读了很多书,知识面广,能提出这样的问题非常好。接着她又说:"看问题要有历史唯物主义观点,任何人都有历史局限,要正确对待。"

如此一来,既培养学生的批判性思维,也引导他们的认知。

在作文《课余》讲评课上,一名学生这样分析倪军的作文:"整篇文章没有语言美。"于漪紧跟着回复:"这一棍子太重了。"一方面肯定这位同学能够大胆点评;另一方面充分保护被批评的同学,课堂上既有争论,又不失人情味。

教学面向全体学生。20世纪80年代中期,于漪让课堂教学的构成从单向的直线结构变为网络式、辐射型结构,每名学生都成为学习的"发光体",能者为师。教师起引导作用,是学生脑力劳动的指导员、引航员。

讲鲁彦《听潮》的时候,有个学生问,课文里"铙"和"钹"两种乐器有什么区别,因为他发现,词典的解释和课文注释有出入,不知该相信哪边。

于漪未作解答,她告诉大家,每个人回去查工具书,加以判断。

第二天,大量信息反馈到课堂上来,学生查过的书有《康熙字典》《中华大字典》《辞海》《辞源》……每个人都能为课堂贡献智慧。

于漪告诉学生,这类冷僻的、专业性很强的知识,可以到《辞海》的音乐分册中查,又快又准确。由此看去,文中说的"铙"是与"钹"形近的打击乐器,圆形,中部隆起,两片一副,相击发声。

听了于漪的解释,这名学生说:"我要弄清楚的是书上说的对不对,老师没有回答。你要记住作者说海潮来时是'伟大的乐章',交响乐啊,鼓点一个也不能少,乐器都弄不清楚,奏什么乐啊!"

学生对知识执着追求的精神让于漪感到震撼。之后她反思说,课本的注释确有不周之处,授课中含糊过去,是一种搪塞,不负责任。

红烛于漪

运用之妙，存乎一心。一个小小知识点，调动起全班的学习热情，带来如何使用工具书的新训练，带来求知的快乐，而且形成严谨治学的学习气氛。

于漪提出语文学习兴趣说，认为兴趣是语文学习的先导，注重兴趣在学生学习过程中的特殊意义和价值，营造"磁力效应"。

课堂上要牢牢抓住学生，于漪总结出四种途径：上课要有新鲜感，不能老是一副面孔；课要有趣味性；要有一定深度和难度，使学生体验到克服困难的喜悦；要有时代的活水，使学生有所感奋。这也是她上课追求达到的效果。

讲《核舟记》时，于漪把从城隍庙买回的核舟实物带到课堂，尽管有点粗糙，却让学生得到直观的感受。她又给每人发一张铅画纸，要求大家把核舟的人物、器物、字迹等勾画出来，透过文字和图画获得对核舟的立体化认识。

于漪探索总结出多种激发学生兴趣的方法，单就"导入新课"而言，就有直观演示、抓点扙线、形成悬念、讨论答辩等做法。在授课过程中，可以声情并茂、跌宕起伏，让气氛活跃起来。她特别注重课堂上的"变"，由此带来生机，把学生的学习情绪不断调整到高扬的状态。

教《花儿为什么这样红》，于漪把学生带去校园里观察各种花；教《人民大会堂》《第比利斯的地下印刷所》，她让学生画平面图；教《孔乙己》，她让学生填写孔乙己的履历表……不断变换的形式，激起学生新的兴奋点。

激发兴趣绝非限于让学生"听"，适当的训练会让他们因紧张而调动起学习的积极性。于漪注重在课堂上开展思维训练，摸索出多种方法让学生在训练中得到提高。

讲《茶花赋》即将结束之际，于漪要求每个同学用"某某赋"的篇名，托物言志，歌颂祖国。学生按流水作业方式，"面上开花"每人说一段，一个轮回从开始到结束也不过几分钟。这对每个人却是莫大的考验，既要选择对象、力求切题，又要避免与其他同学重复，那种刺激感实实在在。

这样的教法，这样的老师，学生会不会记住？答案不言自明。

爱满课堂，师生形成情感融洽的共同体，在这样的氛围里，闪光点更容易迸发，美和信仰更能注入学生的心灵。

《多收了三五斗》中，开始是卖粮路上赛龙船般的喜悦，后来却希望破灭，心情沮丧。平时腼腆温和的女生小陆怒不可遏地站起来，脸涨得通红，猛击一下桌子说:"于老师,米我们不卖了,运回去自己吃。"

整个课堂在燃烧!她是如此投入感情,完全融入小说之中。

于漪就势分析旧社会套在农民脖子上的绳索,带学生认识当时农民悲苦无告的非人地位。爱憎之情植入学生心田,结出善的果实,塑造美好心灵。

* * * * * *

爱学生,尊重学生,在于漪身上成了一种习惯,一种常态。

1981年7月,于漪参加在哈尔滨举办的全国语法和语法教学讨论会。她发言说,基础教育中语法教学有普及功能,它面向全体学生,覆盖发达地区、中部地区、西部地区。要说学生容易理解的话,有的名词术语看似先进,但普适性差,要传到小山村,无疑要经历二万五千里长征。

于漪任职的上海本属教育高地,她心里挂念的却是教育欠发达地区,教学难易要充分考虑他们的接受程度。发言的立意折射出她关爱学生的朴素情怀。

20世纪90年代中后期,于漪在《语文报》开设"于漪信箱",跟中学生心平气和地交朋友,为他们答疑释惑。《超越自我,就是生活的强者》《与"粗心"告别》《妒:一种丑恶的感情》《化羡慕为志气》……看标题就知道文章很接地气。

看似回答了学生的一个个具体问题,实则为整个中学生群体指路加油,引领他们在正确的道路上前进。彼时的于漪社会工作繁忙,正是经验丰厚、容易出成果的时候,她却花费大量心力回复学生的信,依托报纸专栏,筑起爱的丰碑。

2006年,作为上海市"双名工程"中学语文名师培养基地主持人,于漪去位于上海郊区的华东师大三附中听课。尽管大家说到金山路途太遥远,她不必去,但她还是坚持去。

学生们听说于漪来了,都伸长了脖子,盼望着她能到自己的班上去听课。一个上午,尽管她已听了三节课,但还是有一个班的课没能听到,学生满是惋惜。中午,于漪快速地扒拉了几口饭,撂下筷子就往那个教室赶去。

紅燭于漪

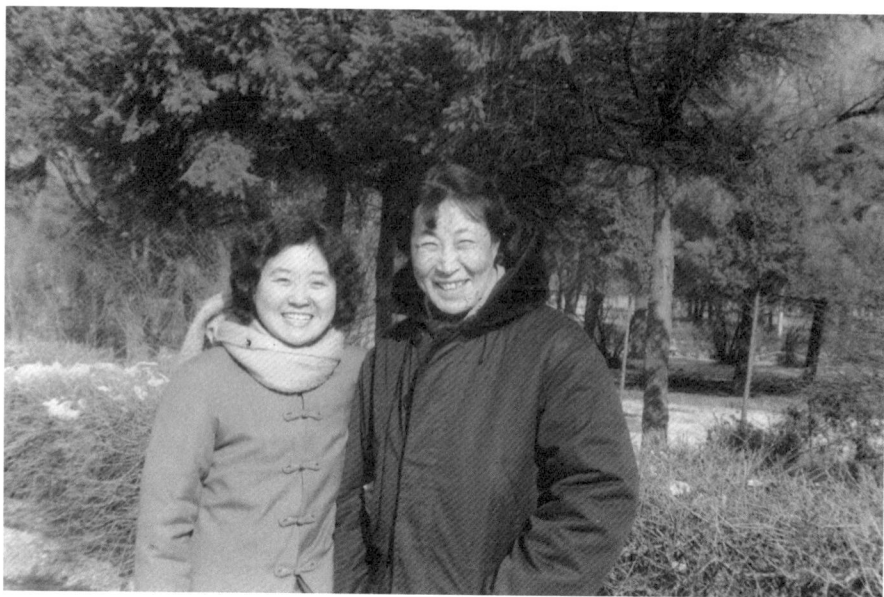

1985年2月,于漪在沈阳机场巧遇70年代初的毕业生,喜出望外

她说,要去和同学们见见面,以弥补他们没被听课的失落与遗憾,因为这辈子,她最见不得的,就是学生失望的表情。

于漪一脚刚踏进教室,全班就沸腾起来。"于老师!""于老师好!""我们终于见到您啦!"一片欢腾的气氛。

亲历此景的谭轶斌不禁感叹:"正午的阳光直射进来,这幅世上最美丽、最温馨的画面定格了:画面的主角是一位慈祥的老人和一群心满意足的孩子,画面上最打动人心的是孩子们纯真的笑脸,是老人那布满岁月痕迹但依旧焕发着生命活力的脸庞。"

2020年1月3日,于漪在《中国教育报》发表署名文章《谱就师德师风建设的时代诗篇》,其中说道,"我从几十年的教学经验中深刻体会到,教师生涯中最大的事就是'一个心眼为学生'"。

此时的于漪,已是91岁高龄。爱,时时刻刻在她的胸腔里涌动。

爱是一种可以传播的巨大能量。从2005年起在杨浦高级中学工作的鲍文亮说,一直受到于漪老师满腔热情的感染,时时刻刻都在提醒自己,不要用经验来面对一个个具有鲜活生命的学生,要用一身正气去"爱"每一个学生。

* * * * *

说起师道尊严，有的人会有一种狭隘的理解，认为老师是知识的化身，要以全知全能者的姿态面对学生，个人权威不容挑战。

然而在于漪那里，师道尊严是要爱学生、激发学生，引领他们的成长。她从不以知识权威自居，鼓励学生提出质疑，自己一时认识不到位，也勇于认错。

解放思想、大胆创新，这不是空洞的教条，就体现在课堂的教学问答中。学生的积极性调动起来了，思维打开了，课堂上就呈现生龙活虎的局面。

1979年讲《卖油翁》时，课堂上互动热烈，于漪和学生一起认识作者欧阳修，排除字词障碍，感受陈尧咨射箭、卖油翁酌油的故事。讲到卖油翁微微点头后，于漪说："下面第二段就写他们二人之间一段精彩的对话。"

一名学生轻声道："不精彩。"

"哦，你说不精彩，我用得不恰当。——这个对话不精彩的话，也引人深思。这个可以吧？"

同学们回应说："可以。"

"可以了。刚刚老师词用得不恰当，那么就用'引人深思'。"

休息十分钟回来，于漪首先做了一番纠正。原来，她在板书上写欧阳修是北宋的"文坛领袖"，结果写成了繁体字"壇"，课间有学生指出，所以她就在黑板上重新写一次。"好，注意这个'坛'字，我对简化字有时注意不够。"

学生说的话，对的就是对的，有道理就是有道理；于漪脑子里完全没有"老师的面子"这个表述，哪里说得不对、写得不对，就随时纠正。老师虚心、诚恳，学生就敢于直抒己见，课堂上充满民主的空气。

"如果学生形成了信奉老师的思维定式，师云亦云，容易重弹老师的老调，成为老师思考的代言人，这就不可能培养自主意识、创新精神。"于漪说。

上《拿来主义》课的时候，于漪布置寻找从盲目排外到一味媚外的三件事，学生却提出很多"不相干"的问题：谁的"佳节大典"？"抛来"和"抛给"有什么区别？什么是"阴功"？"女婿"是指谁？不一而足。

于漪说："大家的问题不少，我们学到有关的段落，再结合起来逐一解决。"

然而有学生提出,还是讨论一下好,否则读起来疙疙瘩瘩。

事后于漪检讨了自己的授课,对于部分字词给阅读造成的障碍估计不足,如果不弄清楚,学生很难顺畅地读下去。她说,"根本问题在于自己只是从教师的教出发,而不是从学生的实际出发",这是需要尽力避免的。

以下是1980年教《白杨礼赞》时的一幕。上课没多久,一名女生举手提问说:"白杨树是不成材的,而楠木是贵重木材,为什么作者贬低楠木,说白杨树怎么好怎么好? 我是学生,人微言轻,说了也无用。屠格涅夫是大田园作家,他的《猎人笔记》中也写了白杨树,请听,他是怎样写的。"

她从课桌里掏出《猎人笔记》,朗读有关段落:白杨树的叶子硬得像金属,枝条也不美,只是夕阳西下时,太阳照到枝条上,才有点美。最后她问:"请问老师,是不是作者言过其实了?"

于漪先是表扬了这名同学的质疑精神:"你为了验证自己的观点,能注意课内外联系,积极思考,通过课外阅读来找依据,这就是学得自主,学得积极。"

随后她解释,茅盾的《白杨礼赞》是用象征手法来写的,象征的手法从来是景随情移的,客观的景随着作者主观的情而变动的。

一波未平,一波又起。有名男生又说,书中有个句子看不懂。

《白杨礼赞》中说:"如果美是专指'婆娑'或'横斜逸出'之类而言,那么白杨树算不得树中的好女子;但是它却是伟岸,正直,朴质,严肃,也不缺乏温和,更不用提它的坚强不屈与挺拔,它是树中的伟丈夫!"

他提出:"根据我的生活经验,温和的人使人容易接近,严肃的人使人敬而远之。在一个形象身上又严肃又温和,是不是茅盾先生疏忽,用词矛盾了?"

一番话入情入理,可知动过一番脑筋。于漪想,如果说"也可以这样用",注定难以满足学生的求知欲。她夸奖这个问题问得好,便让学生讨论。

"人有时严肃,有时温和,这也是可以的。"

"这是树,不是人。"

"树展现的是整体的形象,不是变脸,一会儿这样,一会儿那样。"

于漪的脑子也上紧了发条,在快速旋转。突然一个句子跳出来——

"一般说来,'温和'跟'严肃'是不一起用的,但是也有同时用的时候。人家问,'子何人也?'回答是:'子温而厉,威而不猛,恭而安。'就是说,孔子温和而严厉，有威仪而不凶猛，恭敬而安宁。是可以一起用的。"

借助经典著作《论语·述而》的句子，于漪作出了正面的回应。学生在质疑和论辩中，疑惑得到解答，视野得到拓展，心悦诚服。

《谁是最可爱的人》课文后面有练习，要求填反义词。有名学语文有点困难的男生，别的词都答了，唯独"骄傲"不答。于漪问他为什么，他回答："'骄傲'在文中是自豪的意思，不是谦虚的反义词，题目出得不对，我不答。"

自信的话语，独到的发现，让于漪刮目相看，大为惊喜。她立刻表扬他，赞扬他独立思考，动脑筋辨别，不被教材的练习框住。事后，于漪有机会碰到人民教育出版社负责编教材的人，讲述此事，出版社听取意见，把练习作了修改。

讨论中，又有学生问："老师，志愿军思念祖国而又不愿回来，是因为朝鲜还半边红半边黑；现在还是这种情况，怎么又回来啦？"

学生的思维是开放的，问题中包含着他们的困惑。于漪结合国际国内形势，从课文本身宕开，剖析班师的缘由。她想到，必须开拓备课的广阔天地，下更多功夫，满足学生的求知欲，做到经得起问。

这份学习的韧劲、反思的勇气从哪里来？来自她为党和国家培育人才的使命感、责任感，来自她当一名合格教师的初心，来自她对学生的爱与承诺。

* * * * * *

学生提出不同的想法，可能是有质量的质疑，也可能是天马行空博人眼球。于漪常反思，上课过程中是不是压制了学生的创新思维或学习积极性。

教66届高一时，有名学生在作文中写一个老头，为了刻意求工，就用了一个比喻，说老人的胡子像牡丹花一样美。于漪在讲评课上说，这个比喻用得不恰当，同学们需要引以为鉴，用比喻一定要恰当。

事隔几年，这名学生成了律师，偶然跟于漪说起："于老师，你这句话让我掉到冰窟里，如果当时有地洞，我一定钻进去。"

于漪大为惊骇，没想到一句话挫伤了学生。她由此感到，语言文字和思想、情感同时发生，教文字知识、教作文，不光是传授技巧，更是培养民族情结，传递文化精华的积淀,万不能重术轻人。

她告诫自己,要追求"思想升华,感情净化",力求做到有人格的力量。

在《南州六月荔枝丹》课上于漪让学生谈说明方法的运用。一个学生提出:"引用是一种说明方法,为了说明某个事物,当然可以用,但一篇文章用那么多,实在没必要。老师不是说过,任何一种修辞方法、说明方法的运用,都要根据写作内容的需要,过了头,架床叠屋,效果适得其反。"

于漪讲了这篇课文引用资料多的特点和好处,一是由内容决定,二是为了增强文艺性。学生轻声嘟囔了一句:"老师总有理!"

过后于漪想起这堂课的教法,觉得有不妥,没能充分尊重学生的意见。她觉得,更好的处理方法是趁势举一两个例子,说明引文所起到的作用,帮助学生排除理解上的困难,特别是保护其质疑的热情和求异思维。

学生说的"老师总有理",让于漪觉得很不是滋味。备课的时候有种心理定势,就是"一个心眼为作者",千方百计找优点、找特色,从语言到内容,从结构到表现方法,即使有瑕疵,也要自圆其说。实际上呢,文章不可能十全十美,可以有讨论的空间,但是教学中简单晃过去了。这堂课,留下了遗憾。

教《珍珠赋》,情况就大不一样了。快上完课的时候,于漪告诉同学们,这篇文章有很多地方值得借鉴,也有不足的地方,就重点讨论结尾。

学生议论开了。有的说不好,用一个成语概括,就是画蛇添足。

另一名学生说有种八股气,"洞庭湖就洞庭湖嘛,为什么要拉扯到大寨,为什么要写每一颗珍珠怎么样"。

还有的打圆场说,《珍珠赋》写于1972年,应该理解历史的局限。

于漪由这篇课文引申到同学们的作文,经常是三段论,就像指出课文的弊病一样,应该在写作中打破框框,力求活泼生动。她发现,将学生的批判精神用于瞄准他们自身,就能更真切地体会到问题所在,进步更快。

心中有爱,教学中就可以坦坦荡荡。于漪敢于自我批评,不断克服自身的不足,并给学生树立起为人为学的示范。

《最后一课》上到末尾,于漪拿出一张韩麦尔先生写"法兰西万岁"的彩色图片,让同学们讨论,这个场景在《最后一课》中的地位和作用。

大家各抒己见,有的说"这是一个令人心碎的场景",有的说"此时无声胜有声",有的说"我要是小弗朗士,这一课我真的永远忘不了",还有的说"我不是小弗朗士,我也忘不了"……

一名同学突然站起来说:"这个情景很感人,可为什么韩麦尔在这一课上说'法国语言是世界上最美的语言——最明白,最精确'?我想不通,我们的语言才是最美的,字和画一样美。"

于漪肯定他的问题,简单回应说,韩麦尔之所以这样说,咱们在前面已经做过讨论,课后再个别交换意见。

过后于漪为此懊悔不已,慨叹自己真蠢,三言两语把学生的问题"打发"掉,丧失了深入品味语言内涵的良机。她觉得,学生的部分问题有一定深度和难度,与课文主旨有联系,但又不是显露的,是较深层次的,这就需要教师头脑冷静,准确判断,不失时机地融入课中,转化为教学资源。

学生说"我们的语言才是最美的",不仅关系到对课文中韩麦尔先生话的理解,更是倾诉了对祖国语言文字的热爱,民族语言是民族文化的根,这种民族自信心、民族自尊心、民族自豪感值得发扬。于漪对授课加以"复盘"后认为,如果由此生发开来,将会增进全班学生的文化认同。

鲁迅曾说:"不满是向上的车轮,能够载着不自满的人类,向人道前进。"在不断的反思中,于漪锤炼心性和能力,为学生奉献更美的课堂、更美的教学。

红烛,陈茗屋篆刻

第九章
党员·校长·代表·导师

为天地立心，为生民立命，为往圣继绝学，为万世开太平。

——［北宋］张载

　　一辈子做教师，这是于漪的职业选择，也是她坚守的生命姿态，不因外力冲击而动摇信念，不因退休而产生丝毫松懈。

　　教师之外，于漪还有多重社会身份，在不同领域散发热量——

　　她是一名党龄超过半世纪的共产党员，担当教文育人责任，践履为国育才使命，历经曲折磨难而不忘初心，把一生献给党和人民的教育事业；

　　在十年校长任上，她瞄准三个制高点，两代师表一起抓，创新管理举措，把一所起步不高的师范学校，办得有声有色；

　　作为人大代表，她履职尽责，为加大教育投入、提高教师待遇、增强教育质量而呐喊奔走，推动了一批地方法规的制定；

　　她担任各种社会职务，审阅教材，推动语文教育教学改革，退休后依然为培养教师倾注心血，成为指引众多教师前行的导师……

　　时代大潮，滚滚向前。于漪紧跟时代步伐，为教育孜孜求索，师爱荡漾，舍小家为大家，走得笃定而坚实，活成一个大写的人。

* * * * * *

于漪燃烧自我,照亮世界,无愧师者本色,堪为党员楷模。

年轻时于漪受过很多苦,步入教师岗位后,她怀着感恩的心情工作,向祖国感恩,向党感恩。她想,既然组织上委以重任,就当尽心尽力。

从教历史转为教语文的时候,尽管专业不对口、隔行如隔山,在支部书记跟她谈话后,只用了两分钟,她就决定改行了。

她说,"党的需要就是我的志愿"。

"文革"中,于漪一度被剥夺了党籍,受到不公正的批判。她在心里坚信正义必胜,把周围的恶言恶行当作检视自我的镜子,洗涤灵魂,始终保持一颗善良的心,不为私利而去加害别人。

尽管受到批斗,回到讲台上,她还是像以前一样尽心尽力。

旁边的人好心劝告:"你还没有被斗够呀!"

于漪坚定地回答:"宁可以后再挨斗,也决不放弃教师的责任!"

在艰难的日子里,她以一名共产党员的信念和一名人民教师对自己事业的责任感,顽强地活了下来。

1977年7月26日,于漪在《文汇报》发表了《把心贴在党的教育事业上》,时隔12年再次在媒体上发出自己的声音,还是那么从容,还是那么坦荡。

拨乱反正后,于漪的教育生命迎来新的春天。1983年4月,她赴北京参加全国"五讲四美"为人师表先进代表表彰大会,作交流发言。她说,要给学生做表率,最重要的是教师自己心中要有共产主义旗帜飘扬。

她打了个比方,希腊神话中的普罗米修斯把火种偷到人间,使人间有了光明,是因为他心中渴望着光明。

"今天,要把青年学生培养成热爱党、热爱社会主义的革命接班人,我这做教师的心中就要揣着一团火,对党、对社会主义满腔热情满腔爱,对共产主义光辉灿烂的前途充满信心,努力以马列主义、共产主义思想作为自己行动的指南。"她不仅自己笃定信仰,而且怀着强烈的使命感,把信仰传递给学生。

20世纪90年代中期,在分析《邓稼先》的时候,于漪把课文上的人物与现实中的共产党员紧密结合起来。"邓稼先是中国的、中国共产党的,浸透了中华文化的印记,因而字里行间更洋溢着中华情。"

胸中的火苗散着热焰,她是在讲解课文,更是在激励自我,为学生布道。

使命感在心里扎根,随着时间的推移,越来越坚定。"一个人的生命是有限的,作为一名教师,把有限的生命融入常青的、伟大的、辉煌的教育事业中,我觉得是此生有幸。"2001年9月,在从教50周年之际,于漪这样说。

任凭社会风云变幻,她始终以共产党员的标准要求自己,听党话,跟党走。2004年教师节前夕,她撰文提出,教师身上要有正气,对党、对祖国、对教育事业、对学生满腔热情满腔爱,全身心投入到教育教学工作之中。

2019年6月6日下午,"攀登新高峰,奋斗新时代——2019我的电影党课"启动,于漪参加仪式,发言表示:"做过学科老师、班主任、校长,但这些职务都是我的第二身份,我始终记得,我的第一身份是一名共产党员。"

"我是一名党员教师,事业就是我的生命。"她与观众分享道,育人不仅是传授科学文化知识,更要培养"有中国心、有真才实学的中国特色社会主义的建设者和接班人"。铿锵有力的话感染着现场的每一个人。

粉碎"四人帮"后首次在电视直播语文课,获评第一批语文特级教师,出版若干部个人著作,担任校长……于漪当然有值得骄傲的资本。

但她从没有为名利所羁绊、因掌声而止步。她说,"人是要有一点精神的。'我是共产党员''这是组织交给的任务',这两句话,给了我无穷的动力。"

在于漪心目中,苏步青、谢希德等是学习的榜样,追求像他们一样为国为民、忧国忧民。她说,要成为一名合格的人民教师,不辜负党和人民的重托,自己首先必须做一个一身正气、有中国心的堂堂正正的中国人。

而"合格"的那个"格",不是教师的主观意愿、感情好恶,育人的准绳只有一个,就是党的教育方针,要培养学生德、智、体、美、劳全面发展。

身上的光环多,面临的诱惑也多。当不同方面对她许以重金、官位,抛来橄榄枝时,她权衡再三,总是把党和人民的需要作为个人去向的判定标准。

20世纪80年代中期,金山石化二中需要校长。作为学校举办方代表,上海师范大学校长和石化总厂党委书记多次到于漪家,恳请她兼任校长,一周只要去两三天,给她配车子和住房。于漪长时间住在丈夫单位分的房子里,局促得很。但她想到第二师范学校正在爬坡,少不了她,就婉言谢绝了邀请。

上海市人大领导关心于漪的身体,希望她脱离教师岗位,去人大做专职委员,从事科教文卫工作。但她热爱教师这份职业,又想到特级教师的基本条件是终身从教,也就放弃了在很多人看来是"当大官"的机会。

90年代初,一家由集团创办的民办学校用20万年薪聘请于漪,她不去。

大约在于漪退休之际,90年代中期,一所规模宏大的民办学校又聘请于漪当校长,年薪60万元。当时,于漪的退休金和各种补贴加起来,每月也不到3 000元,这份年薪可谓天文数字。但她还是没有去。

于漪说:"在人生道路上走了几十年,曲折坎坷,最牵动我的心的是学生能健康成长,国家能繁荣昌盛。我是一名教师,不愿做知识贩卖者,人和金钱画上等号,人格也就扫地了。"这种清晰的义利观,正是一位共产党员本色的写照。

能够抵制巨大的诱惑,是因为内心里有坚守。1993年9月12日,她在致庄文中的信中说:"做名真正的教师,我是铁了心的。"

一个心眼为学生,党的事业比天大。

于漪一辈子学做教师,学习的一个重要方面是党的方针政策。

1964年,社会上学习育才中学的教学经验,于漪积极投入,为此发表了人生第一篇报纸文章《胸中有书,目中有人》。随着岁月的推移,她积极贯彻邓小平"三个面向"要求,认真学习《江泽民文选》、党的十七大报告,学习领会习近平在北京师范大学讲话精神,向中央看齐,与时代共进。

教育部、中宣部等七部门2019年底出台《关于加强和改进新时代师德师风建设的意见》,于漪明方向,找差距,强信心,还为此发表笔谈《谱就师德师风建设的时代诗篇》,成为她在2020年的新亮相。

党的事业无止境,求索学习无止境。年过九旬的于漪,一直在前行路上。

* * * * * *

于漪曾担任多种行政职务,从教研组长、班主任到年级组长、教务副主任,一直到校长、名誉校长。就流传千百年的"学而优则仕"思想来说,她做的并不是"大官",从政也不是她的职业追求;然而在基层的管理岗位上,她在其

紅燭于漪

位谋其政,探索新的组织管理模式,为育人殚精竭虑。

改革开放之初,上海小学生人数增长迅速,学校扩班,师资紧缺。1984年,杨浦中学转制成为上海市第二师范学校,是四年制中等师范学校。组织上让于漪当校长。她长期从事教学业务,不想干行政。

刚粉碎"四人帮"时,于漪就面临过同样情况。去市里开人大常委会的会议,杨浦区委书记高华杰对她说:"你们学校有些老师写信到区里,希望你做校长,你的意见呢?"于漪连忙拒绝,我的长处是教学,当干部管人,太困难。

这次是党的要求,就推不掉了。1985年8月,于漪出任上海市第二师范学校校长。

当时办学面临诸多困难。学校在"文革"中是重灾区,打砸抢盛行,教学设施被破坏得千疮百孔;管理落后,没有一份文书档案,没有一本财产账,经费匮乏;教师间派系严重,人员四分五裂;此外社会上对师范教育不够重视,小学教师地位待遇不高,招生、师资配备、教学设备建设等都举步维艰。

尽管如此,于漪还是抱定了必胜的信念,要立足学校的育人功能,追求理想的教育境界,把学校办成亮丽的中国师范学校的样子。

在全校教职工大会上,于漪没有讲系统的"施政纲领",而是提出两点要求:一是恢复坐班制,每名教职工须准时上下班;二是明确学校工作没有不可告人的秘密,什么事情都可以拿到台面上说清楚,背后的话她一句也不听。

考勤制度建立了,教学秩序变得正常起来,杜绝了上课时间老师在家睡大觉、上课迟到等现象。校长不听个人打小报告,凡事公开透明,背后叽叽喳喳、无事生非的人就没了市场,学校做决策就能有效避免偏听偏信、感情用事。不纠结于个人,团结一致向前看,就凝聚起全校上下一起干事业的合力。

陶行知说:"校长是一个学校的灵魂,要想评论一个学校,先要评论它的校长。"于漪从自身做起,当好"教师的教师",为全校做榜样。

80年代,改革开放以后,人们的思想变得多元化,崇金拜物、讲求实惠、贪图物质享受等思想言行,侵蚀着一些师生的心灵。在于漪看来,课堂教学、学科成绩固然重要,但办学要排除干扰,抓校风、教风、学风建设。

有的女教师穿金戴银,珠光宝气,以时尚服装为荣。学校里女生占比超过

80%,有的女生打扮得花枝招展,周六放学时校门口围着许多男青年,说是来看"妹妹"。

于漪相信,篱笆扎得紧,野犬才钻不进。她号召学校开展师生大讨论:当代师范生是怎样的形象?应追求怎样的美?怎样才是最美的师范生?

在讨论中,全校凝成共识,形成了八字校训:一身正气,为人师表。不管社会上刮什么风,都要坚持身上的正气,健康、开朗、自理、自立,奋发向上。

紧接着,全校两代师表一起抓,创建学校良好的小气候。一方面在职教师引领,以身作则;另一方面学生严以律己,当好未来教师。

青年教师宿舍床底下散着乱七八糟的啤酒瓶,于漪去帮着他们收拾。上班不允许打牌,更严禁赌博。具体的问题,一个个去解决。

大家对师范生的服饰、发饰展开讨论,学生自己设计校服。藏青色的南极装,白衬衫,红领带,女生为短裙,学生非常喜欢。1989年第9期《师范教育》杂志封面刊登了第二师范学校同学们穿着校服做操的图片,充满青春活力。

国家教委1993年才出台关于中小学校服管理工作的意见,而第二师范学校先行数年,以优美校服塑造优美校风。曾在这里求学和工作的杨浦区教育局局长卜健回忆,当时同学们为校服感到自豪,穿校服、戴校徽结伴出行,别具风采,常引得路人停下脚步看校徽,夸赞他们有精气神。

校园环境欠佳,那就师生自己动手来美化。果断剪掉冬青等遮挡视线的草木,使校园开阔;绿化力求"黄土不见天",广植草皮,栽培树木花卉。没有绿化经费,学生就参与劳动,植草、植树、栽花、施肥,建设美丽校园。

学校反复讲述环境美的意义,抽调一名教师专门负责全校卫生扫除工作,建立整治室内室外清洁卫生的网络,开展定期的评比和突击性检查。

每天早上7点不到,同学们已经忙碌起来:有拿着大扫把扫大街的,有拿着小拖把清洁楼道和厕所的,有下厨房帮厨的……还有的两人一组,用扁担和木桶到隔壁小区粪池里挑大粪,给绿化带施肥。当时占地120亩的校园,没有外聘一名保洁工,保洁工作全部由学生以班级为单位轮值完成。

教育,在校园环境的美化过程中悄然发生。"环境卫生是小事"的认识改变了,这些出生在大城市、以前很少劳动的学生,通过动手参与,懂得了"自力更生,艰苦奋斗"的道理,增进了责任意识和家国情怀。

红烛于漪

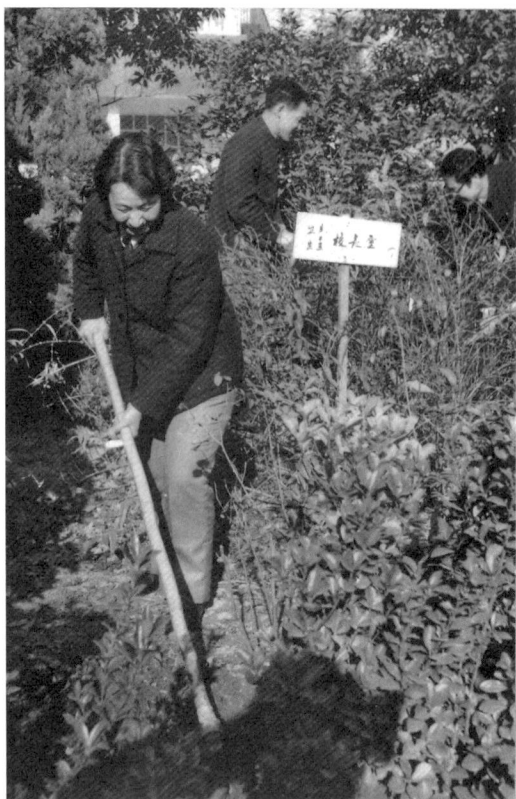

20世纪80年代中期,于漪参加劳动,美化校园

校园里绿草如茵,花树环绕,成为塑造心灵美的良好空间。后来,第二师范学校陆续获得上海市文明单位、上海市花园单位、全国花园单位等荣誉。

* * * * * *

与此同时,于漪推动各部门建章立制,落实各项制度。

她认为,校园文化不仅是在走廊张贴艺术家画像或名人名言,硬件的改变容易做到,难的是无形的精神文化,要在讨论中凝聚共识,用制度去保障。

学校制定一系列学规、食规、宿规、会规、劳动规章等,让学生懂得,在集体生活中要健康成长,需有自我约束力,自觉遵守纪律。教导处、年级组、团委、学生会等多渠道督促检查,推动学生形成心理定势,做到自我教育、自我监督。

原本学生吃饭浪费现象严重,于漪从泔水缸把馒头等食物捞到脸盆,到一个个班里去现身说法,讲述我国是人口大国、粒粒粮食皆辛苦的道理。班主任和食堂工作人员分别开展不浪费粮食教育,在管理上分班就餐,桌子上的情况一目了然,学生购饭可一两、一两半、二两,按需购买,减少浪费。

在于漪的带领下,第二师范学校做到了全员育人、全过程育人。

一段时间下来,学校面貌大为改观,环境变漂亮了,奇装异服少了,朴素大方成为校园风尚。周围单位和居民称赞:"像个学校样子,学生有模有样。"

改革不断推进。于漪带领班子,确立了三个办学制高点——

一是时代的制高点,抓住80年代师范生的特点,培养他们成为合格公民,具备一定教育教学专业知识与技能,未来成为符合党和国家要求的合格教师;

二是战略的制高点,师范生将来是义务教育的实施者,关系到民族素质能否有效提高,学校要牢记师范教育战略地位,绝不搞短期行为,不搞"维持会";

三是与基础教育先进国家竞争的制高点,着眼日本、西欧等的基础教育,向他们的教育方法和教育质量看齐,争民族的志气、民族的自尊。

与三个办学制高点相应,学校还提出三个瞄准的具体目标:瞄准21世纪的小学教育,把80年代的师范生培养成21世纪的小学教育骨干;瞄准国外基础教育先进国家的小学教育,从严治校,发奋图强,办出水平;瞄准国内、市内兄弟学校的办学经验,博采众长,力求少走弯路,办出特色。

一所从烂摊子起步的师范学校慢慢地步入正轨,迈向卓越。

国家教委师范司领导带领几位处长到江南几所师范学校调研,在第二师范学校住了一周。从教室到宿舍,学生的锻炼、上课、自修、活动都仔细查看,连钢琴是工人负责还是学生维护都问个明白。

优良的校园环境和办学秩序令来宾们折服。临行前反馈意见,带队的孟司长说:"这样的文明校风,这样的教学秩序,这样的师生面貌,你们为什么不向国家教委申报先进?"负责师范教育的上海市教育局副局长回答:"他们学校转到师范还不到三年,还差两三个月,所以未报。"

在于漪看来,外在的光环固然炫目,但并非追求的目的。办学就是要实实在在,教师全力以赴工作,让莘莘学子受益,成为报效祖国、报效社会的人。如果把光环、荣誉作为目标,功利会迷住眼睛,弄虚作假,也就难以为人师表了。

"办学好比化妆,三流效果是涂在脸上的妆,二流效果是精神上的美化,一

红烛于漪

流效果才是生命的绽放。办学应追求一流效果,而不是涂脂抹粉。"于漪说。

在课程设置上,于漪大胆改革,倡导老师们开设儿童文学、计算机、书法、手风琴、舞蹈等15门选修课,还成立若干学生社团,满足学生个性化的发展需求,致力于培养"合格加特长"的未来师范人才。

在上海市中小学师资工作会议上,于漪代表第二师范学校作了《两代师表一起抓,创造良好的学校气候》主题发言。时任上海市副市长谢丽娟用三个"应当",称赞这所学校的做法和经验——

"第二师范学校提出的'一身正气,为人师表',应当成为本市90年代中小学教师的行为准则;他们提出的'三个制高点',应当成为各级领导发展基础教育、规划师资队伍建设共同的出发点;他们提出的'三个瞄准',应当成为师范院校、中小学深化改革提高教育质量的共同努力方向。"

上海原有13所中等师范学校,20世纪末纷纷升格为高师或改为普通中学。上海市第二师范学校于1997年转制为杨浦高级中学。尽管如此,"一身正气,为人师表"八个大字依然镌刻在科学楼的墙壁上,闪闪发光。

* * * * * *

作为校长,于漪花大量精力培养教师,特别是培养青年教师。

她认为,学历水平不等于岗位水平,在大学和研究生阶段学的是一门一门纵向的课,而基础教育要求综合能力,学历高不等于课上得学生爱听。校长如果重使用轻培养,路就会越走越窄,教师容易产生职业倦怠。

"学校教育的质量说到底是教师的质量。校长应该是培养教师,尤其是培养青年教师的第一责任人。"于漪主张,学校应成为现代意义的学习型组织,创设空间,让学生个性得到发挥,让教师才能得到施展。

她给青年教师搭建成长的平台,还时常走进教室去听课,为他们评课。

每次听课前,先熟悉教材,听后不是用一张表格、一个等第"定乾坤",而是坐下来评析,集思广益,评出优点与不足,评出信心和努力的方向。

有的青年老师这样说:"怕你听课,又希望你来听课。听一节课,评说一个多小时,参加的也可七嘴八舌。原来模糊的问题清楚了,原来好在哪里并不明白,现在也明白了,真有长进,很开心。"

于漪提议组成学校培养青年教师的三级网络:师傅带徒弟;教研组集体培养,组长负责;学校成立教育教学评优委员会。她选定30名师风正、教风严、业务能力强的老教师当师傅,与青年教师结对子,一对一培养。

她倡导开展青年教师教育教学评优活动,暴露不足,有针对性地改进。

学校为青年教师开设外语、书法、教学用语、计算机等进修班,还为个别学科的青年教师聘请兼职指导教师。学校承担的市级重点教育科研项目尽可能吸收青年教师参与,帮助他们快速成长。

第二师范学校与美国密西根州立大学国际教师学习研究中心、英国牛津大学教育学院合作,研究师带徒青年教师职业初级培训模式。在跨国合作中,教师们借助任务团结起来,增强科研意识,开阔视野,学校也赢得了国际声誉。

1992年3月,美国教育研究会年会在旧金山召开,于漪宣读中、美、英三国关于师带徒青年教师职业初级培训模式的研究报告,受到多国高校关注。该课题1995年还获得上海市第五届教育科学研究成果二等奖。

青年教师如果有学习的意愿,于漪总是全力支持,必要时支付学费:参加短期培训,去国外进修,在职攻读研究生……她认为,学校不仅是培养学生的场所,也应是培养教师、职工成长发展的基地。

有人问,教师经过培养有了本领,不怕他们"跳槽"吗? 于漪对此淡然一笑:"跳就跳吧,跳来跳去都在中国。""跳到国外呢?""那还在地球上。"

心胸如此开阔,培养举措如此得力,当然可以凝聚人心。教师们在教学的同时发展自己,把学校当作干事业的地方,也就不会轻易跳走了。

于漪认为,学校发展从属于全面育人的总目标,校长要努力创造理想的教育境界,注重自我人格塑造,应做到身上有正气、书卷气,是文化人、文明人、学者型的人,在实践中探索科学的教育规律,争取成为第一流的教育家。

教师是学校发展的主人,这就要尊重教师,调动他们的积极性。于漪主张依法治校,以德兴校,既坚持制度化,又注重人文关怀,刚柔相济。

学校规定,集体备课每周不少于一次,既有统一也讲个性:统一内容、统一进度、统一教学目的、统一训练要求,而教学方法可以放开,提倡大胆探索。每次集体备课都有记录,教导处定期检查和不定期抽查,期末存档。

红烛于漪

听评课成了校园常态。中层以上干部每学期听课不少于20节，教师相互听课每学期不得少于10节，每位教师每学期至少上一节公开课，听课后研讨。教研组长要听所有年级的课，及时掌握教学情况，探索教改规律。

整个教学过程变得规范起来，备课教案有要求，批改作业有记录，试卷命题有规定，管理过程有档案。

于漪认为，化解教师矛盾的最好办法不是做"老娘舅"，去调解是非，而是把每位教师放在最合适的位置，激励他们实现生命的价值。

一位语文教师酷爱钢笔字，下课后在办公室整天写字。于漪和他商量，改教书法，目标是研究硬笔书法教学规律，提高学生的粉笔字、钢笔字、毛笔字水平。工作合乎兴趣爱好，这位老师干劲更大了，带全校学生写出端正、美观的字，还在于漪推荐下到电视台讲课。后来，他被评为特级教师。

于漪偶然在图书馆窗台上看到一些布艺、木头和易拉罐做的小玩意儿，原来是图书管理员做的。于漪跟教导处商量，聘请她担任兼职手工老师。

这位图书管理员的积极性一下子爆发出来，为各个年级设计了数十种手工制品，富有技巧和艺术性。学生围着她，老师长、老师短地叫个不停，还有的学生作品获奖，她收获了名气和成就感，与同事的关系也更好了。

"文革"期间，于漪受批斗，吃了不少苦头。当初斗她的人，在她担任校长的时候，成了下属。她该怎么面对呢？

于漪把批斗的发生归结为环境原因，对每位教师则尽弃前嫌，真心相待，聚集力量办好教育。她说："我这个劫后余生的人，特别感受到，人要仁而爱人，即使与自己看法相左的，也要宽容大度，撒播人间的爱。"

教职工生活上的事对校长来说也是大事。年轻女教师有了孩子，还有上课任务，两头忙不过来。于漪想办法在学校辟出场地，办起小型的临时幼托班，聘请保姆，提供舒适的喂养条件。女教师们少了后顾之忧，工作更安心。

一位数学老师被诊断肺部患恶疾，住院等待手术。家里孩子小，没有老人帮着照顾，她丈夫不会料理。于漪家距医院不远，每天去送饭菜，探望、安慰。

把教师当作学校的顶梁柱去培养，他们就有了责任心和动力，学校给他们搭平台，明方向，增干劲，争荣誉。于漪说："人是耽误不起的，就那么二三十年啊，一晃就过去了。学校培养不出优秀教师，要校长干嘛？"身为校长，她始终抱定一个念头,"校长要培养教师,要对得起他们"。

在于漪当校长期间,第二师范学校语文组被视为"传奇",成了上海乃至中国语文教育的高地,连同于漪在内,出了三代七名特级教师,区域管理干部、校长、研究人员也层出不穷。这离不开她的悉心培养。于漪引以为豪的是,特级教师们都是从本校成长起来的,而不是从外面引进的。

2010年教师节后不久,三代特级语文教师相逢在杨浦高级中学,共话教学之道。于漪是第一代,陈小英、朱震国、陈爱平、钱沛云是第二代,谭轶斌是第三代……得益于学校这片沃土,教师发展形成了梯队。

于漪在学校管理上的又一项大胆探索,是打破大锅饭,建立激励机制。从80年代后期开始,学校教代会充分讨论,实行结构工资制,贯彻按劳分配原则,克服平均主义、论资排辈的倾向。通过全员聘任,鼓励业务冒尖,贡献大、教育质量高的教师可以得到更高的收入。

社会上流行出国热、经商热,部分教师选择了转向。于漪认为,堵是堵不住的,不如顺其自然,把握主动权,在人员流动中择优补充。对教师分别做工作,卸去能力水准参差不齐的历史包袱,从整体上提高师资队伍素质。

20世纪80年代,为学校领导班子讲述依法治校、以德兴校

红烛于漪

从就任校长的那一天起,于漪就不恋权。作为班子带头人,她在管理中发扬民主,把权责分下去,发挥每位成员的主动性和积极性。任何职务不挂虚名,有职就有权,定岗位、定任务、定职责,事事有人管,处处有人抓。这么一来,大事集体讨论,各部门的事各司其职,干部可以放开手脚干活,心情舒畅。

部门之间形成密切协作,学校自动运转。她也得以从事务堆里解放出来,腾出时间多思考,去下教研室、进教室、抓队伍、抓关键、抓典型、抓创造。

一名校长,就是一所学校。"校长应是学校的脊梁,顶住学校一片天,以人格塑造人格,以精神激励精神,春风化雨,惠泽师生。"于漪这样说道。

1995年4月,上海市教委决定,冯宇慰接替于漪担任第二师范学校校长,于漪任名誉校长。她在校长位置上干了十年,光荣退休。第二师范学校再次转制后,于漪继续担任杨浦高级中学名誉校长,一直至今。

* * * * * *

有长期的一线教学实践,加上勤于学习钻研,于漪成为语文教学和研究领域的行家里手。她参与多种语文相关学术团体组织,既是业界对她专业水准的认可,她也由此获得施展个人才能的舞台,服务教育,奉献社会。

1979年12月25日,全国中学语文教学研究会在上海成立。各地名家济济一堂,叶圣陶、吕叔湘、张志公、蒋仲仁等到会并讲话。会后举行选举,于漪要参加刚恢复的上海市人民代表大会常委选举,没有特殊原因不得请假,她只好缺席中语会的选举,原拟安排的公开课也没能上。

在这种缺席的情况下,于漪还是当选中语会第一届理事会副会长。会长是吕叔湘,副会长还有张志公、苏灵扬、刘国盈、陈哲文,都是语文、教育方面的专家,只有她是中学教师。

"没想到我这名教学第一线的普通教师竟然也被选为该会的副会长,能进入研究语文教学学术的殿堂,多了许多学习的机会,真是心存感激。"回想起这段经历,于漪充满感慨。

后来,该会转变为中国教育学会中学语文教学专业委员会。

因为于漪缺席了选举,所以这次会议期间没直接与吕叔湘交流。后来他们参加在武汉召开的全国语法会议,吕叔湘从电梯里出来,碰到于漪,惊诧地问:"你就是于漪?我还以为是个白发苍苍的老太太,没想到还这么年轻。"

当时于漪才50岁出头,在语文教育界已有崇高的声誉和广泛的影响力。

新风乍起,各种学会如雨后春笋相继成立,研讨交流活动层出不穷。80年代初,于漪参加了云南省中学语文教学研究会、四川省中学语文教学研究会、中国语言学会等学术团体的成立大会。

《语文报》于1981年在山西临汾创刊,成为中学生的良师益友。这家报纸思路活跃,办了多场富有影响力的活动。先是邀请名家给中学生推荐好书,举办颁奖大会,于漪见到了马烽、王蒙等文学名家。后来举办16城市中学生语文智力竞赛,中央电视台现场直播,于漪受邀担任主持人。

在那个年代,智力竞赛还是新鲜事,电视直播更不得了,参赛师生积极性高涨。正值暑假,于漪虽想辞却这个差事,但最终盛情难却。每支参赛队包括5人,每位选手的发言必须准确无误地听进去,然后立即作出是非判断,区别

20世纪80年代初,于漪与王蒙、李存葆、马烽、理由等作家合影

紅燭于漪

高下，这对主持人提出了非常高的要求。

活动中有个小插曲。决赛要分出3支参赛队的水平，有老师提出异议，说于漪对某道题判断有误。好在央视刚从国外进口了一台转播的大机器，可以立即回放。于是竞赛停下来，大家一起察看录像，证明于漪的看法是对的。

于漪想到，为人处世公平、公正第一，不能屈于压力，脊梁骨要站得直。当时办活动格外注重社会效益，不言个人之利。

时光转到80年代中期，在国家教育委员会基础教育司的组织下，于漪到山东长岛审查中学语文教材。当时各路专家对教材充满热情，各种教材有的以主题为单元，有的以语文知识为主线，有的以写作为中心，有的以阅读能力培养为线索，体现了思想解放的成果。

于漪仔细剖析各种教材的利弊得失，学习其长处，同时告诫自己，要有开放宽容的心态，不能固执己见，更不能意气用事。

后来，于漪参加初中与高中语文教学大纲以及根据教学大纲编写的语文教材的审查工作，也总是先学习、后补台。在定夺教材过程中，她感受到探索的艰难，形成了全局视野，改变以往教学中就事论事的局限。她认为，一纲多本是可喜的现象，人气旺盛，互相促进，这样语文教学才会呈现勃勃生机。

1986年9月22日至28日，国家教委在北京召开全国中小学教材审定委员会成立会议，制订章程，审定中小学各科教学大纲。中学语文组到会的有冯钟芸、刘国正、江山野、于漪、顾黄初、张传宗、徐振维、陆继椿、欧阳代娜、李彩群等，北京大学教授冯钟芸主持工作。

先是听取国家教委副主任何东昌的主题报告，然后开务虚会。徐振维说："拿到聘书已经一年了，终于开会了。"刘国正说："人教社又编教材，又审教材。有一段时间，我签字就发稿了。现在要制度化，编、审分开，太好了。"

在持续几天的会议中，于漪作了多次发言。9月22日她说，教材是教学的根本，不解决好，提高教学质量有很大的难度。教材建设过去是出版社的事，教师只是使用，没有场合发言，实践者发言权很小；现在三结合来审定，大有进步，目中有了教师。教材要体现育人，体现培养合格公民。

在9月24日下午的发言中，于漪谈道，初中、高中教材要有明显的层次。初中教学要求太高，特别是阅读；高中要高一些，带有选拔性。她主张有基本篇目,不一定只限于讲读。基本教材要提出要求,有权威性,非达标不可。她还说,修订教学大纲既要实事求是,又要登高望远。

这次修订的基础是1978年至1980年的全日制中学语文教学大纲。专家们在理论上比较一致,集中精力编订中学六个年级的教学要求,分组分题拟订,集体议定。来自人民教育出版社语文二室的庄文中被借调到会议工作组,作为联络员参加中学语文组会议,记录下会议情况和于漪的发言。

会议期间,庄文中曾多次请教于漪,对她留下了深刻印象。于漪说,语文在情感上"特别养人",一定要体现语文育人的特质,还要培养文学鉴赏能力。9月28日下午会议闭幕后,庄文中找她告别。于漪问工作、问孩子,亲切热情。

90年代初,于漪还参与制订九年制义务教育全日制小学、初中语文教学大纲,以及全日制普通高级中学语文教学大纲。

进入21世纪,于漪投身上海二期课改,审阅从小学到高中总共12个年级的语文教材。基础型的、拓展型的、教学参考,初审、复审、复核,来来回回几百本次。她经常忙到深夜才睡觉,提出许多条改进建议,虽然累,却乐在其中。丈夫黄先生对她最大的意见是:"你不要命了!"

此外,她还参与多项上海市重大课题研究,包括2005年的"上海市民族精神教育指导纲要"、2010年的"整体规划构建大中小学德育课程"、2014年的"大中小一体化德育体系"等,提出诸多富有价值的意见。

教材是教学的依托,大纲是教材的灵魂。从20世纪70年代末到21世纪初,于漪深度参与大纲和教材的编订审查,融入新时期中学语文教学改革的进程。她是新中国语文教育峥嵘历程的见证者,更是立下汗马功劳的贡献者。

* * * * * *

改革开放后,社会生活各领域呈现新气象。于漪作为工会代表、人大代表,参与国家公共事务。她怀着一颗火热的心,为教育而奔走忙碌,调研、写报告、开会,呼吁增加投入,推动解决难题。

70年代末,于漪去北京参加中国工会第九次全国代表大会,被选为全国总工会候补执行委员,一年后成为执行委员。一届5年,每年都去北京参加执委会的会议。

第一次开会时,有个内容是分组座谈,反映基层群众情况。于漪历数第一线教师待遇的微薄与工作的艰难,工资长期徘徊在四五十元,女教师不得不拿出时间给孩子织毛衣、缝衣服、做鞋子,家务与工作常有矛盾。会议发了简报,有一期头条是"为一些行业的职工请命",登载了于漪的发言。

新当选不久的上海市总工会主席王林鹤跟于漪开玩笑:"如果是1957年,你肯定是大右派。"那个年代的人,确实对反右心有余悸。但于漪顾不得那么多,还是要说,盼望教育事业早日恢复元气。

会议期间,全国妇联邀请女代表座谈,邓颖超参加。于漪说到教育的重要性和当教师的切身体会。大家觉得,建设需要人才,人才要靠教育、靠教师。

1977年12月,于漪当选上海市人大代表。从这年起,她当了5届共25年上海市人大代表,其中包括从1979年起担任3届上海市人大常务委员会委员,还担任2届市人大教科文卫副主任委员。

人民代表为人民。在这个职位上,于漪敢说、敢做、敢担当。

80年代初,于漪受上海市人大常委会教科文卫委员会委派,到中小学调研儿童、青少年思想品德状况,同为常委会委员的毛蓓蕾与她同行,召开师生座谈会、家长座谈会、参观学校,了解到不少情况。

于漪发现,小学生说的是老师如何好、他们如何学雷锋,该是事先安排好的,学习生活中有没有什么问题呢?

她和小学生谈喜欢的游戏、崇拜的人,慢慢拉近了距离,就了解到更多情况:校门口的摊贩骗小孩的钱,路上有小流氓拦截、敲诈,甚至动手打人……

于漪安慰学生,鼓励他们要有信心,回去后,撰写调研报告,分析家庭、学校、社会的责任,为青少年成长创造良好环境。

《上海市青少年保护条例》于1987年经上海市第八届人民代表大会常务委员会发布,营造齐抓共管的局面,里面包含着于漪的一份功劳。

于漪任职于八届常委会期间,由于教育经费短缺,中小学危房、简屋问题十分突出。常委会上只要有教育方面的议题,她都要慷慨陈言,呼吁改进,认为不重视教育就是愚昧的表现。有好心人劝她说话不要那么尖刻,无形中会伤到人,她不以为意,一直为改进基础教育条件大声疾呼。

有一段时间，她和教科文卫委员会另两位副主任委员许言、孟波一起，到郊县学校去调研。天下着雨，他们看了16所中小学，只见到半个篮球场，多所学校门口道路泥泞，甚至教室里也雨水汪汪。办学经费紧张，有的学校每节课只给老师分配两支粉笔，甚至连电话也不通。一些城区学校也条件艰苦。

1984年，于漪越来越深切地感受到，教育的欠账太大了，急需补上去，就想到了地方立法。孟波要她起草建议教育立法的议案，用两个人的名义提出。

这么做在当时遇到不小的阻力，社会上有言论说，"教育是个无底洞"，反对将大量资金投入教育。但于漪还是尽力往前推。

经过调研、讨论，《上海市普及义务教育条例》于1985年通过并颁布。这比全国人民代表大会通过《中华人民义务教育法》还早一年，上海率先实施义务教育，成为全国最早用法律保障教育经费的城市，走在了时代前列。

80年代前期，教师队伍很不稳定，教育行政部门采取种种措施，防止教师流失。报纸招聘广告中常有一句："环卫工人及中小学教师不在其列。"

于漪认为，这固然出于稳定中小学队伍的初衷，对教师形象却是一种伤害。在开人代会时，她向时任上海市委第一书记陈国栋反映，想办法改变，后来广告中这样的字句就消失了。

当然，更重要的是切实提高教师待遇。有一天，在上海市委办公厅召开会议，讨论津贴的事，市人大常委会派于漪去参加。会议由主管文教工作的市委副书记曾庆红主持。与会人员争论厉害，于漪说教师需要发教龄津贴，卫生部门说护士紧缺，要护龄津贴，农业部门说农业技术人员应发津贴。

会议开到很晚，曾庆红说：大家不要争了，大家僵持在那儿，一个也加不到。教育重要，还是从教师加起，以后大家都有机会，都有希望。

市里财政很紧张，还是给每位教师每月发10元津贴。相对于原本数目就不太大的工资来说，这笔津贴已经可以补贴家用了。

从《上海市普及义务教育条例》立法议案的提出到颁行，以及后来《上海市职业技术教育暂行条例》《上海市职工教育条例》《上海市图书市场条例》的制定与通过，都凝聚了于漪的心血与智慧。

"她真正做到了有一分热，发一分光，把自己的全部身心献给了教育。"曾担任上海市人大常委会副主任的谈家桢说。

紅燭于漪

宁可得罪人,也要为教育说话。于漪作为人大代表,勤调研、敢发言,不负人民重托,积极而努力地参政议政,体现了她的责任担当。

"我真的是拉开喉咙,呐喊、嘶叫、要钱,穷啊!"时隔30多年,于漪依然记得当时为教育而奔走的那股激情和韧劲。

在1988年的上海市第九届人民代表大会第一次会议上,教育经费成为代表们热议的话题。政府预算报告中,教育经费增长5.7个百分点。当时大批知识青年返回上海,孩子到了上学年龄,小学生骤增,学校难以容纳,只好上下午两部制,半天上学、半天在家。这又带来孩子无法得到照顾的问题。

会议期间,市长朱镕基与教育界代表座谈。于漪发言提出,上海基础教育很困难,很多中小学校舍破旧落后,师资不稳定,政府应该追加投资或增加财政预算。她直言:"落实这个问题,我们不仅要看说功、唱功,关键要看做功。"

朱镕基边听边记,听到这里,插了一句话:"我的唱功可不行啊。"

60多名人大代表联名提出增加教育经费的议案,依据是国家和上海的相关法规,教育经费要做到"两个增长",即教育经费的增长"应当高于财政经常性收入的增长比例,并使其按在校生人数平均的教育费用逐步增长"。当时上海财政收入有8个百分点增长,教育经费增5.7个百分点是不够的。

为了这份议案,于漪拜访教育部门领导,走访学校,了解学校设备、校舍、师生增长等情况,核实数据。这样,普教、高教的人大代表们共同提出议案,不仅于漪签名,谈家桢和李家镐两位人大常委会副主任也签了名。

在人代会主席团会议上,与会者就这个问题立不立议案展开了热烈讨论。如果不立议案,就作为一般意见处理;立为议案,那就需要办出结果。

尽管教育经费的增长幅度已经高于卫生、科技,但于漪觉得,"法"是准绳,立了法就必须依法办事。她对"老三届"那一代的孩子特别有感情,他们已吃了很多苦,把青春奉献给北大荒、云南等地,回上海后在街道小工厂、里弄生产组工作,生存条件差。他们的孩子,上学条件应该尽量好一些。

于漪在会上慷慨发言,陈述利弊,争取非教育领域参会者的理解。

时任上海市委书记江泽民在听取大家意见基础上,最后发表意见:立为议案,修改教育预算,增幅改为8个百分点。

于漪为这样的结果由衷感到高兴,认为上海为依法行政作出了榜样。

从会议厅走出来,人大的工作人员对于漪说:"了不起,开人代会开得修改预算还是第一遭!"于漪则感叹,这就是"法"的力量。

那一年,教育预算执行的结果是,增长幅度为13个百分点,所有小学生都在全日制学校就读,享受党的阳光雨露的哺育。

人大代表肩负重担,享有参与立法、依法监督的神圣权力。通过这件事,于漪更增加了为发展教育鼓与呼的使命感。

时隔20多年,姜科撰文回忆说:"如果没有那批代表的认真和努力,小学的'两部制'也就实行了,代表们只要'理解政府难处',庶几可以向社会交代了吧。可是,于漪老师和代表们就那样不违良知,不尸位,不放弃,去做了,而且做成了。"可以说,他们的推动和坚持代表了那个年代的教育良心。

1991年,全国人大要求地方人大常委会检查《中华人民共和国义务教育法》实施情况。于漪参加上海的检查,暑假期间,走访了一些区县。

虹口区接到市财政专项拨款70多万元,用于修建中小学校舍。于漪察觉到,这笔专项经费没有落实。当时的区计经委负责人却声称,资金已到位。

她就追问,比对发放专项经费的文件,找当事人核实情况,顺藤摸瓜。结果发现,修校舍的经费被挪用,给区干部买了六套半住房。

这还了得!于漪是带队负责人,既心痛又愤慨,决心还学生一个公道。

她狠狠作了批评,并责成纠正。面对复杂微妙的人际关系和各种无形的压力,她从未屈服。经过十几次反复核实,耗时数月,在虹口区人大的支持和帮助下,事件终于得到了公正的处理,原计经委主任受到党纪处分。

在会上,于漪说:"共产党为人民,任何人不能用手中的权力谋私利。有两项款子动都不能动,一是救灾款,那是人命关天的事;二是教育款,是为孩子的事,关系到有没有良心。对学生的事要讲良心,党员要讲党性。"

对不守规矩的事如此刨根问底揪住不放,于漪会得罪一些干部,但她无怨无悔。在她看来,人民代表为人民,不为人民说话,不维护人民应有的权益,

红烛于漪

要你这个代表干什么？人大代表不是象征荣誉的头衔，不是摆设、花架子！

还有一次，于漪参加上海市人大执法检查，到一个郊县，检查教育经费落实情况。说到假期校舍修缮的事，财政相关负责人支支吾吾；再看一些学校的操场、房屋，并无动工的痕迹。在检查反馈环节，执法检查组请县里一把手到场，促进依法行政。这样，相关问题就在会上提出来，暴露不足，督促改进。

散会后，县领导很不高兴，上车时对教育局局长说："有问题，内部谈！"但于漪认为，市人大执法检查就是"内部"，这反映了县领导法治观念太薄弱。

于漪的心，一直想着教育，想着教师。她和一批有识之士呼吁，教师退休后应享受全额工资待遇，以此鼓励教师终生从教，为教好学生尽心尽力。这在90年代初的一个教师节变成了现实。教师的待遇和地位慢慢变高了，教师成为一个让人安心、令人羡慕的职业，为教育营造了良好的发展环境。

虽然社会上一直在宣传尊师重教，但于漪感受到，距离理想的状态还有很大距离，需要用实实在在的行动和举措去改进。

有一次，上海教育电视台邀请于漪作专题讲座，派车接她到电视台。同车的一位专家问她："你是哪个单位的？"她回答是杨浦高级中学的老师。他就表现出一副瞧不起的样子。电视台工作人员向他介绍，说于漪是上海市人大常委会委员，那位专家马上变了态度，变得谦和恭敬，判若两人。

除了呼吁给教师发放津贴、退休后享受全额工资待遇，于漪还与毛蓓蕾、吴佩芳多次在上海市人大提议案，要求建一个教育会堂。毕竟，上海已设立文艺会堂、体育会堂。议案转来转去，最后决定，上海市总工会筹资100万元，建立教育会堂。这里成为全国首家建立的具有省市级"教师之家"性质的会堂。

鲁迅曾经说过："我们从古以来，就有埋头苦干的人，有拼命硬干的人，有为民请命的人，有舍身求法的人，……虽是等于为帝王将相作家谱的所谓'正史'，也往往掩不住他们的光耀，这就是中国的脊梁。"

于漪，在教师岗位上教书育人，在人大代表岗位上推动教育发展，可不就是那种埋头苦干的人，为民请命的人？她，当之无愧称得上中国教育的脊梁！

* * * * * *

退休之后,于漪并没有闲下来,心里一直装着学生和老师,投入教师教育。她审阅教材、培养教师,负责上海市名师基地、德育基地、种子教师基地等多个平台的教师培养工作,继续尽己所能,为教育事业散发光和热。

程红兵形象地说:"于漪老师心里全是孩子,她的希望全在青年教师!"

既是学生的老师,也是教师的导师。她让自己烧成一团火,引燃更多教师的专业自信与工作激情,把热腾腾的教育能量传递开去。

"真的很累很累,但我觉得能够把自己有限的经验,在别人身上开花结果,这就是一种幸福。"于漪说。

从1977年开始,她就带教青年教师,有本校的也有外校的。1980年秋,上海市第十中学语文教师王缨认识了于漪,拜她为师,经常去学校听她上课、说课,每次上门求教,都得到于漪的热情指导。

1985年秋天的一个中午,王缨第二天就要参加上海市中青年教师教学评比,拿着教案去找于漪讨教。差不多12点了,于漪端着碗刚准备去食堂,听王缨说明来意,就坐下来审阅教案,指出不足之处,对结尾加以充实。

"在归结课文时,要突出石油是个宝这个'宝'字,你必须用红粉笔把这个'宝'圈个圈……"于漪对板书提出了修改意见。不知不觉快1点钟了,于漪还关心地问王缨:"你吃饭了没有?"

后来,王缨在这次比赛中获得了优秀奖。她满怀感激和敬意地说:"于老师独特的教学风格,来源于她崇高的教育思想——对学生、对青年教师、对教育事业的一片真挚的爱,一颗奉献的心。"

1982年起,杨浦区连续几年组织语文骨干教师培训班,于漪参与带教,10年间义务带教150多名青年教师,在培养青年教师方面收获了累累硕果。

教育的理想转变为现实,要靠教师。1986年,于漪发起并创建上海市教师学研究会,开展现代教师学的理论和实践研究。该会连续两次成为全国教师教育学会先进单位,所属青年语文教师论坛成为上海市社联特色论坛。

受上海市教委的委托,2010年教师学研究会对28所中小学进行教师专业发展暨师范生实习基地调研和评审,于漪带队。他们开展"种子教师"培训工作,共培训农村骨干校长和教师634名,为教师和学校赋予前进的新能量。

2006年,77岁的于漪担任上海市"双名工程"中学语文名师培养基地主

红烛于漪

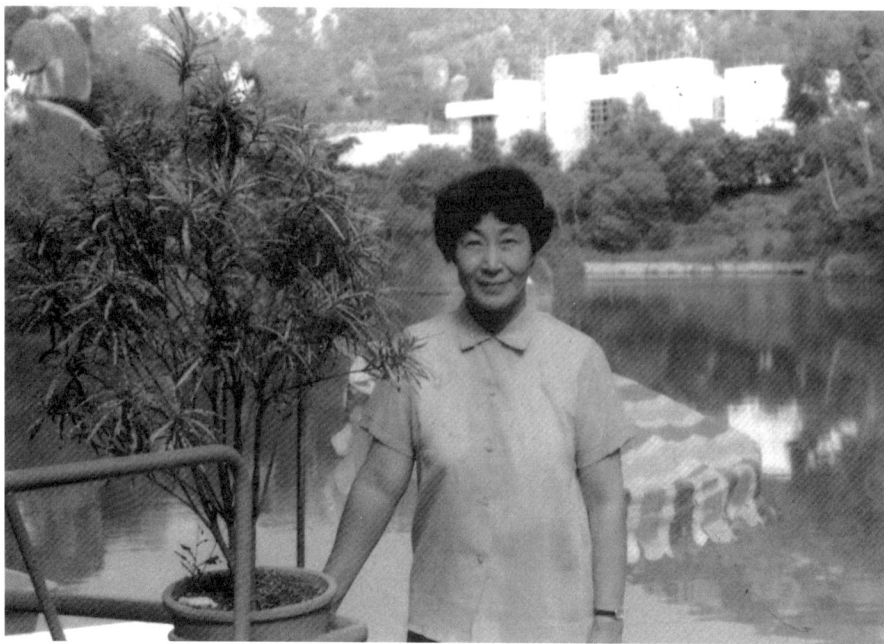

20世纪80年代后期,于漪应邀赴珠海讲学时留影

持人。她让学员完成的第一份作业是写自我认识,写出自己的特点,看到自己的长处。她写信鼓励学员:"智者有勇,勇者前行,行者无畏。行动是自信心的伟大缔造者。学生期盼着你! 祖国期盼着你!"

从2008年至2018年,于漪担任三届上海市中小学骨干教师德育实训基地语文学科主持人,每期30多人,共带教100多名青年语文教师。她倡导制定个人发展规划,形成适当分层、发展优势、定向培养、因势利导的策略。

她和学员开展说课活动,一交流就是七八个小时;就算躺在病床上吊点滴,还是跟学员讨论教学设计;去崇明、松江、嘉定、闵行,走进学员的课堂……依托这个基地,经她培养获得上海市特级教师称号的学员有10多位。

于漪引导学员积极投入课题研究。第三期德育基地学员参加"价值多元背景下中小学语文学科德育建设的实证研究",第四期学员参加"中小学语文学科育人功能纵向横向衔接的实践研究"。通过真刀真枪的锻炼提高教育研究能力。

在带教过程中,于漪采用的一种特别的教学方式是任务驱动,搭建平台"逼上马"。编写"于漪新世纪教育论丛"时,她放手让每位学员教师负责一册,《呐喊》《坚守》《超越》《凝望》《启智》《反思》共6册,分别包含编者"综论"、单元后"编者后记"等模块内容,学员们在编辑实践中获得个人新发展。

重新成为德育基地学员的谭轶斌感受着于漪的智慧与付出,不禁概叹:"中国古代文化传统讲求信仰与实践的统一、文章与操守的统一,于老师躬身践履,身体力行,不就是儒家所倡导的身教重于言教,人师高于经师吗?"

于漪乐意为教育尽心尽责,不是来自外部的压力或要求,而是主动担当。

桃浦是上海的老化工基地,在很多人眼里属于"教育洼地"。2008年,上海市普陀区桃浦基础教育联合体成立,桃浦中学老校长李金龙请于漪指导联合体工作,她欣然应允,愿意当一名志愿者。这里有着光荣的革命传统,一些学生的前辈曾参与周恩来领导的上海工人三次起义。

"他们的后代有权利接受良好的教育,健康地成长,要对得起我们的革命前辈。"于漪说道:"你们把薄弱学校聚集起来,共谋发展,体现了社会主义教育本质,我十分赞同。我已经79岁了,身体又多病,但是一定为你们的事业尽力。"此后11年里,她几乎每年都到桃浦作义务指导。

在联合体成立大会上,于漪发言提出"教师要走进学生的心灵世界";2012年在联合体第五届年会上,她为师生们作《中国教育工作者的精神、智慧和自信》报告;2013年,在联合体第六届年会暨第二轮发展启动仪式上,她殷殷勉励"希望普陀西北部崛起的标杆能够普照上海教育"……

2019年桃浦教育联合体第十二届年会举办时,于漪因身体缘故没能参加。主办方编印了《以教育自信创建自信的教育:于漪老师在桃浦教育联合体(2008—2018)》,记录于漪的10次讲话,向她致敬,也便于老师们学习。

只要身体情况允许,于漪就要进学校、进课堂、跟老师们交流。2018年5月28日,于漪到青浦区清河湾中学参加语文教学研究课,听逄立娟老师执教《一千张糖纸》,研讨"教学内容的确定"。此时,她已是89岁高龄。

在评课中,于漪称赞逄老师上课抓住了时代背景特点,有利于缩短学生和文本之间的距离。她勉励老师们,上课都要即兴创作,课堂教学中不要过分纠结于一些理念程式,要注重师生间思想的火花。

"年轻老师要不断总结经验教训:我的课哪些是好的? 为什么好? 还有哪些不周到? 为什么不周到? 这样不断总结经验,就能够发现语文教学规律,

红烛于漪

久而久之就成为专家。一定要树立自信，要有自强不息的精神，不断地超越自己。"于漪讲得掏心掏肺，那种希望教师成长成才的期盼之情，溢于言表。

退休后，于漪还开展教师专业化发展理论建设，辐射更多教师。除了主编《现代教师学概论》，21 世纪之初她还主编"现代教师自我发展丛书"，包括《教师的教学专长》《教师的人格魅力》《教师的思维品质》等两辑共 18 册。

她参加《上海教师》杂志"于漪茶座"系列座谈，聚焦"教师的困惑与无奈""把课上好""教师的文化底蕴"等议题，激励教师开拓进取，提升境界。

多年来培养教师，于漪不仅付出大量时间和精力，还把钱也搭上去。

2018 年教师节前夕，于漪荣获上海市人民政府首次颁发的"教育事业杰出贡献奖"，得到 20 万元奖金。但她还没捂热，就转手捐掉了，捐给上海市中小学幼儿教师奖励基金会，她说，这家机构可以把钱发到教师手上去。

于漪和这家基金会有着深厚的缘分。1987 年教师节，经上海市委、市政府同意，上海市中小学幼儿教师奖励基金会成立，时任中共上海市顾问委员会主任陈国栋担任理事长。此前他召开座谈会，把各委办、大口书记请来讨论筹办基金会，普教系统的代表有两个人，一个是袁瑢，一个是于漪。

当时中小学师资短缺，经费困难，音乐、美术课没老师进课堂，于漪曾在多个场合呼吁改变。她和陈国栋在人代会上是同一个组，也经常来往。可以说，基金会牵动着她发展中小学教育的心，寄托着她关爱教师的期望。

"我为什么要捐掉了呢？因为捐掉了我就心安了。"于漪淡淡地说。

教师是她心头的牵挂。为了培养教师，她不遗余力。

于漪很喜欢汪曾祺的一段话："人总要把自己生命的精华都调动起来，倾力一搏，像干将、莫邪一样，把自己炼进自己的剑里，这，才叫活着。"

她正是这样敢于倾力一搏的人，为教育奋斗一生，活得刚正，活得精彩。

* * * * * *

跟于漪打过交道的人往往会有这样的感受：尽管她担任很多重量级社会职务，得到过很多荣誉，然而她没什么架子，平易近人，和她交谈如沐春风。

这固然是因为她上课上得好，教学有方，能够做到思想净化、感情升华，同时也因为她内心仁厚,宽以待人,富有人格魅力。

她把各种荣誉和光环看得很淡,始终持有一颗平常心。作为家庭的一员,她经常做家务,营造着家庭的温馨和谐。有段时间,她星期天早上很早起床去买菜,希望让儿媳妇多睡一会儿,这反倒引得儿媳妇也早起了。于漪做家务细致又考究,扫地要每个角落都清扫干净,抹桌子要湿的抹一次、干的再抹一次。

每年大年初二,学生们去于漪家看望,她都会准备汤和甜点招待大家。

2008年初秋的一天,于漪的丈夫黄先生告诉来访者:"于老师各种家务都很在行,织毛衣、绣花、做鞋子、纳鞋底,样样都拿得起。我穿的这件毛衣,就是她用旧毛线夹一根开司米(即山羊绒)织成的,外面买的远没有这么厚实柔软。我穿着暖和,不生病,她就很开心。"当然了,于漪还能给他理发。

对于关系并非亲近乃至素昧平生的人,于漪同样以诚相待,设身处地为别人着想,不时伸以援手,对周围的世界报以最大的善意。

改革开放之初,很多人蒙受着政治上的不公待遇。范泉老先生在别人带领下去找于漪,诉说流放青海20多年的情况,希望她帮着平反、纠偏。那时于漪是全国总工会执行委员,发挥个人作用积极奔波,终于帮老先生重获清白。

范泉返回上海,长期被压抑的能量爆发出来,担任《中国近代文学大系》总编,皇皇两千万字。回看于漪助力平凡之功,不啻他生命中的大恩人。

在于漪眼里,人没有贵贱之别,保洁阿姨、食堂员工、门卫师傅都值得尊重,都需要关爱。她常念着别人的不容易,买东西从不还价,还经常多付钱。

2007年9月,于漪在扬州参加教材审查专家工作会议,其间去游览古运河,三个人坐了两部人力三轮车。于漪早早准备好车资,特别给一位拉车师傅多一些钱,因为他拉了两个人。她禁不住说:"他们不容易啊!"

小区里有名清洁工,表现很出色,一天他告诉于漪将要离开,因为小区换了物业公司,工人也要换。于漪给小区业委会主任写了一封信,说这位清洁工做事认真,一个岗位关系到他整个家庭的生活,希望业委会考虑让他留下来。后来,清洁工得以继续在小区工作,避免了生活上的波荡。

2019年9月底,于漪带病去北京接受"人民教育家"荣誉,得到工作人员的照料。临行前,她向他们询问地址,回到上海后,分别写明信片,表达感谢。候机时,她吸着氧气,解答医务人员子女教育的问题,一片热诚。

红烛于漪

她心里装着别人,时常换位思考,体谅对方的难处。

《语文教学通讯》刚创刊时,陶本一在过传忠带领下,去找于漪约稿。他正盘算着怎么说客套话、跟这位语文教学界的"大名家"切入正题,于漪却从办刊难度说起,一下子打消了他的拘谨感。她把来客都引入谈话中,真诚而平和地讨论,没有一点架子。陶本一离开她家时,仿佛觉得她是位老朋友。

"她是那么设身处地地为年轻人着想,又是那么想方设法地为年轻人解难,任何人都会感受到这种真诚的可贵。"陶本一感叹道。

1982年,安徽一所偏远乡村小学教师王秀蓉得了耳疾,对未来一片迷茫,偶然在《语文教学通讯》上读到于漪的《教心必先知心》,就写信向她倾诉面临的烦恼和困境。没想到于漪很快回信了,邀请她到上海。

于漪从车站把王秀蓉接回家,给她铺床展被,做荷包蛋加糖当早餐。接下来,陪她乘公交车去五官科医院看病,帮她挂号、问询。于漪还鼓励王秀蓉树立生活的信心,坚守讲台。面对远方的陌生人,她视同亲人,满腔爱意。

1999年,王秀蓉看到评选职称的文件,万事俱备,只差一篇论文。于漪及时伸出援手,指导她发表论文,助她成为黄山市第一位小学的中学高级教师。

一封信居然开启如此深厚的缘分!几十年间,王秀蓉跟于漪只见过三次

1982年元旦,来自四面八方的学生看望于漪

面。于漪的善良和爱心却融化在大量书信中,融化在寄去的满架个人著作里。

身在病中,于漪心里也装着弟子。1983年初,杨浦区教师进修学院要李熹给全区初一语文教师分析《听潮》这篇课文。当时于漪正带教李熹,她突然生病住进医院,还是托儿子把《听潮》有关材料和一张纸条交给李熹。

纸条上说,选入教材的《听潮》已对原文作了删节,主题也与原文不同,要按照教材内容给老师们辅导。李熹感动地说:"我分明从字条中看到了于漪老师对青年教师的热情关爱,看到了于漪老师对工作的强烈责任感。"

于漪对金钱看得很淡。她把政府发的奖金捐出,用特级教师津贴给学生订报刊、买书、补贴生活。去老少边穷地区讲课,她也从不计较报酬的事。

长时间里,于漪和家人都过着俭朴的生活。他的儿子黄肃回忆,直到28岁结婚,他都没穿过一双皮鞋。杨浦高级中学李琳发现,于漪去北京领奖时穿的外套和衬衫,是老早以前的衣服。

这是一个家风淳厚的家庭,三代人共有6名教师——于漪和丈夫、儿子、儿媳、孙女、孙女婿,都从事教育工作,是名副其实的"教师之家"。

"从小,我就立志成为一名教师。家庭教育,特别是奶奶对我影响是最深刻的,她润物无声,教会我学为人师、行为世范的为师之道。"孙女黄音说。

如果说于漪有什么爱好,那大概要数京剧了,大学时代就参加社团活动,工作后也没丢下。她常去天蟾剧院看日场的京剧,或者通过央视戏剧频道过京剧瘾。只要电视上有老生于魁智的选段,她就停下手中的事情,用心欣赏。

"京剧是我们的国粹,唱腔曲词无一不美。许多戏中所倡导的文化精神,到现在仍然是值得用心体悟,并努力弘扬的。"京剧丰富着她的生活。

罗曼·罗兰说:"我称为英雄的,并非以思想或强力称雄的人;而只是靠心灵而伟大的人。"于漪,不愧为这样的英雄!

红烛,徐正濂书

第十章

研究于漪，学习于漪

于漪老师育人是一代师表，教改是一面旗帜。

——柳斌《在于漪教育思想暨从教50周年学术讨论会上的讲话》

在中学语文教育界，于漪这个名字，吸引了几代人的关注——

人们关注她的课堂教学，思路开阔，善于互动，言语流畅，富有魅力；

人们关注她的教育思想，教文育人，因材施教，从中国大地上生发出来，穿越时空，散发着勃勃生机；

人们关注她的人生姿态，一辈子做教师，一辈子学做教师，勤奋求索，甘于奉献，成为师者的楷模；

她的影响力从教育界扩展至广阔的社会领域，是办学有方的师范校长，扶助后学的教育导师，信念坚定的共产党员，敢言尽责的人大代表……

一篇篇文章，一本本著作，建构起一座巍峨雄壮的教育智慧大厦；一块块奖牌，一张张证书，映照着她的非凡成就和卓越功勋。

几十年来，人们研究于漪，学习于漪，用她的教育思想和方法指导教学，从她的精神品格中汲取干事创业的力量。

＊　＊　＊　＊　＊　＊

　　于漪最早作为被报道对象出现在媒体,是在1965年。她上毛泽东的《民族的科学的大众的文化》公开课,在全市范围的教师面前亮相,《上海教育》为此刊发文章《富有思想性战斗性的语文课——记于漪老师教〈民族的科学的大众的文化〉》,对她的课给予积极评价。

　　十年浩劫打乱了正常的教学秩序,于漪也受到巨大冲击。但她从来没有消沉下去,拨乱反正之际,迎来了教师生涯新的春天。

　　1977年10月17日,《文汇报》在第二版头条刊登《为了对祖国下一代负责——记杨浦中学教师于漪》,并登载评论《人民教师光荣》,展现她忠诚党的教育事业、呕心沥血培育无产阶级革命事业接班人的事迹和风采。

　　这篇报道,连同两天后她在电视直播公开课《海燕》,标志着那个有拼劲、有魅力的于漪重新回到了公众的视野。

1977年10月17日
《文汇报》

红烛于漪

她是那样的激情勃发,带领两个班在恢复高考后100%升入大学,1978年被评为特级教师,参加全国妇女代表团赴日本访问……

作为一家教育专业媒体,《上海教育》再次把目光投向这位实力非凡的中学语文教师,1979年第3期推出记者徐金海、金正扬撰写的《语文教学的艺术——记杨浦中学特级教师于漪》,配发短评《语文课要上得有"味"》。

上海教育出版社甘雪娟遵照教育部门领导的意见,希望将于漪的教学经验整理成书,于漪认为只是经验碎片,一再辞谢。徐金海和金正扬听课时,又说起写书的事,方法是于漪口述、他们采写。这样她同意了。

两位记者作了扎实的采访。每星期六下午,他们带着录音机,向于漪提问,她来回答,还进课堂听课,召集座谈会,听取在校学生、毕业生的感受。

1981年8月,徐金海、金正扬编撰的《中学语文教学探索——特级教师于漪的教学经验》由上海教育出版社出版。封面是暗红色,装饰着淡淡的竹叶,朴素清雅。主标题八个字是金色,非常醒目,而副标题在最下方,字小且为白色,很不显眼。于漪说,不想冠以自己的名字,所以作了这样的装帧处理。

正文共28篇,从个人风采、备课、授课、作文教学、阅读教学、学生反响等方面展开,附教案摘录和课堂实录片段,对她的教学进行了全景式记录。行文颇能显示记者的特点,事例生动,朴素流畅的文字中包含着丰富的情感。

罗竹风在序言中称赞此书出版是"一件大好事",认为"全面地总结了于漪同志语文教学的全部经验",热情地向中学语文教师推荐这本书。

《中学语文教学探索》是研究于漪教育思想和教学方法的第一部专著,可谓开山之作。其详细的记录、精到的评述使得此领域研究刚开始就处于高水平。

书出版时,正值于漪从教30周年。

这年,《人民教育》第4期刊登郑保生撰《关于语文教学的启发性——上海特级教师于漪同本刊记者的谈话》,于漪首次在国家级教育媒体亮相。

1985年4月16日,《中国教育报》刊登记者陈亦冰、王厥轩撰《开拓者的风范——记上海市杨浦中学特级教师于漪》,凝望这位教育典型人物,称赞她是不懈的开拓者,把她"点、线、面、体"立体化的教学方法介绍给全国读者。

那是一个风云激荡的年代。于漪在教学路上不断探索,形成新思路、收获新成果,她的实践经验也越来越多地被人们学习借鉴。

　　　　　＊　　＊　　＊　　＊　　＊　　＊

　　进入20世纪90年代,于漪在教学、治校、带教青年教师、参加社会服务等方面取得更加丰硕的成果,相关研究和学习活动也呈现新的特点。

　　1991年12月7日至8日,于漪从教四十周年教育教学思想研讨会在上海市第二师范学校举行。这是第一次围绕于漪教育教学思想的学术研讨会,折射出教育界对她成就的推崇。

　　国家教委师范司、上海市政府教卫办主任王生洪等致贺信,张志公、罗竹风、陈伯吹、刘国正、陶本一等撰文题诗表示祝贺,300多人参加会议。

　　著名生物学家谈家桢夸赞于漪:"40年来,她洒下的汗水、付出的心血、取得的成就、作出的贡献,无不使人敬佩。她堪称人民教师的骄傲。"

　　"思想境界,语文素养,以及教育理论的掌握和灵活运用,三者不可或缺。于老师教学艺术之高超,教学之所以卓有成效,实得力于三者俱备。"曾任全国政协常委的著名语言学家张志公这样评价。

　　于漪在《奉献,教师的天职》发言中说:"我,一名从事基础教育的普通教师,深深领悟到教师应该具有通体透亮的红烛精神,教师的天职在于对学生做无私的奉献。"她提出对教师职业的四种认识,须热情似火、师爱荡漾、功底厚实、开拓创新,告白她做教师的信条是甘为红烛燃自身、甘为泥土育春花。

　　"请将你的脂膏,不息地流向人间,培出慰藉底花儿,结成快乐底果子。"于漪朗诵了闻一多的诗,深情地说:"假如我有第二次生命,我仍然毫不犹豫地选择教师这崇高而又神圣的职业,因为'给'永远比'拿'愉快。"

　　早在此前两年,上海中学语文教育界就有人酝酿为于漪举办纪念活动,她没同意。到了1990年,这个话题又提出来,市、区教育局领导也过问,于漪就说:"举行个人庆贺活动,即便再隆重热闹,意义也是不大的。如果借此机会,中语界的同志聚在一起,搞教学研讨,扎扎实实讨论几个专题,我赞成。"

　　从会议的举办效果看,确实成了语文教育界欢聚的盛会。于漪认为,这样的研讨活动为的是宣传教师这一崇高职业,而不是为她自己。

　　1999年,上海开展"今天怎样做教师"大讨论,在此基础上又进行"我心

红烛于漪

目中的老师"征文活动,结果发现,"于漪"这个名字出现次数最多,获得的评价最高。专家和同行评价,于漪既善为"经师",又善做"人师"。

各地教改探索如火如荼,年轻教师教研活动热情高涨,在这样的形势下,青年语文教师联谊会应运而生。成立后,被中国教育学会中学语文教学研究会吸收为团体会员,定名为"青年语文教师研究中心"。

这批青年教师想开展研究,就拿于漪当榜样,成立于漪研究课题组。他们设立若干题目和方向,探究于漪的教学方法和成就。在这过程中,于漪积极支持,给他们作报告、写信鼓励、提供研究资料,还帮着修改成果文本。

1999年3月,全国中语会青年教师研究中心编撰的《于漪语文教育艺术研究》由山东教育出版社出版,陶本一作序,共包含18篇评论文章,内容涉及于漪的为人风范、教育贡献、时代特色、思维特征,以及于漪教学的感染力、吸引力、艺术感觉、板书艺术、创造观,还有于漪教育思想相关研究等。

就这本书的作者而言,陈军、陈小英、罗华荣各写2篇,上海"于漪教学经验总结"课题组集体完成1篇,其他12位作者共完成11篇。从中不难发现,在90年代,于漪教育思想和教学特点已经足够新颖、足够丰富,成为教育界研究的热门话题,吸引了众多研究者的热情参与。

"于漪的人格美,体现在两大方面,一是崇高的信念,二是深厚的爱心。"陶本一在序言中这样总结道。她的信念,就是甘愿当一辈子合格的中学教师,为中华民族素质的提高奉献一切;她的爱心,体现为永远爱着每一个学生。

陶本一同时指出了80年代于漪研究存在的不足,即研究经验的多、挖掘本源的少,谈论艺术的多、阐述思想的少,有必要剖析于漪教育之道的内核。

陈军提出,以于漪为代表的一批特级教师的实践经验,无疑就是一部当代中国"活的语文教育学",把她放在共和国语文教育发展史上去衡量评价,可谓理论视野开阔。他认为,于漪的教育理论贡献主要体现为语文的性质观、目的观和教学观,并大胆提出了"确认于漪是当代教育家"的命题。

陈小英称赞于漪是"当代中国语文教育界最具重大社会影响的代表人物之一",她的教学"情境说""兴趣说",以及对课堂教学结构全方位的改革优化,都既有深厚的历史积淀,又洋溢着批判的精神。

上海"于漪教学经验总结"课题组在《于漪语文教育观概论》一文中,把于漪教育思想归结为全面育人观、整体教学观、自我塑造观，称为"社会主义中国特色的语文教育思想和教学实践"，提供了一种概貌式认识于漪教育思想的尝试。

如果说《中学语文教学探索》是第一部研究于漪教学特点的专著，《于漪语文教育艺术研究》则是第一部研究于漪教育思想、教学方法的论文汇编，两部著作共同代表着20世纪于漪教学经验与教育思想研究的最高水平，启发着新世纪更多、更丰厚的研究成果。

* * * * * *

既然有了1991年庆祝于漪从教40周年的先例，每到逢"1"的年份庆祝她从教整十周年，就成了上海语文教育界共同的期盼，演化为一项惯例。进入新世纪，于漪相关研究向纵深发展，在著作、论文方面呈现新的特点。

2001年9月28日，"于漪教育思想暨从教五十周年学术讨论会"在杨浦高级中学举行。于漪1951年毕业、当教师，时间不觉过去了半个世纪。

原国家教委副主任柳斌在讲话中说："50年来，于漪老师育人是一代师表，教改是一面旗帜。让我们大家都来学习她这种诲人不倦和永远进取的精神，为我国教育事业的进步作不懈的努力。"他高度肯定了于漪对中国教育的非凡意义，这也成为人们评价于漪教育成就的经典表述。

群贤毕至，高朋满座。上海市政府副秘书长王荣华、市人大科教文委主任夏秀蓉、国家督学吕型伟、市教委副主任张民生、杨浦区区长岑富荣、区教育局局长姚家群出席，方仁工、张定远、欧阳代娜、钱梦龙、黄玉峰、程红兵、高万祥等600多人参加活动。于漪就是那面旗帜，把八方专家友人聚拢起来。

于漪作《让生命与使命结伴同行》发言。谈自我认识，她说"我有两把尺子，一把尺子量别人的长处，一把尺子量自己的不足"；谈自我挑战，她说"做了一辈子教师，一辈子学做教师"；谈自我超越，她说"师风可学，学风可师"；她最想做的，是"把有限的生命融入常青的、伟大的、辉煌的教育事业中"……

殷殷红心，滚滚热情。从教五十年，她始终浑身充满力量！

纪念活动包含一系列内容，教育特色鲜明。东方电视台事前录制专题片

红烛于漪

2001年，王荣华向柳斌赠送《于老师》专题片录像带

《于老师》，会上举行《于漪教育文丛》和《于漪文集》首发式。全国中语会青年语文教师研究中心次日在杨浦高级中学召开了"走近于漪"恳谈会。

面对近60名青年教师，于漪逐个回答他们的疑问，谈论对阅读教学、文言文教学、语文与数理化的关系等看法，为他们解疑释惑，指引前行方向。

这次活动开创了一种个人的新做法，就是把新书发布与教育思想研讨并进行。后来，于漪多种新书发布时也同步举办了研讨交流活动。

2007年9月6日，于漪《岁月如歌》首发式暨"从《岁月如歌》谈教师成长"主题论坛在杨浦高级中学举行，上海市教委副主任尹后庆、市科教工会主席夏玲英、上海教育出版社社长包南麟、杨浦区副区长吴乾渝、区教育局党委书记朱小奎和局长王平等400多人参加，市教委教研室语文教研员谭轶斌主持。

于漪说："起初我想，我是一个平平常常的老教师，有什么好研究的呢？特级教师，劳动模范，都只是个符号而已，除了表明党和人民对我的厚爱外，不能说明什么。继而我又想，大家说要研究，就研究吧！我就做一只麻雀，让大家来解剖，看当教师应该具备怎样的素质，看教师成长的轨迹。"

复旦中学教科室主任孙宗良提出："我们在于漪老师身上看到的那种执

着追求、九死不悔的民族精神,实际上就是中国教师之'魂'。"

"一个人如果没有经历痛苦,或许只会有卑微的幸福。伟大的幸福必是产生于巨大的痛苦之后。于漪老师的生命力来自她所承受的痛苦的分量,来自她内心坚定的信仰。"听了于漪对早年经历的回顾,谭轶斌感慨道。

上海师范大学博士罗华荣说:"于漪老师是我国当代语文教育界一位优秀的代表人物,她是人格高尚、学识深厚、思想深邃的教育家。"

尹后庆感受到于漪思想和行为的震撼力,他总结道:"在于漪身上,体现着一位人民教师的庄严而神圣的责任感和责任心。古来多少人追求不朽,但真正不朽的是能把自己的生命融化在伟大事业中的人。作为一位人民教师,当她把自己的一切都献给培育一代人的事业的时候,她应该是不朽的。"

2008年12月31日,"教育的生命力在于教师成长"于漪教育思想研讨会暨《于漪新世纪教育论丛》首发式在杨浦高级中学举行,中共上海市委副书记殷一璀、副市长沈晓明致贺信,市政协副主席王荣华、市教卫党委副书记莫负春、市教委副主任李骏修、杨浦区委书记陈安杰、区长宗明等300多人参加。

这也是杨浦区纪念改革开放30周年活动之一。会上,于漪作《教育的生命力在于教师成长》发言。她谈及正在带教的名师基地学员,列举了三个例子,从他们身上感悟到教育的道理,获取能量。她坚定地说:"一名教师必须要苦中有乐,学生的成长就是你的成就,别人的需要就是你的价值。"

21世纪以来,学界研究于漪不仅形成专著,而且涌现出一批学位论文。

2006年7月,朱晓民著《于漪语文教学知识发展研究》由山西教育出版社出版。这可谓一部"深掘井"式的著作,针对一个不太大的方向,向下开掘。整本书是朱晓民博士论文的一部分,分为8章,阐释于漪语文教学知识及其发展的个性基础、能力基础、专业生活基础、机制、途径等。

作为全书核心观念的"教学知识发展",来自范良火在美国芝加哥大学社会科学学院完成的博士学位论文《教师教学知识发展研究》,2003年出版。

与常见的研究于漪的单篇论文相比,《于漪语文教学知识发展研究》具有更严密的理论框架,论述更精微,这是显著优点。然而该书在研究方法上以大量国外学说阐释于漪教育思想,存在重技而轻道的倾向,在一定程度上削弱了于漪教育思想的丰富性,是为遗憾。

紅燭于漪

于漪对此项研究给予了积极支持。受朱晓民导师陶本一邀请,她担任其博士学位论文指导教师,2005年底参加了论文开题,给出研究建议。

2008年12月,上海教育报刊总社主编的《于漪的生活状态:平凡而富于情趣》由华东师范大学出版社出版,系《上海教师》丛书卷六。该书以于漪为主线,包含6篇主题文章、18篇于漪访谈和3篇于漪署名文章。

书名同题主打文章在体例上近于长篇人物通讯,作者为孙宗良和兰保民。该文着重写于漪的日常生活状态,通过一个个故事,折射其人格魅力。另外5篇文章有的具备研究性质,有的是书评,有的是工作感悟,共同特点则是对她的推崇之情,要学习她的教育之道和为人风范。

"于漪茶座"是《上海教师》设立的谈话类活动,举办过若干期,书中把交谈的内容整理出来,按主题呈现,从中可以看到于漪的敏捷思维和智慧火花。

于漪教育思想有着深厚的内涵和强烈的现实指导意义,可谓一座教育研究的富矿。通过中国知网检索发现,从2003年开始,于漪成为整篇硕士学位论文的研究主题,至2018年总共有18篇。

2003年5月,河南师范大学刘安娜完成《于漪语文教育思想及教学模式研究》,广西师范大学赵丹完成《特级教师于漪语文教育思想研究》,都选择了"于漪语文教育思想"作为研究对象,是硕士学位论文研究于漪的较早记录。

此后的16篇论文中,研究对象还包括于漪的人文教育思想、语文教学智慧、阅读教学观、作文教学思想、课堂教学语言等。

这18篇论文来自13所师范类高校,包括广西师范大学、山东师范大学各3篇,沈阳师范大学2篇,按完成时间顺序,河南师范大学、南京师范大学、四川师范大学、上海师范大学、内蒙古师范大学、湖南师范大学、福建师范大学、华中师范大学、淮北师范大学、浙江师范大学各1篇。

山东师范大学马先义、沈阳师范大学王晓霞两位导师分别指导两名学生研究于漪的硕士学位论文。目前尚未发现专门研究于漪的博士学位论文。

* * * * * *

一把刀,因为磨刀石的砥砺,变得更加锋利;一块钢,在火的淬炼中,变得更具强度和韧性;一种学说,经过了质疑和批评,变得更有真理的力量。

于漪有没有被批评过? 有。不仅有,而且批评来得异常凶猛。

2004年1月,四川成都《教师之友》杂志在新年首期推出"那一代"专题,对影响中国基础教育界的三位"高山"级语文特级教师魏书生、于漪、钱梦龙进行批评,声称"任何陈旧和过时的思想都不可能长久地顶住新的需要"。

尽管杂志提出了"价值反思"的命题,实际上包含着"打倒偶像"的批判意图,从三篇主打文章的标题可以嗅出火药味——《魏书生:技术主义和权威人格的末路》《于漪:一个曾经的偶像》《钱梦龙:方格之内的圆融》。

蔡朝阳的文章写道:"魏书生缺乏超越于功利之上的人文关怀,缺乏站高望远的知识视野,缺乏对教育作为必要的乌托邦的切身理解,而只能成为一个对应试教育服服帖帖,对教学大纲亦步亦趋,唯技术论的、匠气十足的语文教师。"

卢军提出,钱梦龙的"三主"理论是尽人皆知的教育常识,他那一代名师作为应试教育的成功操作者而走上名师之路,课堂教学看似"出神入化",实际是"茶壶里面起波涛",没能通过编写教材而开辟教法改革新的天地。

《于漪:一个曾经的偶像》署名景诵、白尘,从标题中就可以看出作者审视偶像、解构权威的意味。作者先是称于漪为"语文教学界一代情感派大师",对当代基础教育和教师影响深远,然后从几个方面展开批判——

在文与道的关系方面,"更多的时候,于漪是以道为先的,有时甚至牺牲文,以文祭道。她的所有的激情与语文的诗意,都是建筑在'道'之上的。文本的自觉意识并没有在于漪的精神世界里形成"。作者提出,于漪过分因袭某些陈旧的宏大话语,有时无法从文本的张力出发来寻求对文的教学与阐释。

文中说:"思想先行,可能是于漪甚至是那一代所有语文教师的文本认识论。道统先于语文的意识,这是于漪的缺陷,也是那一代语文教师的悲哀。"

作者的第二个批判目标是"于漪'与时俱进'的高速度",认为她在不同年代响应"强调思想政治教育""重视语言能力训练""强调人文""宣传新课标"等热点,以致显得无所不包、无所不能;同时讥其对"人文"的认识局限于语文教育中进行的思想、道德、情感教育,缺少了对教育文化的叩问。

最后作者说:"于漪只能产生于那样一个特定的文化极端匮乏的时代,而

紅燭于漪

在现在这样一个信息资源日渐丰富的时代,可能也不再需要于漪这样的名师了,因为于漪们是无法以他们的精神力量来引导这一代人的成长的。"

乍看上去,三篇文章都气势不凡,总的目标似乎是要把三位偶像式人物打倒批臭。但几位作者批判有余而建设不足,尽管个别小的观点有一定道理,譬如说钱梦龙公开课上事先精心准备师生问答是对语文教学的曲解、嘲弄和作贱,但总体而言立场偏颇、论证粗疏、个人意气过重,主要观点经不起推敲。

就文道关系而言,于漪主张"教文育人",说她"以道为先"不算错,但指责她缺乏文本自觉意识则是没有根据的臆想。翻阅于漪的教案、课堂实录和教学随笔,很容易发现她重视文本,对字、词、句、篇剖析精到,时有灼见。

至于说于漪跟随形势过紧、变化过快,更是失之公允。实事求是、与时俱进是认识世界、开展工作的一般方法,针对教育教学中的新情况、新问题,自然需要用新的观点去应对,于漪之"变"正是求索精神的体现。

而且作者有两点没认清:一是于漪教学主张"变"中有"不变",一以贯之的东西就是对育人目标的坚守、对发展学生的追求;二是于漪之"变"并非简单的跟风,更多是得风气之先的呐喊,譬如"弘扬人文"引领了时代潮流。在特定的历史条件下,这需要过人的勇气和识见,功绩卓然,不容抹杀。

三篇文章还有个共同特点,就是批评三位偶像人物"不能做什么""没做到什么"。殊不知,任何一个人,包括在历史上做出巨大贡献的人物,都有能力局限,不可能十全十美。与其站在"全知全能全对"者的高度去指摘偶像,不如先肯定他们的成绩与贡献,进而去改进、建设,创造新的成果。

《教师之友》杂志原本希望发起一场教育大讨论,从教育理念到教学实践整体推进,实现教学话语权从"那一代"到"新生代"的转移,但从后续几期情况看,除了在网络引发一些关注,后面三期杂志通过"编辑手记"作了回应,延续此论调的批评性文章未再出现,"客观上,编辑部还是承受了相当的压力"。

或许,杂志对于"那一代"存在先入之见,"打倒偶像"的立意造成议题设置不当,三篇文章尽管迎合了部分"愤青"读者,但与语文教育界整体的认知存在明显差距,所以会出现讨论雷声大雨点小、虎头蛇尾的情况。

时隔四个月,《教师之友》第5期刊登上海师范大学李杏保、方友林的对话《超越,并非推倒"高山"》,回应"那一代"三篇文章,肯定几位年轻教师作者不畏权威的精神,也对三位特级教师的成就和缺陷作了心平气和的分析。

李杏保从专业背景角度提出,三位"高山"级语文特级教师都不是中文教育专业背景,这样很容易经意或不经意地忽视语文教育自身的特点,影响按其自身应有的规律有效地改革与发展。他还认为,于漪毕竟未受过汉语言文字专业的系统教育,因而自身汉语言文字教育的底蕴难免有所不足。

文章重新界定两代教师的关系,提出标题显示的核心观点:"我们'那一代'的'高山'还有可圈可点之处,没有风化、残损、剥落到不堪入目的地步。至少,新生代目前的任务还不是'移山'或'推山',而是提升品位,让视界水平线有所提高,看得更高些、更远些,从而尽可能快捷地去逾越'高山'。"

于漪就是于漪,她的成就不会因为几篇文章的质疑而受到贬损。经过一年多的沉淀,2005年3月28日《中国教育报》刊登《一辈子学做教师——三问于漪》,高度赞赏她的崇高思想境界。作者沈祖芸评价:"于漪,是中国教师的形象代言人,是教育改革的创造实践家,是与时俱进的完美体现者。"

四川师范大学李华平认为,十多年过去,《教师之友》的批判文章由于缺乏必要的学理推究而失之武断,其负面影响日渐显露。李华平还在2014年提出语文教学要走正道的主张,发出"重读叶圣陶,学习'那一代'"的倡议。

于漪对"那一代"的评论持淡然的理解态度,她把个人得名归因于时代际遇。2019年,她在回应孙女黄音的提问时说:"事物总是向前发展的,语文教育事业也如此。长江后浪推前浪,应该是一代更比一代强。至于说到'偶像'问题,我认为那不是某一个某几个人很特别,很了不起,把它放在特定的历史背景下来考察,就会更客观,更符合事物的本来面目。"

志在远方的人,不会因为沿途遇到一点小的干扰,而停下前行的脚步。

那场激烈的讨论已经渐渐远去。时间正在证明,于漪的教育思想、教学方法并未被当时的"新生代"推倒,她也没有因外在的质疑而退出语文教学舞台,相反,她的教育思想得到越来越多的认可,成为中国基础教育的宝贵财富。

* * * * * *

于漪曾获得众多荣誉称号:上海市中小学优秀校长、上海市优秀共产党

红烛于漪

员、上海市优秀教育工作者、教育督导先进工作者、全国"三八"红旗手、"五讲四美为人师表"优秀教师、全国先进工作者……还两次获评上海市教育战线先进工作者,四次获评上海市劳动模范,五次获评上海市"三八"红旗手。

荣誉是对她成绩的认可,是对个人付出的表彰,也树立起榜样的形象。

进入2010年代,于漪老当益壮,退而不休,继续在教育征途上奋勇前进。

"2009中国教育年度新闻人物"评选活动颁奖仪式于2010年2月2日在北京举行,于漪当选为2009教育年度新闻人物,到现场领奖。此次评选由《中国教育报》和中国教育电视台主办。

2009年是中华人民共和国成立60周年。于漪在颁奖会上感慨:"这一年能够评上中国教育的新闻人物,是我这名80岁的老师此生有幸,因为这是主流媒体对我们基础教育的关注,和对我们基础教育教师的重视。"

"我想要教育学生成人成才首先要教育自己,自己随着时代的发展不断地进步,诲人不倦首先要学而不厌,一辈子学做老师是我心中的一种感悟,因为教师的生命是在学生身上延续的,教师工作的意义是在学生身上体现的。我一辈子做教师,一辈子让自己的生命和我肩负的教书育人的使命结伴同行。"她深情地说。

组委会的颁奖词为:"她已是80岁的耄耋老人,有着60年的教学生涯。至今,她依然活跃在语文教学改革的第一线,坚守'在讲台上用生命歌唱'。她深爱着学生,痴迷着语文教学。'我做了一辈子教师,但一辈子还在学做教师!'她用这样的话语不断地鞭策着自己,也勉励着更多的青年教师。于漪,师者的楷模。"

2010年9月9日,在第26个教师节即将到来之际,时任中共中央总书记、国家主席、中央军委主席胡锦涛在中国人民大学世纪馆接见全国教书育人楷模和教育系统抗震救灾先进集体、先进个人代表。他同大家一一握手,询问他们的工作和生活情况,向他们表示崇高的敬意。于漪受到接见。

"受到总书记的接见,这不仅是我个人的荣誉,更是中央领导以实际行动向全社会提倡尊师重教的风尚。"于漪对此感到既自豪又充满责任感,"我们要建设好一支德才兼备的教师队伍,要把每一个孩子教育好。总书记接见的时间是短暂的,但对我们的影响和鼓舞是永远的。"

9月10日下午3时半,全国教书育人楷模颁奖大会在教育部二楼报告厅举行。时任中共中央政治局委员、国务委员刘延东出席,为获奖者颁奖。

首届"全国教书育人楷模"评选活动由教育部会同有关新闻媒体联合举办,31个省市区和新疆生产建设兵团共推荐96名候选人,120多万人参与报纸和网络投票。评选委员会组织专家根据投票结果进行评选,最终确定10名"全国教书育人楷模"和22名"全国教书育人楷模"提名奖获得者。

在评选结果揭晓之际,教育部先期于9月7日下发通知,在全国教育系统开展向全国教书育人楷模学习的活动。通知指出,全国教书育人楷模,集中体现了新时期人民教师忠诚党的教育事业,热爱祖国、服务人民,教书育人、为人师表的高尚师德和无私奉献精神,是广大教师和教育工作者的杰出代表。

这是教育部首次举办全国教书育人楷模评选活动,此后每年在教师节之际公布新一届评选结果。除了荣誉证书,于漪还得到一台电脑作为奖励。

10月14日,于漪同志教育思想研讨会暨全国教书育人楷模"每月一星"学习宣传活动在复旦大学光华楼13层举行。教育部统一部署,从2010年10月到2011年7月,在全国通过报告会、研讨会、座谈会、影视剧、话剧、专题网页等形式,每月围绕一位全国教书育人楷模集中开展富有特色的学习宣传活动。

复旦大学党委书记秦绍德在致辞中说:"我们为有像于漪这样优秀的校友感到光荣。复旦大学党委已经作出决定,号召全校向于漪校友学习。"

于漪分享了她在北京三天受到领导人接见、观看晚会、参加颁奖大会的见闻,感到一直都处在激动和不安当中,一直在学习。她说:"生命是有限的,我已经到81岁了,但是在这样的盛世,在这样强教的气氛下,我一定要竭尽全力,培养好中青年教师,使得我们上海的教育青枝绿叶,灿烂辉煌。"

中共上海市委副书记殷一璀说,于漪老师的教育思想对深化教育改革、推进素质教育意义重大。号召上海教师学习于漪,自觉践行为人师表的要求,以学生为本,提高教育质量,为实现教育规划纲要目标而努力奋斗。

于漪的学生、上海市教师学研究会常务副会长王厥轩,上海市杨浦高级中学教师陈小英,上海市北中学校长、语文特级教师陈军,复旦大学法学院教授郭建先后发言,畅谈于漪教育思想和教育人生对自己的影响。最后教育部师范司司长管培俊讲话,宣布"每月一星"学习宣传活动启动。

红烛于漪

现场还进行了于漪教育著作、《世博一课》的赠阅仪式和于漪专题片展播。中共上海市教卫党委、市教委围绕学习全国教书育人楷模于漪先进事迹，开展"十个一"系列宣传活动，除了此次研讨会，还包括于漪先进事迹报告会、"爱的教育"征文、于漪学习资料专辑推广、于漪专题片制作等活动。

这是继1991年、2001年、2008年之后的第四次于漪教育思想研讨会，也是首次在于漪任职单位上海市第二师范学校或杨浦高级中学之外举办。

2011年11月5日下午，"薪火相传话师魂——庆贺于漪老师从教60周年"活动在上海远程教育集团国际会议中心举行，"于漪教育视点丛书"4册同时首发。此次活动由上海社会科学界联合会主办，为社联学术活动月论坛之一，上海市教师学研究会承办。上海市教委主任薛明扬出席。

上海教育发展基金会会长、上海市教师学研究会名誉会长王荣华特意书写"师魂"二字，现场赠送给于漪，表达对她的敬意。

原全国青年语文教师研究会会长、语文特级教师程翔提出，于老师对青年教师的关爱是从语文教育大业出发的，她对语文教育教学的真知灼见，来自对祖国语言文字的热爱和对中华传统文化的深情。

于漪在答谢词中说，她只是一名普通的人民教师，之所以一生勤勉，不敢

2011年11月5日，庆贺于漪老师从教60周年主题活动（董少校摄影）

懈怠,是因为认识到教师所肩负的责任与使命之重大,时刻不忘心存敬畏,敬畏国家的重托,敬畏每一个学生的成长与发展。

活动现场播放了复旦大学为授予于漪"杰出校友奖"而特意制作的《复旦精神谱就生命底色》专题片,并举行赠书仪式。

在随后的"薪火相传话师魂"主题论坛中,杨浦高级中学语文特级教师陈小英、复兴高级中学化学特级教师陈寅、金山区教师进修学院语文教研员顾燕文、建平中学语文特级教师郑朝晖、浦东教育发展研究院院长程红兵5人分别发言,阐释赞扬于漪的学术成就和人格魅力。

全国中语会会长苏立康教授在发言中肯定论坛紧紧围绕"薪火相传"、探讨"现代师魂"的立意高度和现实价值,站在课程改革和教育发展的角度,对论坛发言所阐述的现代师魂的丰富内涵和时代特征进行了总结。

尽管这次研讨会没有使用"研讨会"名称,但从举办时机、议程设置、嘉宾层次、交流内容等来说,实际上构成了第五次于漪教育思想研讨会。

2012年6月,兰保民著的《语文课堂教学评课智慧——于漪评课案例剖析》由上海教育出版社出版,系上海市普教系统名校长名师培养工程优秀成果精选成长文库之一。该书聚焦"如何评课"这个小切口,探析于漪教学与带教青年教师的特色与魅力,是研究于漪教育思想的第三部个人专著。

人们研究于漪、学习于漪,形式多种多样,不仅举办研讨会、发表论文、出版著作,还用读书会、专题片、短剧、诗朗诵等方式,弘扬她的事迹精神。

2016年12月21日下午,以"求知、践行、反思"为主题的《于漪知行录》读书分享会在杨浦区教师进修学院致和楼三楼报告厅举行。现场观看短片《教师——于漪》,9位上海市师资培训中心新进青年教师排演了小剧场演出,演绎于漪"一辈子做教师,一辈子学做教师"的坚定信念。

上海基础教育以整体的优质、均衡形成高原态势,也涌现出一批名师,成为傲然耸立的高峰。2017年3月,上海市教卫工作党委、市教委、市中小幼教师奖励基金会合编《一生秉烛为教育》,展现于漪、袁瑢、仇忠海、顾泠沅、何金娣等名师的事迹风采,一册图书与六集纪录片配套发行。

题为《生命与使命同行——记语文特级教师于漪》的讲述于漪经历和成就的文章包括少年经历、立志为师、铸就师魂、壮心不已四部分,总共68页,约

紅燭于漪

5万字，是当时所见最长的于漪教育人生单篇专文。

"于漪，就像一支三尺讲台上的红烛，点亮、温暖着教书育人的事业。"2017年11月3日晚，上海市教卫工作党委、市教委与上海广播电视台联合制作的纪录片《师道·于漪》在上海纪实频道开播，展现于漪对师道的诠释。

* * * * * *

2018年是改革开放40周年，于漪也迎来不平凡的一年。她先荣获上海市人民政府颁发的"教育事业杰出贡献奖"，接着荣获党中央、国务院授予的"改革先锋"荣誉称号，上海还举办了规模盛大的于漪教育思想研讨会。她一次次受到人们瞩目和致敬，成为中国教育界不老的传奇。

9月7日，上海市人民政府发布《关于授予于漪同志"教育事业杰出贡献奖"的决定》，即沪府发〔2018〕35号文，称赞于漪是"教育界一面旗帜"。市政府首次设立此奖项，而且专门发布表彰文件，可知是一项殊荣。

文件指出："几十年来，她热爱祖国，热爱中国共产党，热爱教育事业，以高尚的师德修养、深厚的学术功底、精湛的育人技艺和无私的奉献精神，一直站在教育改革的最前沿，在本市语文课程教学改革中锐意创新、勇于实践，成为素质教育的实践者、新时代教师的领路人。"

9月8日上午，上海市庆祝第34个教师节座谈会举行，市委书记李强代表市委、市政府向全市广大教师和教育工作者致以节日问候，于漪在座谈会上发言。

当天下午，"致敬最美教师——上海市庆祝第34个教师节主题活动"在上海大学举行，市委副书记尹弘为于漪颁发"教育事业杰出贡献奖"。

在这次活动中，于漪带领新入职教师宣誓。以她为原型创作的情景大朗诵《生命与使命同行》盛大上演，向她表达敬意。

对中国人来说，1978年是个特殊的年份，党的十一届三中全会召开，开启了改革开放的伟大征程。这一年，于漪被评为全国首批语文特级教师，还参加全国妇女代表团赴日本访问。归国之时，她感受到了周围人们对会议召开的喜悦。

时光荏苒，于漪亲历改革开放40年的辉煌历程，为培育学生、带教老师、管理学校、推动语文教学改革做出了属于自己的贡献。

2018年12月18日，庆祝改革开放40周年大会在北京人民大会堂举行，党中央、国务院决定，授予100名同志改革先锋称号，颁授改革先锋奖章。中共中央总书记、国家主席、中央军委主席习近平等颁奖。庆祝大会结束后，习近平等会见了受表彰人员及亲属代表，并同大家合影留念。

受到表彰的有孔繁森、陈景润、袁隆平、谢晋、路遥等人们耳熟能详的各领域佼佼者，于漪是来自基础教育界的唯一代表。

此前，12月14日晚，庆祝改革开放40周年文艺晚会《我们的四十年》在北京举行，习近平、李克强、栗战书、汪洋、王沪宁、韩正、王岐山等党和国家领导人，与3 000多名观众一起观看演出。于漪愉快地度过了这个夜晚。

19时55分，习近平等领导同志步入大礼堂，与改革开放杰出贡献受表彰人员代表亲切握手，向他们致以崇高敬意。第二天晚上，亿万观众通过《新闻联播》，看到了党和国家领导人同于漪等握手的动人画面。

对于荣膺表彰，于漪事前并不知情。她谦虚地说："我就是一名草根老师，我最大的长处就是年纪大，经历多。"她把荣誉归结为党和国家对奋斗在基础教育领域40年的所有教师的肯定和赞扬。

于漪，她的名字牵动着几代教师、学生的心，在社会上有着巨大的感召力。

2018年12月28日，人民教育家于漪教育思想研讨会在上海开放大学举行，来自全国15个省份的700多名专家教师参加，共话于漪的成就贡献和教师的使命。作为历史上的第六次于漪教育思想研讨会，此次活动规模空前，首度设立分论坛，并首次正式出版了研讨会论文集。

这次研讨会由上海市教卫工作党委、市教委指导，上海市教育发展基金会、上海市中小幼教师奖励基金会主办，上海市教师学研究会承办。与会人员聚焦于漪教育思想，围绕"新时代基础教育应该奠怎样的基""教师专业发展实践探索的启示""于漪语文教育思想的核心价值"举办三场分论坛。

复旦大学教授张汝伦认为，优秀教师常有，教育家不常有，于漪是当今难得有自己教育理念的教育家，她始终坚持人文主义的教育理念，把培养学生的精神品格作为教育的首要目标。虽然于漪的主要身份是中学教师和中学校长，然而她的教育思想和教育理念、文化素养和人格情怀有着大教育家的格局、眼光和气度。

紅燭于漪

2018年12月18日，央视直播画面（董少校翻拍）

华东师范大学中文系教授方智范表示，于漪"第一等"的襟怀与学识，主要体现在她具有高尚博大的人文情怀。在于漪那里，语文本质观被表述为"人""文"一体，这是于漪丰富的教育思想中最为核心的观念，是她考虑语文学科诸问题的逻辑起点，可以说，以于漪为代表的人文知识分子引领了新时期语文课程改革。

"每个孩子都是国家的宝贝，都是我们老百姓的宝贝，有了良好的国民素质，我们的中国梦才能实现。"于漪在答谢词中说，每天都关注学生成长，不断地去认识、反思，"面对教师这个职业，我每天都是新鲜的，从来没有厌倦"。

《上海教育》2019年第1期以《让思想在讲台上闪光》为题，对人民教育家于漪教育思想研讨会作整体记录。这份跟踪于漪超过半世纪的杂志称赞，"这是一场朴素，但注定在中国教育史上留下痕迹的研讨会"。

由商务印书馆出版的《人文主义的教育思想——于漪教育思想研究论文集》在研讨会上首发。该书分为"于漪教育思想发展研究""于漪语文教育思想研究""于漪课堂教学艺术研究""于漪阅读写作教学研究""于漪教育品格范型研究"5个专题，共25篇论文，王荣华主编并作序。

这本书是继1999年《于漪语文教育艺术研究》、2008年《于漪的生活状态：

平凡而富于情趣》后,第三部研究于漪教育思想的作品汇编。可以说,三本书代表了三个年代。相比之下,《人文主义的教育思想》体例更严谨,作者阵容更庞大,内容更厚实,代表了学界群体研究于漪教育思想的最高成就。

2019年3月30日,春暖花开的时节,"教育,因你而不凡——2018上海教育年度新闻人物颁奖主题活动"在上海教育电视台举行,评委会一致同意授予于漪"2018上海教育年度新闻人物·年度特别致敬人物"。

＊　＊　＊　＊　＊　＊

从复旦大三学生到退休教师,于漪伴随新中国走过了70年,一路坎坷,一路收获。她教书育人的卓越功绩,人民不会忘记,共和国不会忘记。

秋高气爽,彩旗猎猎。2019年9月29日,共和国的英雄楷模们乘坐礼宾车,在国宾护卫队的护卫下,前往人民大会堂。青少年在东门外热情欢呼致意。

10时整,中华人民共和国国家勋章和国家荣誉称号颁授仪式在北京人民大会堂金色大厅举行。于漪荣获"人民教育家"国家荣誉称号,受到表彰。

王沪宁宣读习近平签署的中华人民共和国主席令。为庆祝中华人民共和国成立70周年,隆重表彰为新中国建设和发展作出杰出贡献的功勋模范人物,弘扬民族精神和时代精神,根据第十三届全国人民代表大会常务委员会第十三次会议的决定,授予8人共和国勋章,授予6人友谊勋章,授予28人国家荣誉称号。

会议司仪在念到于漪名字时介绍:"于漪,人民教育家,精心育人的一代师表,素质教育的坚守者,60多年来躬耕于中学语文教学事业,为推动基础教育改革发展作出重大贡献。"

伴着雄壮激昂的《向祖国致敬》乐曲声,习近平为国家勋章和国家荣誉称号获得者一一颁授勋章奖章,并同他们亲切握手、表示祝贺,全场响起一阵阵热烈的掌声。颁授仪式后,习近平等领导同志同大家合影留念。

此次评选是在各地区各部门反复比选、集体研究的基础上,经组织考察、统筹考虑产生,9月17日公布获得者名单。获得"人民教育家"荣誉称号者共3人,另外还有卫兴华和高铭暄。于漪是来自基础教育界的唯一代表。

红烛于漪

2019年9月30日,于漪从北京回到上海(朱水苗摄影)

同期,中央宣传部等组织开展"最美奋斗者"学习宣传活动,评选表彰新中国成立以来涌现的英雄模范。278名个人、22个集体被授予"最美奋斗者"称号,于漪名列其中。"最美奋斗者"表彰大会9月25日上午在北京举行。

七十载波澜壮阔,她始终冲在潮头。

由于身体原因,于漪9月28日乘飞机前往北京,29日出席国家勋章和国家荣誉称号颁授仪式,30日即返回上海,没参加新中国成立70周年阅兵观礼。

英雄载誉凯旋,人们为她欢呼,向她致敬。

10月2日下午,中共上海市委书记李强到于漪家中看望,代表市委、市政府表示热烈祝贺,致以崇高敬意。市领导周慧琳、诸葛宇杰、陈群也参加看望。

于漪表示,自己只是尽到了一名新中国教师的本分,党和国家却授予她这样高的荣誉,要继续努力,带动更多教师立民族精神之根、树爱国主义之魂。

李强说,于漪老师为了学生的成长、为了祖国的未来无私奉献、拼搏不息,这次获颁"人民教育家"国家荣誉称号,不仅是个人的光荣,更是上海的光荣。我们要以英雄模范为榜样,像英雄模范那样坚守、那样奋斗,奋力创造新时代上海发展新传奇。

于漪受表彰引发媒体关注,《人民日报》《光明日报》《中国教育报》

《中国妇女报》《解放日报》《文汇报》《新民晚报》《人民教育》等报刊纷纷报道。

＊　＊　＊　＊　＊　＊

榜样的力量是无穷的。九旬高龄的于漪，成为大众心目中的明星。

10月12日上午，"致敬先锋模范，培育时代新人"人民教育家于漪同志先进事迹首场报告会在杨浦区少年宫举行。工作单位代表向玉青、学生代表卜健和谭轶斌、亲属代表黄音、社会媒体代表樊丽萍5位报告人，讲述了于漪教书育人、推进语文教育教学改革、培育青年教师和保持朴实本色的动人故事。

杨浦高级中学校长向玉青发言谈道，杨浦区教育局早在2000年就向全系统教师发出"让于漪成为我们共同的形象"的号召，学校的于漪展厅吸引了一批批教师学习参观，教育局党校和团工委开办的于漪教育思想研修班惠及600多名青年教师，"两代楷模激励我成长"师德师风建设工程更是卓有成效。

上海市教委教研室副主任谭轶斌说："于老师以自己的专业自信塑造着青年教师的专业自信，以自己的师者情怀激荡着青年教师的师者情怀。"

杨浦区教育学院科研员黄音讲述了于漪给丈夫黄先生理发、让孩子学习不抢跑、教导回家换鞋后要摆放整齐等故事，认为她营造了好家风。黄音说："生活中的奶奶朴实平凡，她也是好儿媳、好妻子、好母亲、好奶奶。"

本次活动由市教卫工作党委、市教委、杨浦区委、杨浦区人民政府联合主办，干部教师代表等近500人现场聆听。

上海教育系统在市、区校两个层面推进向于漪同志学习活动。在市级层面，市教卫工作党委、市教委会同相关部委办局，重点推进"发布一份文件""举办一次报告会""出版一期宣传特刊""创作一批文艺作品""开展一系列学习展示活动""选树宣传一批'于漪式好老师'"等"六个一"活动。

在区校层面，指导各区、各高校结合"不忘初心、牢记使命"主题教育，结合教师思政、教师队伍培训，通过组织教师座谈会、研讨会、教研会，举办主题

红烛于漪

演讲比赛、征文比赛等方式,开展学习活动,引导广大教师立足本职岗位,争做"于漪式好老师",为新时代党的教育事业贡献新的力量。

以本次报告会为契机,杨浦区当天举行"人民教育家"于漪同志先进事迹学习交流会。区四套班子领导成员,区法院院长、检察院检察长,区教育局全体班子成员等参加。杨浦区委下发《关于向人民教育家于漪同志学习的决定》,号召全体党员干部深入学习于漪同志先进事迹和崇高精神。

"致敬先锋模范,培育时代新人"人民教育家于漪同志先进事迹宣讲会11月13日走出杨浦,在浦东新区青少年活动中心剧场再次举办。

她是教育界的一面旗帜,学习于漪活动在全国各地如火如荼开展起来。

10月18日,"于漪教育思想与语文新课程实施"研讨会暨于漪自选集《点亮生命灯火》出版座谈会在北京举行,学习于漪的教育思想、中学语文教学改革的理念和实践。商务印书馆和上海教师学研究会共同主办此次活动,谭轶斌、顾之川、李平、程翔、连中国、李华平、蔡智敏、蔡长虹等嘉宾出席。

从11月至12月,东华大学党委教师工作部、宝山区教育工作党委、山东省桓台县教育和体育局等结合"不忘初心、牢记使命"主题教育,发出通知,组织全体教师向"人民教育家"于漪同志学习。鞍山实验中学、上海市实验小学、宝钢新世纪学校等分别举办学习于漪的交流会、报告会。

11月19日,上海市教育、科技传媒业学习"人民教育家"于漪事迹交流会在上海科学会堂举行,王荣华、尹明华、尹后庆、向玉青、仲立新、计琳、陈爱平、黄音等嘉宾参加交流,致敬先锋模范,坚守使命初心。

此次交流会由上海市科学技术协会、上海市报业协会指导,上海教育报刊总社、上海科技报社、上海市报协教育科技专委会主办。《上海教育》杂志同期编辑出版了"人民教育家"于漪特刊,为读者提供一份学习参考资料。

中国教育学会中学语文教学专业委员会肇始于1979年,于漪曾参与创办。2019年12月20日,中国教育学会中语40年暨于漪教育思想学术研讨会在上海市育才初级中学举行,接续这家学术机构与上海、于漪的缘分。活动现场的视频里出现吕叔湘、叶圣陶、刘国正、于漪、钱梦龙等语文教育界前辈,把人们的思绪拉回到过去的峥嵘年代。

中语专委会学术委员会副主任陈军用三句话概括于漪的时代先进性:教文育人的旗手,时代师表的楷模,教育改革的先锋。

陕西省西安市教科所原教研部主任赵明回顾了于漪为他的新书《我这样学写作》作序的过程,由衷感叹:"在于漪老师身上,我看到师者的表率、学者的睿智、长者的慈祥和求索者的烈火般的热情。"

苏州中学附属苏州湾学校执行总校长黄厚江认为,于漪自觉的学科使命第一源于其民族情怀,第二源于其对"心中有学生,眼中有课堂"的坚守。

中语专委会副理事长、上海市教委教研室副主任谭轶斌提出,教文育人是于漪语文教育思想的核心,有赖于她的战略眼光、专业自信和躬身践履。

"在新课程标准实施的背景下,于漪语文教育思想依然有重要的理论意义和应用价值,对语文学科核心素养如何在课堂中落地有诸多启发。"中语专委会副理事长、北京市教科院基教研中心副主任李卫东说。

复旦大学附中语文教研组长黄荣华认为,于漪是种水稻、种小麦的人,这才是人类永远的食粮,她的语文教育思想直指语文本质又能够超越自我,她要培育的是具有中国心的现代文明人,她是在书写中国语文教育的历史。

中语专委会学术委员会主任、北京一〇一中学正高级教师程翔回忆,1985年他在济南听了于漪老师的报告,从此立志要做像于漪一样的老师。他禁不住感叹:"一位优秀的校长对教师的专业成长和发展太重要了。"

上海浦东教发院教研室高中部主任兰保民、上海市建平实验中学校长李百艳、湖北省教科院语文教研室主任蒋红森等也作了交流。

中语专委会副理事长蒋红森在总结发言中说:"今天,我们沐浴在于漪老师的光辉中,要思考于漪教育思想是什么? 怎么来的? 学什么? 怎么学?"

在研讨会前一天,中语专委会理事长王本华一行前往于漪家中拜访。于漪提出,教育安全是国家安全,是不能动摇的。

这是继1991、2001、2008、2010、2011、2018年之后举办的第七次于漪教育思想研讨会,也是首次由中语专委会主办。

学习于漪的活动,一直在延续——

2020年4月23日,山东省高密市柴沟初级中学"于漪书坊"揭牌启用,筹集到于漪相关资料218件,包括于漪著作95种139件,还有报刊专辑、研讨会

红烛于漪

红烛颂,孙慰祖书

实录、纪录片和其他教育类图书等,面向高密市全体教师开放阅览。该校还开展"读于漪、学于漪、做于漪"系列活动。

7月3日,2020年于漪教育思想诵读展示交流会在上海市浦东新区香山中学举行,用诵、写、讲三种形式展现于漪教育思想的精髓,通过网络直播向广大教师开放,倡导学习于漪的精神,坚守教育初心,做好语言文字工作。

说不尽的于漪,学不尽的于漪,她为新中国教育发展史留下了浓墨重彩的一笔。可以相信,面向未来,于漪教育思想依然是教书育人、推动教学改革的宝贵财富,她的精神品格会继续激励更多教师,为教育事业贡献力量!

尾　声

古之立大事者,不惟有超世之才,亦必有坚忍不拔之志。

——［北宋］苏轼《晁错论》

人,生活在凡俗世界,却从来没有放弃对崇高和永恒的追求。

夸父心中向往光明,奋不顾身奔向太阳,喝干了大江大河的水,还是口渴而死。他丢弃的手杖化作一片桃林,惠泽人间。

普罗米修斯上天盗火,受到惩罚,被绑在陡峭的悬崖,遭恶鹰啄食肝脏,他却决不屈服。火种得以留下来,造福人类。

古往今来,英雄楷模受到尊崇,因为他们的事迹,更因为他们的精神。

为教育事业奋斗近70年,于漪培养了无数学生,带教出一批老师,管理好一所学校,推动着中学语文教学改革,凝聚成体系庞大、本土特色鲜明的教育思想,为新中国教育发展史写下浓墨重彩的一页。

在长期的教育实践中,她坚守共产党人的初心使命,勇于克服前行路上的苦难与挫折,把宽厚的爱洒向学生和广阔世界,为教育教学改革留下独到的智慧成果,形成一种忠诚、坚毅、仁爱、担当的精神——红烛精神。

红烛燃烧,照亮夜空,红色是她心头的信仰,燃烧是她生命的姿态。

于漪的精神,就是红烛精神,与天地常在,共日月同辉。

红烛于漪

* * * * * *

忠诚,是于漪一生奋斗前行的信仰依托。

她忠于党、国家和人民的教育事业,向着"教文育人"的目标,在教育园地辛勤耕耘,培养德智体美劳全面发展的社会主义建设者和接班人。

站上三尺讲台,她教在今天,想在明天。她时常认识到肩上挑着千斤重担,一个肩膀挑着学生的现在,一个肩膀挑着国家的未来。她深信,选择教师,就是选择了高尚,选择了与国家前途命运紧密相连的教育事业。

面对唯西方教育理论马首是瞻的现象,于漪呼吁树立中国教育自信,倡导并致力于建构中国本土的教育教学话语权和理论体系,为党分忧,为国尽责。

一辈子做教师,一辈子学做教师。她把"合格"作为追求的理想境界,这个"格"不是量化指标,而是国家的要求、人民的嘱托。

信仰是行动的先导。要照亮学生,首先要自己发光。

她积极学习党的创新理论,从毛泽东关于教育的指示到邓小平"三个面向",从"三个代表"重要思想到科学发展观,及至十八大以来习近平关于教育的系列重要论述,认真领会,学以致用,与时俱进。

作为共产党员,她严于律己,以大局为重,服从组织安排,听党话,跟党走。

教历史刚上手,她更转入全然陌生的语文学科,只因工作需要。她受命担任校长,尽管不情愿,还是快速进入角色,两代师表一起抓,为党育人,为国育才。

她一生讲授2 000多节公开课,用生命践行坚守讲台的诺言。面对民办学校60万元年薪的巨大诱惑,她淡然视之,不为所动。

因为,她心中的信念坚如磐石——党和国家的需要高于一切!

* * * * * *

坚毅,是于漪求索途中显露的处世品格。

从少时到晚年,她经历了战乱、社会动荡、疾病带来的种种磨难,多次濒临死亡。然而她凭着顽强的意志和坚定的毅力,闯过了一道道难关——

"卢沟桥事变"爆发,日寇全面来袭,镇江失守。于漪眼看敌机俯冲投弹,炸毁邻居家房子,她险些被压。学业被迫中断,跟着家人逃难途中受伤。

"文化大革命"期间,她遭受了非人的对待:家里被抄,受诬为"修正主义教育路线吹鼓手""反动学术权威""杨西光的黑爪牙",被关在"劳改队",被逼着下跪、遭皮带抽打、剃阴阳头,甚至被喝令从楼上跳下去⋯⋯

她坚信乌云遮不住太阳,顽强地活下来。自始至终,她没"揭发"过任何人。

时隔多年,于漪成为校长,当初批斗过她的人还在同一所学校工作,她全然不计个人仇怨,团结全体教职工,同心办学。

各种疾病长期困扰着于漪:参加工作之初罹患严重胃溃疡;接着是肝炎,硬生生从肋骨间钩出一块肝用于化验,疼得撕心裂肺;1965年肠粘连厉害,腹部动大手术;还曾脑缺氧、吐血、便血。她几次从死神的魔爪下逃脱出来。

时光回溯到于漪出生110年前,1819年2月1日,贝多芬在维也纳市政府说:"我愿证明,凡是行为善良与高尚的人,定能因之而担当患难。"

于漪坎坷而辉煌的经历印证了这位伟大的音乐家所言非虚。

把教案写出来再背出来,力求讲课语言优美,挤掉口头禅,她做到了。

从教以来,她笔耕不辍,发表论文超过八百篇,著作等身。

经受住生死考验,超越重重困境,她傲立天地之间,活成一个大写的人。

* * * * * *

仁爱,是于漪面对学生和世界的情感底色。

2014年9月9日,习近平总书记在北京师范大学考察时强调,全国广大教师要做有理想信念、有道德情操、有扎实知识、有仁爱之心的好老师。

爱,可以激发工作的动力,可以调动身体的潜能,可以融化误解、隔阂、怨恨、厌恶等人际的坚冰,创造教育的奇迹。

于漪深信,师爱高于母子之爱。她一个心眼为学生,向他们倾注滚烫的感情。

一边是得败血症的儿子,在医院病危,一边是100多名学生,马上就要高考。她舍小家为大家,每天下半夜陪儿子,早上赶往学校,没请过一次假。

紅燭于漪

她把教学看得比天大，哪怕母亲和婆婆去世，也没给学生耽误过一节课。

在乡下学农时，一名女生突发高烧，于漪忍着腹部手术后伤疤的疼痛，与学生轮流背她十多里路，到镇上救治，汗水打湿了衣衫。另一名女生学工时患急性阑尾炎，于漪临时充当监护人，曾有洁癖的她，动手给学生通大便……

她把曾吸烟、偷窃、打群架的"调皮捣蛋鬼"，领回家里去指导；她把曾给班主任自行车胎放气的"叛逆少女"，培养成美国高校的博士后。她省吃俭用，拿出不多的收入和津贴给学生买药、配眼镜、订阅报刊、买书。

学生，是她眼里的宝贝。她珍爱学生的身心健康，保护他们的质疑精神和创造力火花，上出一堂堂互动融洽、实惠朴素的课，带去知识、启发和成长。

人淡如菊，师爱荡漾。她用一颗仁爱之心，温暖学生，烛照世界。

* * * * * *

担当，是于漪干事创业育人的恒常情怀。

她致力于语文教学改革，见证、参与、推动了新中国基础教育发展历程。她能谋善断，可谓智者；她不惧挑战，诚为勇士；她好学力行，称得上实干家。

从60年代的"胸中有书，目中有人"，到70年代的"既教文，又教人"，再到90年代的"弘扬人文，改革弊端"，她提出一系列真知灼见，搏击在语文教改的时代潮头，推动将"人文性"写入国家课程标准，引领时代新风气。

作为校长，她倡导一身正气、为人师表，树立校园新风，健全规章制度。她瞄准时代、战略、国际竞争三个制高点，建立青年教师培养三级网络，开展与英美高校的跨国教育研究，把一所基础薄弱的学校引入正轨，办学成就卓著。

人民代表为人民，她心念苍生福祉，大胆为教育说话。面对领导，她大声疾呼要提高教师待遇、增加教育投入。她相信法治的力量，积极推动教育领域立法。她不畏权势，顾不得个人安危得失，对教育工作中的乱作为坚决说"不"。

她长期参与国家和上海语文教学大纲制定、教材审订，为语文教学改革作顶层设计。她退而不休,悉心培养教师,担任多家师资实训基地主持人,仅在她的单位语文组就带教出三代六名特级教师,不愧为新时代教师的领路人。

于漪评价钟扬时说:"师者,智慧的宝库,精神的脊梁!"这也是她一辈子做教师所追求的境界。

"红烛啊!'莫问收获,但问耕耘。'"

她用激情点燃莘莘学子心头的灯火,她用生命为教育开辟一片光亮!

红烛啊
莫问收获但问耕耘

《红烛·序诗》选段，刘一闻书

于漪大事年表

1929年　出生

2月7日,出生在江苏镇江。

家中姐弟五人,于漪系长女,大弟于渤,二弟于洸,三弟于渌,小妹于涟。

1937年　8岁

7月7日,"卢沟桥事变"爆发。于漪所在薛家巷小学面临解散,读到二三年级。

于漪在父亲带领下,逃难到乡下新洲,后到上海插班读崇实小学。

1944年　15岁

于漪初中毕业,回老家。

夏天,父亲因肺结核去世,留下遗言:"学点本领,做个好人,孝顺妈妈。"

于漪投考江苏省立教育学院附属师范学校,被录取,到苏州求学。

1945年　16岁

抗日战争胜利后,因师范学校调整,于漪结束此处为期一年的学习。

省立淮安中学在镇江临时复校,于漪投考,被录取。该校半年后迁回淮

紅燭于漪

安,于漪在此走读一个学期。

1946年　17岁

2月,江苏省立镇江中学在镇江郊区七里甸复校,于漪投考,被录取,住校就读,完成高二下学期和高三学业。

1947年　18岁

是年,毕业于镇江中学,考入复旦大学教育系。

1949年　20岁

10月1日,中华人民共和国成立,当时于漪在复旦大学读大三。

1951年　22岁

7月,毕业于复旦大学教育系。全国统一分配工作,于漪被分配到华东人民革命大学附设工农速成中学,学生是干部、战士、劳动能手等,教文化班。

工作后不久,罹患溃疡、肝炎,住院治疗,后好转。较长时间只工作半天,到图书馆管理图书。

1953年　24岁

是年,结婚。丈夫黄世晔是江苏溧阳上黄镇桥西村人,1919年生,1943年西南联大经济系毕业,离休前为复旦大学历史系副系主任、教授,专长中国古代史及拉丁美洲史,参编《中国历史文选》,著有《墨西哥简史》等。

1955年　26岁

是年,儿子黄肃出生。

1957年　28岁

2月,于漪编著的《春秋战国的故事》由江苏人民出版社出版,董天野绘图,首印51 000册。

暑假,工农速成中学停止招生,向普通中学转轨,于漪希望去师范学校。

1958年 29岁

2月,被调入上海市第二师范学校工作,教历史。

8月,于漪编著的《明清的故事》由江苏人民出版社出版,施琦平绘插图。

1959年 30岁

是年,因工作需要,改行教语文。

1960年 31岁

6月,上海市第二师范学校转制更名为上海工农师范大学。

下半年,生病住院。

1962年 33岁

6月,上海工农师范大学撤销,成立上海市杨浦中学。

1963年 34岁

秋,到杨浦区红专学院参加中学语文教研组长座谈会,受到上海市语文教研员杨质彬关注。其后杨质彬常去学校听于漪的课。

1964年 35岁

4月16日,《文汇报》刊登于漪撰《胸中有书,目中有人》,是于漪在社会媒体发表的第一篇署名文章。

5月,《上海教育》第5期刊登于漪撰《把语文课上得实惠一些,朴素一些》。

是年,被评为上海市"三八"红旗手。

1965年 36岁

5月,《上海教育》第5期刊登章如撰《富有思想性战斗性的语文课——记于漪老师教〈民族的科学的大众的文化〉》,是社会媒体对于漪教育活动的第

红烛于漪

一篇报道。

是年,加入中国共产党。

1966年　37岁

是年,"文化大革命"爆发。于漪受到批斗和冲击,被称为"修正主义教育路线黑标兵、吹鼓手"和"反动学术权威",接受劳动改造。

"文革"期间及前后,曾带65届、66届、69届、70届、74届、75届、77届中学生。

1974年　45岁

秋天,于漪母亲因患胰腺癌,在杭州去世。

1977年　48岁

7月26日,《文汇报》刊登于漪撰《把心贴在党的教育事业上》。

10月17日,《文汇报》刊登《为了对祖国下一代负责——记杨浦中学教师于漪》。

10月19日,上海电视台向全市直播于漪主讲课文《海燕》。

12月,当选上海市人大代表。此后共任5届。

是年,于漪所带77届年级组被评为上海市先进集体。

1978年　49岁

秋,被评为全国首批语文特级教师。

10月11日至21日,中国工会第九次全国代表大会在北京召开,邓小平代表中央向大会致辞。于漪参会,被选为候补执行委员,次年成为执行委员。会议期间,在全国妇联组织下,邓颖超与女代表座谈并合影。

12月,参加全国妇女代表团,赴日本访问。

1979年　50岁

1月,《语文学习》第1期(总第1期)刊登于漪撰《要重视外国文学作品的教学——从日本的国语教材想起的》。

3月,《上海教育》第3期刊登徐金海、金正扬撰《语文教学的艺术——记杨浦中学特级教师于漪》,配短评《语文课要上得有"味"》。

《语文学习》第3期推出"中学语文教学三十年笔谈"专题,首篇刊登于漪撰《既教文,又教人》。

12月25日,全国中学语文教学研究会在上海成立,于漪当选副会长。该会后变更为中国教育学会中学语文教学专业委员会。

12月29日,上海市第七届人民代表大会第二次会议举行,选举产生常务委员会,于漪被选为常务委员会委员和教育科学文化卫生委员会委员。

1980年　51岁

8月,赴北戴河参加全国中学语文教学研究会召开的座谈会,作长篇发言。

10月,中国语言学会在武汉成立,上海语文学会派5人参加,会长罗竹风带队,于漪为唯一的中学语文教师。

12月11日,四川省中学语文教学研究会成立大会暨首届年会召开,于漪作《怎样做一个中学语文教师》发言。

1981年　52岁

4月10日至16日,上海市七届人大三次会议举行,于漪参加。4月16日《文汇报》刊登《于漪代表呼吁:全社会都要重视中小学教育》。

4月,《人民教育》第4期刊登于漪撰《关于语文教学的启发性》,以及郑保生撰《关于语文教学的启发性——上海特级教师于漪同本刊记者的谈话》。

7月,全国语法和语法教学讨论会在哈尔滨召开,于漪作《目中有语法,胸中有中学师生——对建立新的语法体系的要求》发言。

8月,经于漪口述,徐金海和金正扬著《中学语文教学探索——特级教师于漪的教学经验》由上海教育出版社出版,系第一部有关特级教师的专著。

9月17日至11月19日,《文汇报》推出"教育断想"栏目,刊登于漪文章8篇,是她首次在报刊开设个人专栏。

9月,教育部师范教育司编《全国特级教师经验选》第一集由人民教育出版社出版,收入于漪撰《在探索语文教学的道路上》。

10月28日至11月4日,全国中学语文教学研究会在福州召开会议,副会长于漪参加,作《语文教学要走中国自己特色的道路》主题发言。

1982年　53岁

3月7日,《镇江市报》刊登于漪撰《忆昔童年乐事多》。

3月22日至24日,山西省中学语文教学研究会在太原召开理事会,全国中语学会副会长于漪作报告。

1983年　54岁

1月,《教育与进修》刊登于漪撰《为人师表要德才兼备》。

4月,赴北京参加全国"五讲四美"为人师表先进代表表彰大会,作《心中要有共产主义旗帜飘扬》发言。

10月,《于漪、钱梦龙谈语文教学改革》印行,江苏扬州邗江县中学语文教研站等根据录音整理。

12月2日,全国中学语文教学研究会第三届年会在北京召开,副会长于漪作报告。

1984年　55岁

2月,陶本一主编《于漪文体教学教案选》由陕西人民出版社出版。

2月起,于漪、陶本一主编《中学语文备课手册》由陕西人民教育出版社出版,共12册。

6月,上海市杨浦中学转制恢复为上海市第二师范学校。

8月,于漪著《语文教苑耕耘录》由福建教育出版社出版,是她第一部署为"著"的作品。

上海教育学院中文系编《于漪教案选——特级教师教案选(一)》由上海教育出版社出版。

1985年　56岁

4月16日,《中国教育报》刊登陈亦冰、王厥轩撰《开拓者的风范——记上海市杨浦中学特级教师于漪》。

4月起,于漪、陶本一主编"中学生升学作文辅导"丛书由陕西人民出版社陆续出版,共3册。

7月,于漪、潘溢大、陈贤德、陈亦冰等著《教师的修养》由上海教育出版社出版。

8月起,担任上海市第二师范学校校长,共10年。

9月7日,上海团市委与市教卫工作党委在上海展览中心宴会厅联合举办"庆祝首届教师节'园丁与桃李'座谈会",于漪和学生曹春参加。

9月,于漪、陶本一主编"中学语文读写借鉴小书库"丛书由光明日报出版社出版,共3册。

是年起,担任上海市人大教科文卫委员会副主任委员。

1986年　57岁

2月,于漪著《语文园地拾穗集》由海南人民出版社出版。

7月1日,《文汇报》第4版刊登《在改革洪流中奋进的共产党员》,介绍"辛勤耕耘育新苗的于漪"。"七一"前夕,上海市委命名表彰10个"先进党支部"和13位"优秀共产党员",于漪入选。

9月22日至28日,国家教委在北京召开全国中小学教材审定委员会成立会议,制订章程,审定中小学各科教学大纲。于漪参加中学语文组活动,多次发言。

10月,于漪主编《同步作文》由河南教育出版社出版,含初中语文第一册至第六册,共6册。

《师范教育》第10期刊登李真撰《努力建设有特色的师范学校——访上海市第二师范学校校长于漪》。

是年,于漪发起并创建上海市教师学研究会。

孙女黄音出生。

1987年　58岁

6月,于漪、周至、冯正主编《名家行家作文训练设计》由宁夏人民出版社出版。

8月,于漪著《作文讲评五十例》由山东教育出版社出版。

10月,于漪、徐汉华、钱仲德、姚善同、崔同寅著《中学生作文失误例谈》由新世纪出版社出版。

是年,上海市第二师范学校被评为全国师范教育先进单位。

1988年　59岁

6月,于漪主编《高中语文教学指导书》(上教版)由上海教育出版社出版。

7月中旬,赴香港参加中文科课程教材教法研讨会。

8月5日,人教社语文二室与辽宁教育学院在沈阳举办中学语文教师培训班,于漪作《改革课堂教学,提高教学效率》主题报告,1 000多名教师参加。

是年,在上海市第九届人代会第一次会议上,参与联名提出增加教育预算的议案。

上海市第二师范学校被评为上海市文明单位、上海市花园单位。

1989年　60岁

9月,《师范教育》第9期推出上海市第二师范学校专题。

11月30日,上海市中学语文教学专业委员会第二届会员大会暨年会举行,会长于漪作工作报告。

是年,被评为全国先进工作者。

受澳门"中国语文学会"邀请,到澳门访问交流。

1990年　61岁

1月,于漪著《学海探珠》由人民教育出版社出版。

《课程·教材·教法》第1期刊登于漪撰《艰苦奋斗,创造良好的学校小气候》,系在上海市中小学师资工作会议上的发言。

6月,于漪主编《古今中外佳作精选》由语文出版社出版,共5辑。

1991年　62岁

8月,于漪、陶本一主编《文学形象辞典》由陕西人民教育出版社出版。

12月7日至8日,于漪从教四十周年教育教学思想研讨会在上海市第二师范学校举行,300多人参加,于漪作《奉献,教师的天职》发言。

是年,上海市第二师范学校被评为全国中等师范学校办学成绩显著单位。

1992年　63岁

3月,美国教育研究会年会在旧金山召开,于漪宣读中、美、英三国关于师带徒青年教师职业初级培训模式的研究报告。该课题由于漪、李熹、沈莉合作完成,1995年获上海市第五届教育科学研究成果二等奖。

6月,于漪主编"语文读写技巧丛书"由华东师范大学出版社出版,共7册。

是年,于漪著《教你写作文——中学生作文指引》由香港朗文出版(远东)有限公司出版。

1993年　64岁

6月,刘桂松、申晓蔚编著《全国初中生作文大全》由上海人民出版社出版,于漪作序。

1994年　65岁

3月,于漪著《教你写作文》由山东教育出版社出版。

5月23日,《语文报》开通"于漪信箱"栏目,持续至1998年。

7月,于漪主编《美的世界》由未来出版社出版。

开学前,在上海教育电视台完成"教你学作文"系列讲座录制。

9月,于漪著《妙笔生辉——于老师教记叙文》由复旦大学出版社出版。

10月1日,于漪作为全国劳模赴北京国庆观礼。

紅燭于漪

1995年　66岁

4月,上海市教委决定,冯宇慰接替于漪担任上海市第二师范学校校长,于漪任名誉校长。

6月,《语文学习》第6期刊登于漪撰《弘扬人文,改革弊端——关于语文教育性质观的反思》。

8月1日上午,全国中学生文学社联合会第四届年会在温州景山宾馆召开,于漪参加,为100多名与会者作《课堂教学艺术》报告。

8月15日至18日,全国青语会成立大会在泰安举行,于漪作《让生命在教坛上闪光》报告。会上成立"于漪语文教育思想研究课题组",陈军主持。

9月,国家教委在天津召开全国中小学教材审定委员会第三届全体会议,审查高中各学科课程标准。于漪参加语文组,接受委托改定课程标准送审稿。

1996年　67岁

1月,苏步青、于漪主编"名师教你学习方法"丛书由上海社会科学院出版社出版,共9册。

3月,于漪著《于漪语文教育论集》由人民教育出版社出版。

《人民教育》第3期刊登续梅撰《桑榆霞满天——于漪速写》。

8月,于漪主编《初中语文学习导引》系列图书由山东教育出版社出版。

1997年　68岁

4月5日至7日,全国中语会历史名城语文教学研究中心第九届年会在扬州举行,400多人参加,于漪作报告。

6月,上海市第二师范学校转制为杨浦高级中学,于漪继续任名誉校长。

7月,于漪著《语文教学谈艺录》由上海教育出版社出版。

1998年　69岁

1月20日,《语文报》刊登于漪撰《笑迎磨难,自强不息》,系"于漪信箱"栏目最后一篇文章,自1994年开栏以来,累计发表66篇。

是年,曾生病住院。

1999年　70岁

3月,全国中语会青年教师研究中心编《于漪语文教育艺术研究》由山东教育出版社出版,是第一部以于漪为研究对象的论文集。

7月,《中学生阅读》(初中版)第7期刊登于漪撰《往事依依》。2001年此文被江苏教育出版社收入《语文》教材七年级上册。

9月8日,上海市中学语文教学专业委员会工作会议举行,方仁工接替于漪担任会长,于漪任顾问。

10月,于漪主编《现代教师学概论》由上海教育出版社出版。

2000年　71岁

8月,在上海市区县普教系统和市示范性实验性高中校长学习班上作《树立精神风范,引领教育现代化》讲话。

9月25日,《青年报》刊登于漪撰《为人民服务——在上海市青年公务员"三诚"宣誓大会上的讲话》。

9月,于漪主编"爬山虎丛书"由上海教育出版社出版,共3册。

2001年　72岁

3月,于漪著《追求综合效应》由湖北教育出版社出版。

6月,于漪著《中学作文教学导论》由山东教育出版社出版。

8月,于漪著《于漪文集》由山东教育出版社出版,6卷分别为《教育教学论》《阅读教学的理论与实践(之一)》《阅读教学的理论与实践(之二)》《作文教学的理论与实践(之一)》《作文教学的理论与实践(之二)》《教师自我修养自我发展》。

9月28日,"于漪教育思想暨从教五十周年学术讨论会"在杨浦高级中学举行,600多人参加。柳斌在讲话中说:"50年来,于漪老师育人是一代师表,教改是一面旗帜。"于漪作《让生命与使命结伴同行》发言。会上举行《于漪教育文丛》和《于漪文集》首发式。同期,全国中语会青年语文教师研究中心在杨浦高级中学召开"走近于漪"恳谈会。

9月,于漪主编《现代教师学概论》第2版由上海教育出版社出版,经教育部师范教育司组织评审,列入"全国中小学教师继续教育公共课教材"。

10月,于漪著《于漪教育文丛》由上海教育出版社出版,4卷分别为《给语文教学加点钙》《和中学生交朋友》《可以做得更好》《站在大写的人字上》。

于漪主编《走近经典——高中文化读本》系列图书由上海教育出版社出版,共6册。

12月,于漪主编《中华诗词智慧探胜——少年古诗词诵读本》由东方出版中心出版。

2002年　73岁

9月,于漪主编"走近经典——高中语文读本"系列图书由上海教育出版社出版。

10月,于漪主编"现代教师自我发展丛书"由东北师范大学出版社出版,上海市教师学研究会组织编写,2辑共18册。

2003年　74岁

2月,于漪、殷华文主编《首届上海市青少年作文竞赛精品集》由少年儿童出版社出版,共2册。

5月1日,河南师范大学刘安娜完成《于漪语文教育思想及教学模式研究》,广西师范大学赵丹完成《特级教师于漪语文教育思想研究》,是以于漪作为硕士学位论文研究对象的较早记录。

6月,于漪著《新世纪教师素养专题》由东北师范大学出版社出版。

8月,于漪著《我和语文教学》由人民教育出版社出版,列入"中国特级教师文库"。

陈小英、于漪著《于漪与语文教育》由国际文化出版公司出版,列入"当代中国著名教学流派"丛书。

9月,"全国中小学语文教学改革研讨会"在连云港市举行,于漪参加。

12月,张民生、于漪总主编《教师人文读本》由上海辞书出版社出版,共3册。

2004年　75岁

2月,张斌、于漪等著《给城市洗把脸》由上海文化出版社出版。

8月29日,1 500名中小学新班主任在上海市委党校培训,于漪授课。

8月,于漪主编《心灵的对话》系列图书由广西师范大学出版社出版,共3册。

2005年　76岁

3月,《上海青语》第3期刊登于漪撰《语文教学与民族精神教育》,系在青语会浦东新区专场活动上的讲话。

是年,担任上海市首届中学语文学科名师培养基地主持人。

2006年　77岁

4月,于漪著《于漪与教育教学求索》由北京师范大学出版社出版,教育部师范教育司组编。

5月,于漪主编《教师民族精神读本》由远方出版社出版。

7月,朱晓民著《于漪语文教学知识发展研究》由山西教育出版社出版。

9月8日,上海市普教系统名校长名师培养工程"于漪基地暨于漪教育思想研究中心"揭牌。

10月21日,上海市第十中学举行百年校庆活动,于漪作为校友参加,与副市长严隽琪等交流。该校原为民立女子中学、上海市第十女子中学。

2007年　78岁

8月,于漪著《岁月如歌》由上海教育出版社出版。后重印十多次。

于漪主编《教师人文实用全书》由古吴轩出版社出版。

8月起,于漪、刘远主编"名师讲语文"丛书由东方出版中心陆续出版。

9月6日,于漪《岁月如歌》首发式暨从《岁月如歌》谈教师成长主题论坛在杨浦高级中学举行,400多人参加。

是年起,担任三期"上海市语文学科德育实训基地"主持人。

紅燭于漪

2008年　79岁

4月，于漪主编《让生命飞扬——中学语文课堂教学与生命教育》和《传承·撒播·弘扬——中学语文课堂教学与民族精神教育》由上海教育出版社出版。

11月18日，桃浦地区基础教育协同发展联合体成立大会举行，于漪发言。

11月25日至28日，中国教育学会中学语文教学专业委员会第九届年会在杭州举行，于漪作《语文教学三十年岁月不平常》报告。

12月31日，"教育的生命力在于教师成长"于漪教育思想研讨会暨《于漪新世纪教育论丛》首发式在杨浦高级中学举行，上海市委副书记殷一璀、副市长沈晓明致贺信，300多人参加。于漪作《教育的生命力在于教师成长》发言。

12月，于漪著《于漪新世纪教育论丛》由广西教育出版社出版，包括《呐喊》《坚守》《超越》《凝望》《启智》《反思》6卷。

上海教育报刊总社主编《于漪的生活状态：平凡而富于情趣》由华东师范大学出版社出版。

2009年　80岁

6月，于漪主编《我爱你，中国——跨越百年爱国主义文学精品选》由上海教育出版社出版，共2册。

8月，于漪著《于漪老师教作文》由华东师范大学出版社出版。

9月5日，《光明日报》刊登李玉兰撰《师魂：岁月深处的烛光——记上海市杨浦高级中学语文特级教师于漪》。

9月17日，"教苑群星璀璨，校园玉兰芬芳——新中国60年上海百位杰出女教师表彰仪式暨风采展示活动"在复旦大学光华楼举行，于漪受表彰并发言。

10月，于漪主编《语文可以这样教："于漪语文德育实训基地"教学案例》由东方出版中心出版。

2010年　81岁

2月2日，由《中国教育报》和中国教育电视台主办的"2009中国教育年度新闻人物"评选活动颁奖典礼在北京师范大学英东国际会议中心举行,于漪获评"2009中国教育年度新闻人物",参加典礼。

4月12日至13日,"庆祝中国教育学会中学语文教学专业委员会成立30周年座谈会暨2010年工作会议"在首都师范大学召开,于漪获颁"中学语文教育终身成就奖"。

6月8日,携黄荣华参加"名师高徒同看世博"活动。

9月9日,在第26个教师节即将到来之际,胡锦涛在北京接见全国教书育人楷模和教育系统抗震救灾先进集体、先进个人代表,于漪受到接见。

9月10日,全国教书育人楷模颁奖大会在北京举行,刘延东出席,为获奖者颁奖,于漪被评为首届全国教书育人楷模。

同日,《人民日报》刊登倪光辉撰《站上讲台,就是生命在歌唱——记上海市杨浦高级中学名誉校长,语文特级教师于漪》。

9月26日,"全国教书育人楷模"于漪老师报告会在上海科学会堂举行,于漪作《一辈子做教师,一辈子学做教师》报告,200多人参加。

《今日教育》第9期刊登于漪撰《培养有中国心的现代文明人》。

10月14日,于漪同志教育思想研讨会暨全国教书育人楷模"每月一星"学习宣传活动启动仪式在上海举行。

是年,上海市教师学研究会受上海市教委的委托,于漪带队对28所中小学进行教师专业发展暨师范生实习基地的调研和评审,开展"种子教师"培训工作,共培训农村骨干校长和教师634名。

2011年　82岁

9月15日,第八届复旦大学校长奖颁奖大会在光华楼举行,于漪荣获"杰出校友奖",作《复旦精神谱就我生命的底色》发言。

11月5日下午,"薪火相传话师魂"论坛暨于漪老师从教六十周年庆祝活动在上海远程教育集团国际会议中心举行。

同月,由山西人民出版社出版的"于漪教育视点丛书"首发,包括《开启门扉的智慧》《倾诉如歌的岁月》《涌动生命的课堂》《滋润心灵的文化》4册。

2012年　83岁

3月,于漪主编《语文教师如何成长》由东方出版中心出版。

5月,于漪著《语文教学谈艺录(修订本)》由上海教育出版社出版。

6月,兰保民著《语文课堂教学评课智慧——于漪评课案例剖析》由上海教育出版社出版。

8月,于漪、程红兵主编《人,活在价值体系中》由上海书店出版社出版。

10月,上海市中青年语文教师论坛"读写关系及教学策略指导"分论坛举行,于漪作《语文教育要致力于拥有自己的话语权》报告,约500人参加。

12月,于漪主编《诵读诗文,奠基职场——中等职业学校诗文朗诵课本》(上、下册)由高等教育出版社出版。

2013年　84岁

6月,于漪主编《教育魅力:青年教师成长钥匙》由华东师范大学出版社出版。

9月,于漪语文学科德育实训基地编著《多元文化与语文育人》由上海教育出版社出版。

10月17日至19日,中国教育学会中学语文教学专业委员会第十届年会暨学术研讨会在北京大兴宾馆召开,第九届中语专委会聘任于漪为顾问。

10月28至30日,中国教育学会中学语文教育专业委员会"校园文学与社团"课题组第十七届年会在市北中学举办,于漪参加。

11月21日,上海市第二届青语会换届大会暨第三届青语会成立大会在杨浦高级中学召开,于漪参加并发言。

2014年　85岁

8月,于漪著"于漪基础教育论稿"丛书由山西教育出版社出版,3卷分别为《于漪知行录》《教育的姿态》《语文的尊严》。

《上海市中小学幼儿园教师读书现状报告》发布,同名图书由上海三联书店出版,于漪主编,上海市教师学研究会著。

9月19日,《人民日报》刊登于漪撰《以民族精神铸学生脊梁》,系学习习近平在北京师范大学讲话的体会。

9月27日，于漪新著《教育的姿态》和《语文的尊严》首发式暨"优秀语文教师的精神成长"研讨会在上海市市北中学举行，近200人参加。

9月，于漪主编《语文教育微思考》6册由复旦大学出版社出版。

11月，小妹于涟著《笑迎人生》由浙江大学出版社出版，于漪作序。

2015年　86岁

4月，于漪著《卓越教师第一课——于漪谈教师素养》由东北师范大学出版社出版，列入"学思书系·卓越教师成长系列"丛书。

5月，于漪主编《走近经典——语文阅读新视野》由上海教育出版社出版，共6册。

8月22日，于漪著《〈岁月如歌〉手稿珍藏本》首发式在上海书展现场举行。该书同月由上海教育出版社出版。

9月9日，上海市新教师宣誓仪式暨尊师重教纪念碑修缮揭幕活动在静安公园举行，于漪参加揭幕并领誓，作《凝聚社会力量，支持教育发展》发言。

10月27日，"全国教书育人楷模于漪老师专题报告会"在上海奉贤举行，600多人参加。于漪作《用精神成长创造青春的精彩》报告，获颁"奉贤区教育系统教师发展导师"聘书。

2016年　87岁

5月，于漪主编"青青子衿传统文化书系"由山西教育出版社出版，共12册。

于漪主编《中国校园文学：光明与黑暗之书》由学林出版社出版。

12月21日，《于漪知行录》读书分享会在杨浦区教师进修学院举行，近400人参加，于漪作《21世纪如何做基础教育的教师》发言，向青年教师赠书。

2017年　88岁

4月9日，纪实文学《一生秉烛为教育》首发式在第十四届上海教育博览会举行。此书3月由上海教育出版社出版，收入于漪、袁瑢、仇忠海、顾泠沅、何金娣等事迹,附6张光盘。

4月,于漪主编"上海教师教育丛书·知困书系"之"于漪教师教育系列课程"由上海教育出版社出版,含《办学:追求理想境界》《教育:直面时代的叩问》《语文:教文育人的沃土》《育德:滴灌生命之魂》《教师,让青春在讲台闪光》共5册。

2018年 89岁

6月,于漪著《谈为师之道——答青年教师问》由上海教育出版社出版。

7月,张民生、尹后庆、于漪总主编《教师人文读本》由上海辞书出版社出版,共2册。

8月20日,正值上海书展,8卷21册《于漪全集》在上海图书馆首发,分为基础教育、语文教育、课堂教学、阅读教学、写作教学、教师成长、序言书信、教育人生8卷。

8月29日,《中国教育报》第2版刊登董少校撰《生命之花为教育绽放——访首届全国教书育人楷模于漪》。

9月8日,上海市庆祝第34个教师节座谈会举行,于漪发言。

同日,"致敬最美教师——上海市庆祝第34个教师节主题活动"在上海大学举行,于漪荣获上海市人民政府首次颁发的"教育事业杰出贡献奖"。于漪带领新入职教师宣誓。以于漪为原型创作的情景大朗诵《生命与使命同行》上演。

12月14日晚,庆祝改革开放40周年文艺晚会《我们的四十年》在北京举行,习近平、李克强、栗战书、汪洋、王沪宁、韩正、王岐山等党和国家领导人,与3 000多名观众一起观看演出,于漪参加。19时55分,习近平等领导同志步入大礼堂,与改革开放杰出贡献受表彰人员代表亲切握手,向他们致以崇高敬意。次日《新闻联播》播出党和国家领导人同于漪握手画面。

12月18日,庆祝改革开放40周年大会在北京人民大会堂举行,党中央、国务院决定,授予100名同志改革先锋称号,颁授改革先锋奖章,习近平等颁奖。于漪获评"改革先锋"称号,是全国基础教育界的唯一代表。

12月28日,人民教育家于漪教育思想研讨会在上海开放大学举行,设立"新时代基础教育应该奠怎样的基""教师专业发展实践探索的启示""于漪语文教育思想的核心价值"三场分论坛。王荣华主编《人文主义的教育理想——于漪教育思想研究论文集》10月由商务印书馆出版,在会上首发。

2019年　90岁

1月5日,由上海市委宣传部、上海市教卫工作党委、共青团上海市委共同主办的"改革先锋进校园"主题宣讲活动在复旦大学举行,于漪作报告。

1月9日,《文汇报》第8版整版刊登张鹏撰《于漪:一个心眼为学生,这是生命的价值》。

1月,中央庆祝改革开放40周年表彰工作领导小组办公室编《改革先锋风采录》由党建读物出版社出版,收录于漪事迹。

3月30日,"教育,因你而不凡——2018上海教育年度新闻人物颁奖主题活动"在上海教育电视台举行,于漪被授予"2018上海教育年度新闻人物·年度特别致敬人物"称号。

6月13日,受聘担任华东师范大学荣誉教授。

6月,于漪、黄音著《穿行于基础教育森林——教育实践沉思对话录》由华东师范大学出版社出版。

9月17日,国家主席习近平签署主席令,授予42人国家勋章、国家荣誉称号,于漪被授予"人民教育家"国家荣誉称号。

9月25日,中宣部等部门联合组织开展的"最美奋斗者"学习宣传活动公布名单,于漪入选。

9月29日上午,中华人民共和国国家勋章和国家荣誉称号颁授仪式在人民大会堂举行,中共中央总书记、国家主席、中央军委主席习近平向于漪授予"人民教育家"国家荣誉称号奖章。

10月2日,上海市委书记李强看望"人民教育家"国家荣誉称号获得者于漪。

10月12日,"致敬先锋模范,培育时代新人"人民教育家于漪同志先进事迹首场报告会在杨浦区少年宫举行,向玉青、卜健、谭轶斌、黄音、樊丽萍5人作报告。11月13日在浦东新区青少年活动中心举行第二场。

10月18日,"于漪教育思想与语文新课程实施"研讨会暨于漪自选集《点亮生命灯火》出版座谈会在北京举行。

11月19日,上海市教育、科技传媒业学习"人民教育家"于漪事迹交流会在上海科学会堂举行。

12月20日,中国教育学会中语40年暨于漪教育思想学术研讨会在上海市育才初级中学举行。

2020年　91岁

1月3日,《中国教育报》头版刊登于漪撰《谱就师德师风建设的时代诗篇》。

1月14日,访问杨浦高级中学图书馆。

2月1日,《光明日报》刊登颜维琦、孟歆迪撰《于漪:教师心中要有中国的灯火》。

4月23日,山东高密柴沟初级中学"于漪书坊"揭牌,于漪录制视频祝贺。

5月,《上海教育》第5A期刊登于漪撰《劳动教育,让孩子拥有幸福生活的能力》。

6月9日,《解放日报》刊登郭泉真撰《于漪:美是不功利——美育访谈录(三)》。7月17日和23日,分别刊登《美是和谐——美育访谈录特别篇(上)》和《美是欣赏——美育访谈录特别篇(下)》,于漪谈教育焦虑与美育。

7月3日,于漪教育思想诵读展示交流会在浦东新区香山中学举行。

8月13日,"新时代奋斗者连环画"在上海书展首发,含《人民教育家、改革先锋、最美奋斗者——于漪》。该书4月由上海人民出版社、上海书店出版社出版,王轶美编文,张新国绘图。

参考文献

［1］于漪.于漪全集(21册)［M］.上海:上海教育出版社,2018.

［2］于漪.岁月如歌［M］.上海:上海教育出版社,2007.

［3］于漪.坚守［M］.南宁:广西教育出版社,2008.

［4］于漪,黄音.穿行于基础教育森林——教育实践沉思对话录［M］.上海:华东师范大学出版社,2019.

［5］教育部师范教育司组编.于漪与教育教学求索［M］.北京:北京师范大学出版社,2006.

［6］于漪、钱梦龙谈语文教学改革［M］.邗江县政协文教工作组等,1983.

［7］徐金海,金正扬.中学语文教学探索——特级教师于漪的教学经验［M］.上海:上海教育出版社,1981.

［8］全国中语会青年教师研究中心编.于漪语文教育艺术研究［M］.济南:山东教育出版社,1999.

［9］王荣华.人文主义的教育理想——于漪教育思想研究论文集［M］.北京:商务印书馆,2018.

［10］闻一多.红烛［M］.北京:人民文学出版社,1981.

［11］［法］罗曼·罗兰.贝多芬传［M］.傅雷译.北京:人民音乐出版

社, 1978.

［12］王康. 闻一多传［M］. 武汉: 湖北人民出版社, 1979.

［13］徐迟. 哥德巴赫猜想［M］. 北京: 人民文学出版社, 1978.

［14］魏巍. 谁是最可爱的人［M］. 北京: 人民文学出版社, 1978.

［15］颜维琦. 种子的力量——读懂钟扬［M］. 上海: 上海人民出版社, 2018.

［16］卢晓璐. 建国初期上海工农速成中学研究(1950—1958)［D］. 复旦大学硕士学位论文, 2012.

后　记

初次跟于漪结缘是在1996年,当时读高二。我和同班同学陈相苹凑钱订了一份《语文报》,由此读到"于漪信箱"。当时感觉这个栏目的文章随和流畅,说理清楚,能够读到心里去,作者一定是个了不起的人。

2010年,我成为《中国教育报》上海记者站的一名记者。教师节之际,首届全国教书育人楷模评出,于漪榜上有名。我和沈祖芸老师共同采写了关于她的人物通讯《一位师者60年的坚守与追求》,分别在《中国教育报》和《东方教育时报》刊登,还被《光明日报》改编登载。

这年10月15日,我第一次到于漪老师家中采访,并到杨浦高级中学去拍摄她与师生互动的画面。尽管她已获得全国教育领域的最高荣誉,可是没有一点架子、朴素、热情、善于照顾别人的感受,是一位谦谦君子。

2018年夏天,我接到一项来自上海市教委的任务,要采写一篇于漪的人物通讯。7月27日上午,我和《文汇报》记者张鹏一起去于漪老师家采访。

说到语文的性质、即将出版的《于漪全集》、青年教师培养等话题,谈得非常透彻。于漪对两名记者的提问都能给出有针对性的回答,思路清晰。尤为难得的是,于漪总是能给人奋进的力量。她说,"理想就在岗位上,信仰就在行动中",让我感到原来理想距离现实如此之近。

我从于漪呼吁教文更育人、珍视每一名学生、为教师搭台铺路三方面完成稿件，以《生命之花为教育绽放——访首届全国教书育人楷模于漪》为题，发表在《中国教育报》。这篇稿件获得中国教育报刊社记者站2018年8月好稿三等奖、2017—2018学年度"上海教育新闻奖"一等奖，还被《上海支部生活》、上海学习强国平台转载。

几个月后，于漪被中共中央、国务院授予改革先锋称号，颁授改革先锋奖章，成为基础教育领域的骄傲。12月10日，我又一次去她家采访。庆祝改革开放40周年大会当天，我写的《于漪：点亮学子生命之光》在《中国教育报》发表。基于同次采访撰写的《于漪：理想之光照亮教育人生》在《新民晚报》整版发表，还被《上海老干部工作》杂志转载。

有记者前辈曾说，采访和写稿中要首先自己受到感动，然后才能感动读者。对我而言，每次写于漪的过程都是精神的洗礼。十年来，我已发表了18篇于漪相关稿件，包括6篇人物通讯、3篇采访整理、7篇消息、1篇评论和1篇综合报道。

在采访与写稿过程中，我一次次感受到于漪对教育事业的赤诚情怀，感受到她的无私、坦荡、激情、责任感。有一种判断在心底变得越来越清晰——像她那样当一名教师，用自身的知识和人格魅力去点亮学生，是无比光荣的。

这样，我离开记者岗位，加入上海音乐学院。我给于漪老师写了一封信，告知工作变动情况。收到信后，于漪老师给我打电话，邀请我去她家做客。2019年8月31日，我第五次走进她的家门。

说起教育，于漪老师就有聊不完的话题，不知疲倦，激情满怀。我感受到她对教师这份职业毫无保留的爱，以及在付出中获得的巨大幸福。她仿佛一团火焰，燃烧得那么炽烈，散溢着源源不断的精神能量。临别之际，于漪老师赠我一包月饼，还欣然在我的笔记本上题写两句话："工作就是克服困难。带着理想、情怀、责任担当上课。"

我根据这次访问整理口述，以《首届全国教书育人楷模于漪：不断寻求教育生命突破点》为题，刊登在《中国教育报》教师节特刊。

* * * * * *

2019年10月6日，时任上海交通大学出版社总编辑李广良问我能否写一部于漪传记。我想,这是挑战,有一定难度,但很值得做。

我跟于漪儿媳史玲玲联系,提出希望拍摄于老师部分早期资料,用于写书。她回复说,于老师生病住院,不太方便。那就依托现有资料,先写了再说。我从网上购买于漪著作、研究于漪的图书杂志,逐本翻阅,分专题作笔记。

书稿的框架慢慢浮现出来。这是一部人物传记,记录于漪的人生经历、教育教学方法与成就,颂扬她献身教育的崇高精神。她很喜欢闻一多笔下的红烛,她的一生也像红烛那样在燃烧、奉献,所以用红烛作为贯穿全书的意象。

11月6日,我开始写引言,艰难地完成了600字。然后一直往下写。

手边资料不足,我五次去上海图书馆,还到复旦大学档案馆查阅,此外也借助中国知网。

这次写作让我对于漪有了跟做记者时期完全不一样的认识,她坚定的信仰、慈爱的心肠、恒久的毅力、博大的智慧,深深感染着我。她创造了一个奇迹,平凡人在平凡岗位上可以做出不平凡的业绩,可以活得精彩、有境界。

写作是脑力活,也是体力活,偶尔会觉得疲累,但总归是暂时的。面对笔记本电脑敲击键盘,更多是一种身体在燃烧的感觉,在为梦想而写作。一天将要结束,看到文稿又有了增长,心里不由感到欣慰。

2020年1月中旬,终于完成书稿,正文有15万多字,加上教育活动年表大概20万字。返乡前的最后一天,我把书稿打印出来,寄给于漪老师审阅。

我阅读了几种人物传记和报告文学,包括罗曼·罗曼《贝多芬传》、王康《闻一多传》、魏巍《谁是最可爱的人》、徐迟《哥德巴赫猜想》、颜维琦《种子的力量——读懂钟扬》等,学习优秀作家们的写作手法,走近一个个崇高的灵魂。我感到,于漪跟贝多芬、闻一多、陈景润、钟扬等一样,都是时代骄子。

于漪老师打电话给我,告诉我读过书稿之后的意见:"你哪里找来那么多资料,很不容易,我总的看法是,还是符合事实的。"谢天谢地! 于漪老师基本认可了。

寄回来的稿本上留下于漪老师标记的大约150条修改意见,小至漏标句号,大至某部分内容重复出现,都仔细指出。这不仅订正了书稿中的各种谬误,对我也是"认真对待每一个细节"的深刻教育。

2020年2月1日,我第六次上门拜访于漪老师。她已等在门口,拿着一包

红烛于漪

用于插图的照片,还有一袋给我儿子元宝的零食玩具。我没进门,只交谈了两分钟,约定等情况好转时再详聊。她总是那么热情,考虑得那么周到,为新冠肺炎疫情肆虐的冬天带来暖流。后来,我如约拜访了于漪老师。

8月底,于漪老师再次应邀审阅书稿,提出30多条修改意见,还写信鼓励我。

*   *   *   *   *   *

书稿付梓之际,心中充满了感激。

感谢于漪老师,二十多年来给我激励,指引我走上教师之路。我比她晚出生半个世纪,写作本身是对她精神品格的拥抱和追随,这个过程让我的灵魂经受淬炼。我初次尝试写人物传记,于漪老师肯定我的探索,抱病两次审读文稿,订错补漏,并提供照片和手稿。她提携晚辈的胸怀让我无比感动。

感谢上海交通大学出版社,接纳并出版拙稿,推荐列入2020年上海市重点图书出版项目。感谢主题出版中心钱方针主任、吴雪梅编辑的悉心付出。感谢李广良先生,促成书稿的面世。

感谢我任职的上海音乐学院马克思主义学院。学校党委曹荣瑞副书记、学院党支部吴学霆书记都对我的写作给予热情鼓励,让我信心更足。熊伟明老师说于漪老师很值得写,为我加油。

感谢上海教育报刊总社、《中国教育报》上海记者站,这个平台让我得以走近于漪。金志明先生是我担任记者十年间的站长,常教导我少些零敲碎打,要花心思写几篇重头稿,这样才不负记者的职业。他的这番话我铭记在心。陈亦冰、沈祖芸、计琳等历任记者都曾采访于漪,我从他们的稿件中得到启发。

感谢顾明远教授撰写序言。作为和于漪同龄的教育家,他热情颂扬于漪精神,文字中也包含着对晚辈的鼓励。

感谢徐庆华教授,题写颜体大楷页眉。感谢吴颐人、陈茗屋、陆康、刘一闻、孙慰祖、徐正濂、陆曙光诸位艺术家,创作红烛主题书法、绘画、篆刻。他们的佳作表现了于漪堂堂正正、甘于奉献的品格,为拙稿增添光彩。

感谢史玲玲老师,不厌其烦地拍摄照片,协助我跟于漪老师互通信息,提供资料。感谢张生教授,一句"于漪这样级别的优秀人物,需要有一部像样的传记",让我增加了完成书稿的紧迫感。

感谢杨一先生、周慰女士,帮助审阅书稿,订正若干隐藏的差错。感谢刘峻先生,热心寄送桃浦教育联合体编印的于漪讲话集。胡建君、孙玮蔓、马纶鹏、李刚、吴振东、李沁园、曾艺等师友在我写作过程中热情鼓劲。感谢元宝,对我写作一贯理解支持。

由于个人能力所限,书中难免存在这样那样的偏差,敬请读者批评指正。

董少校

2020年8月31日于上海若斋

红烛于漪，董少校刻